翻译科学

——从古至今的历史与理论

[俄]列·利·涅柳宾　格·泰·胡胡尼　著
许　宏　司晓锋　译
刘大平　校

黑龙江大学出版社
HEILONGJIANG UNIVERSITY PRESS
哈尔滨

黑版贸登字 08-2024-037 号

图书在版编目（CIP）数据

翻译科学 ：从古至今的历史与理论 ／ 许宏，司晓锋
译著 . -- 哈尔滨 ： 黑龙江大学出版社，2024. 12（2025.3 重印）.
ISBN 978-7-5686-1203-6

Ⅰ . H059-09

中国国家版本馆 CIP 数据核字第 202468CE09 号

翻译科学——从古至今的历史与理论
FANYI KEXUE——CONG GU ZHI JIN DE LISHI YU LILUN

[俄] 列·利·涅柳宾　格·泰·胡胡尼　著
许　宏　司晓锋　译　刘大平　校

策划编辑　张微微
责任编辑　张微微　邢会芳
出版发行　黑龙江大学出版社
地　　址　哈尔滨市南岗区学府三道街 36 号
印　　刷　三河市金兆印刷装订有限公司
开　　本　720 毫米 ×1000 毫米　1/16
印　　张　17
字　　数　315 千
版　　次　2024 年 12 月第 1 版
印　　次　2025 年 3 月第 2 次印刷
书　　号　ISBN 978-7-5686-1203-6
定　　价　68.00 元

本书如有印装错误请与本社联系更换，联系电话：0451-86608666。

译者序

    原著是由涅柳宾（Л. Л. Нелюбин）教授为莫斯科州国立大学语言与跨文化交际专业开设的翻译历史课程编写，同时也包括胡胡尼（Г. Т. Хухуни）教授在该课程中提供的一些讲授材料。涅柳宾教授是俄罗斯联邦荣誉科学家，俄罗斯自然科学院和国际信息科学院院士。他在翻译学、术语学、语言统计学和计算机语言学领域成就卓越，发表了 250 多篇学术论文和专著，其中包括《外国翻译史和理论》、《俄罗斯翻译史和理论》、《语言科学史》、《语言比较类型学》（合著）、《语言学导论》、《翻译技术导论》和《翻译学解释词典》等重要著作。而胡胡尼教授则是一位专注于语言学理论、翻译理论和翻译研究的资深教授。

    本书展现了从古至今的翻译思想和历史脉络，分为两大章节。第一章追溯了翻译活动和思想在各个历史阶段的发展，涵盖了古代东方国家、古罗马、中世纪、文艺复兴、古典主义以及 19 世纪、20 世纪等不同时期的翻译实践和理论，探讨了语言、文化和技术对翻译活动的影响。第二章聚焦于俄罗斯丰富而独特的翻译历史和理论，介绍了古俄罗斯文化与翻译艺术、18 世纪的俄罗斯翻译、19 世纪俄罗斯的翻译以及 20 世纪俄罗斯翻译发展的主要趋势。作者除了介绍翻译思想外，还介绍了一些重要的翻译理论家和实践者，并探讨了他们对翻译活动和理论发展所做的贡献。在全书的最后部分，作者并未简单总结，而是用了较大篇幅对 20 世纪的翻译理论、翻译模式以及机器翻译的发展进行了回顾与展望，为读者提供了系统和全面的视角。

    近年来国内已出版一些探讨翻译历史理论的著作，但分时期、分阶段对翻译发展做简要回顾的有关成果仍然不多见，特别是介绍俄罗斯翻译活动和思想发展的著作更为少见。因此，将本书译介到国内对于研究翻译、学习俄语以及了解俄罗斯翻译理论和思想的读者具有重要意义。在翻译过程中，译者尽量采用直译，以客观精确地传达原始信息为目标，原著中加粗强调的语词，译文也做同样处理，以确保"原汁原味"。当然，在某些情况下，如果直译不够准确或不自然,译者根据汉语的使用习惯和文化特点进行调整。此外,译者力求用正确的分析态度去研读内容,汲取精华,剔除了某些不合时宜的内容。

本书得到上海市东方英才计划资助,在此表示感谢。

我们欢迎各种有助于改进本译著的批评性意见和建议,期待读者在阅读过程中有所收获。

译者

2024.1

作者序

本书是俄罗斯自然科学院院士、国际信息科学院院士涅柳宾①教授为莫斯科州国立大学语言与跨文化交际专业所开设的翻译历史课程而编写的,其中包括 Г. Т. 胡胡尼教授关于该课程的一些课堂讲授材料。

尽管近几十年来已经涌现出许多探讨历史翻译问题的著作②,但编写一本精炼、易于理解的教学参考书,概述翻译活动和思想发展的主要阶段的任务至今仍未得到解决。此外,考虑到许多该领域的著作发行量有限,分布在多个科研中心,且由于种种原因,这些著作对大多数学生而言并不易获得。

根据不同院系以及课程的要求,本书主要关注西欧和俄罗斯的翻译传统。与此同时,在某些情况下(尤其是在探讨翻译和翻译思想早期发展时),我们也转向其他文化遗产,特别是东方国家在翻译理论和实践方面所做的贡献。

由于本书首要面向学生,作者认为不必使用大量引文、参考文献等辅助信息来增加材料的复杂度。但这并不意味着作者忽视或者低估俄罗斯以及近域和远域外国前辈在相关问题研究中所做出的贡献。

我们将非常感谢所有对本书提出的批评性意见和建议,这些都将有助于改进和完善本书。

我们要感谢语文学博士、莫斯科航空学院院士马尔丘克教授,以及语文学博士柴可夫斯基教授,他们审阅了手稿并提出了许多宝贵的建议。同时,也要感谢语言与跨文化交际学院技术中心的主任、苏联国家科技奖获得者、技术学副博士、副教授克柳金为本书资料搜集提供的支持,以及实验员伊格纳坚科为本书的电子稿形成所做的工作。

---

① *译者注*:本书中提到的外国人物,汉语译名参照《辞海》(第七版)彩图本(陈至立主编,上海辞书出版社,2020),《中国大百科全书》(第二版)(《中国大百科全书》总编委会编,中国大百科全书出版社,2009),《俄语姓名译名手册》(辛华编,商务印书馆,1982)。本书最后附有汉语和俄语人名详名对照表。

② 请参阅本书最后所列的参考文献。

目　录

引　言

翻译史及其与其他翻译学分支的关系

翻译学是研究翻译作为过程和文本的科学。它探讨翻译问题、翻译的形成和发展的主要阶段,以及其理论基础(包括一般和特殊基础)、翻译过程的方法与技术,培养翻译技能和从原语向译语口头或书面传达信息的能力。因此,翻译学的主要特点在于研究双语交际过程(口头或书面)中的言语活动。

根据上述翻译学探讨的问题,翻译学主要分为以下分支学科:

1. *翻译史*(история перевода)。研究翻译在人类社会发展、物质与精神文化、政治经济等方面的地位、作用和演变,以及翻译思想的形成与发展,基于对相关文献的分析探讨民族翻译传统。

2. *翻译通论*(общая теория перевода)。研究与翻译活动相关的普遍问题,不受具体翻译类型和语言材料特性的限制[①]。因此,有时会说翻译通论的研究对象是*翻译共相*(拉丁语 universalis)。这个术语源自语言学,指的是适用于所有语言的属性。

3. *翻译分论*(частные теории перевода)。研究对象是不同形式和类型的翻译(口译和笔译)、所译语料(文艺和专业文本)的体裁特点、不同语言的翻译特点,以及借助计算机进行翻译的特点(机器翻译和计算机辅助翻译)。

4. *翻译方法论*(методика перевода)。任务是培养相应的能力与技巧,即通过掌握翻译的通论和分论知识,教授翻译技术。

5. *翻译批评*(критика перевода)。翻译批评是一个独立的领域,从语言

---

① 将被翻译的语言称为原语(ИЯ),将口头信息或书面文本翻译成的语言称为译语(ПЯ)。

学、文学、美学等多个角度对译文与原文的适切程度进行研究。这一领域与文艺翻译理论密切相关,因为其主要关注的是广义上的文艺作品的翻译。

这些分支学科具有相对独立的特点,但又相互关联。其中,翻译史具有特殊地位,主要总结并研究人类多个世纪以来在翻译和翻译思想领域积累的经验,为翻译学的未来发展奠定了坚实的基础。

翻译的种类、形式与类型

翻译种类(виды перевода)的概念首先与语际传达对象的体裁特点有关。主要有两个翻译种类: **文艺翻译**(художественный перевод) 和**专业翻译**(специальный перевод)。

如果说文艺翻译在文学领域中依托的是文学理论,那么专业翻译则首先解决的是**信息交际**的任务,服务于具有特定术语名称的各知识学科分支(社会政治关系、各种科学技术领域、行政经济管理、外交、军事、法律、金融、商业以及政论等),同时也包括各种日常交流话题。专业翻译的理论基础是**翻译的语言学理论**(лингвистическая теория перевода)。

翻译的**形式**(формы перевода)由其实施方式来确定。从这个角度来看,我们可以划分出**笔译**(письменный перевод)和**口译**(устный перевод),以及它们的变体——**双向翻译**(двусторонний перевод)、**交替传译**(последовательный перевод)、**同声传译**(синхронный перевод)。

笔译是最常见的专业翻译形式,尤其是在记忆容量无限的情况下。它是将一种语言转换为另一种语言的过程,其结果以书面形式固定下来。当两种语言都以书面形式呈现时,笔译也被称为"笔笔翻译"(письменно-письменный перевод)。从本质上看,它也是一种视笔译(зрительно-письменный перевод),即将文本转换为视觉接收的形式。听笔翻译(письменный перевод на слух)就是将听到的文本进行笔译,这也是口笔翻译(устно-письменный перевод)。

口译涵盖了所有口头表达形式的翻译,其类型包括**视口译**(зрительно-устный перевод)或者**视译**(перевод с листа),即在口译过程中对原始书面文本进行视觉感知。**听口译**(устный перевод на слух)包括*交替传译*和*同声传译*两种形式。**交替传译**是在听到原语信息后将其口头表达为译语信息的翻译形式。交替传译包括**有笔记交传**(последовательный перевод с записью),即译者在交传过程中利用笔记系统来记录接收过程中的翻译活动。**句段式翻译**(абзацно-фразовый перевод)是交替传译的一种简化形式,即翻译并非在听完整个文本后进行,而是将文本分成部分逐一翻译。

同声传译是一种口译形式,指译者将一种语言的内容传达到另一种语言,与此同时对译文进行处理。同声传译分为:

1) *同声听译*(синхронный перевод на слух)—— 译者仅通过听觉感知原始文本,并随着文本的展开实时进行翻译;

2) *同声视译*(синхронный перевод с листа)—— 译者根据工作开始前5—15分钟收到的演讲的书面文本进行翻译,根据演讲者的发言和内容结构组织译文,并在演讲者偏离原文时进行必要的修正;

3) *依托文本同声传译*(синхронный перевод с опорой на текст)——译者朗读提前准备好的文本,根据演讲者的发言朗读文本,并在演讲者偏离原文时进行必要的修正。

翻译也可以区分为*单向翻译*(односторонний перевод)和*双向翻译*(двусторонний перевод)。单向翻译就是单一指向另一种语言的翻译过程,即从原语到译语。

*双向翻译*是指译者在对话中进行交替传译。译者从一种语言(第一语言)翻译到另一种语言(第二语言),然后在说话或对话的过程中从另一种语言(第二语言)翻译回原始语言(第一语言),就类似从外语译到俄语,然后再从俄语译到外语。

翻译的**类型**(типы перевода)可根据翻译内容和形式与原文的内容和形式之间的关系进行区分。其包括自由翻译(вольный перевод)、逐词翻译(дословный перевод)、逐字翻译(буквальный перевод)、按词翻译(пословный перевод)、等同(或等值)翻译(адекватный или эквивалентный перевод)等。

自由翻译是指在翻译句子时,将原文的整体意思传达到另一种语言中,而无须考虑原文的其他形式。本质上,这是一种**主观性翻译**。从历史上看,这种跨语言交流方式既用于日常交流和商务交流,也用于文学作品的翻译。

逐词翻译意味着保留原文的语言形式,即在翻译语言中再现原文的语义和结构特征。这种类型在翻译史上被广泛应用于各种体裁文本的传译,在宗教文献的翻译中尤为突出。然而,将其视为仅存在于过去是不准确的,因为直到今天也会遇到需要逐词翻译的内容。在这个过程中也经常出现原语的句法结构和短语逐渐渗入译语中,并与译语单位融合在一起,从而在很大程度上失去其"外来性"。逐词翻译也被称为**客观性翻译**,因为其原则和方法与自由(主观性)翻译相反。

逐字翻译力求在将原文转换成另一种语言时保留原文的形式和语义要素,因此在某种程度上与前者相似,可以与之结合使用。

按词翻译的一个显著特点在于同时考虑到原语言和译语之间的句法和文体关系,以实现原语的意思和内容的双重转换。这种类型的翻译已经广泛应用于各种国际会议、法律诉讼等交际领域,包括同传和交传形式。此外,翻译可以是**双向**的,当原语言作品及其译语传达采用口头形式时,视译也可以发挥作用(原语言书面文本通过译语口头形式再现)。这些类型的组合也是可能的。值得注意的是,这种跨语言交流形式自古以来就为人所知,并在许多资料中都有所记录。

翻译科技文本时,经常会使用按词翻译的书面形式,而且在很多情况下,译语中缺乏某些术语和概念会迫使译者创造这些对应的术语和概念。

等同(或等值)翻译常用于文学作品的跨语言传播中,通常被定义为在使用译语重新创作时保持原作形式和内容的一致性。这与俄语翻译文献中的术语"全面翻译"(А.В. Федоров)和"现实翻译"(И. А. Кашкин)意义相似。这种类型的翻译被现代文艺翻译理论家认为是最为正确的,他们认为"一个糟糕的译者倾向于突出自己,而一个好的译者则努力忠实于原作者"。

翻译的本质与种类

术语"翻译"既可指翻译过程本身,也可指其结果,即口头话语或书面文本。因此,在翻译过程中,信息得以通过另一种语言的表达进行传递,也就是说,口头或书面的言语作品*被转化为另一种语言*。

上述定义反映了对翻译本质最为普遍的理解(它有时被称为"纯翻译")。显然,最重要的区别特征在于双语环境的存在,即口头和书面形式的交流过程通过两种不同的语言系统(代码)进行。正是在这个意义上,翻译的发展在其存在的所有时期都成为翻译史学的研究对象,其主要来源是书面翻译的数据,即研究人员手中的翻译文本和关于创作原则的理论陈述。

然而,尽管跨语言转换非常重要,但它并不能涵盖"翻译"这一概念的全部内容。在不同情境和领域的沟通过程中,经常需要澄清所述内容的含义,并通过改变用于表达特定思想的词语符号来进行解释。这还包括将文本从一种功能语体解码到另一种功能语体、陈述和适切等情形①。所列现象都被纳入*语内翻译*(внутриязыковой перевод)这一称名或者*再称名*(переименование)的框架之下,即通过使用同一语言中的其他符号来解释这些语言符号(使用同义词、换说和其他类似手段)。

另一方面,由于语言是一种用于存储和传输信息的特定符号系统,因此可以将翻译定义为在两个不同的符号系统中进行的言语交际过程。自然语言(由大量现实存在或已有语言集合体现)虽然是最重要的,但并非唯一的符号系统,在*符号学*(研究符号系统构建和使用规律的科学)视角下,可以提出借助其他(人工)符号系统表征言语符号翻译(解释)的问题。这样的操作被称为*符际翻译*(интерсемиотический перевод)或*人工语言间的翻译*(трансмутация)。

语内翻译和符际翻译均是特殊的现象,在许多时刻都与语际翻译有交集,从而使人们能够更好地理解语际翻译的真谛。

翻译发展的分期问题

如前所述,文艺翻译的历史(它是我们研究的主要对象)与文学的发展密切相关。因此,这里最常使用所谓的*文学历史分期*,这种分期反映了文学发展的主要阶段,也将翻译理论和实践演变与人类所经历的社会经济形态(奴隶制—封建主义—资本主义)联系在一起。然而,需要注意的是,我们学科研究对象具有一定的特殊性,并且翻译和原始文献发展之间并不完全平行(例如,并非所有文学流派都是我们感兴趣的领域)。

基于上述内容,我们将翻译史分为以下几个分支:

1)古代东方国家的翻译;

---

① 类似的传达方式在跨语言转换时自然也是可能的。

2) 古代的翻译与翻译理念;

3) 世界宗教及其在翻译发展中的作用;

4) 中世纪的翻译及其特点;

5) 文艺复兴时期的翻译理论与实践;

6) 宗教改革与翻译问题;

7) 17—18 世纪(古典主义时期)欧洲的翻译;

8) 浪漫主义时期(18 世纪末—19 世纪初)的翻译及其特点;

9) 19 世纪的翻译及翻译思想的发展;

10) 20 世纪的翻译及翻译学。

在审视俄罗斯翻译史问题时,提到的框架需要基于其自有的文化历史发展特点做出特定调整。

将俄罗斯翻译史划分为以下时期是合适的:

1) 基辅罗斯时期的翻译;

2) 莫斯科罗斯时期的翻译活动;

3) 18 世纪的俄罗斯翻译史(彼得大帝时代即古典主义时期);

4) 19 世纪的翻译与翻译思想;

5) 20 世纪的俄罗斯与苏联时期的翻译理论与实践。

因此,研究翻译在其几千年的发展历程中所走过的道路的基础,主要是依据*编年体原则*。此外还有一条原则,可以称之为*地理性原则*,即在每个时期内讲述了特定国家的翻译传统,这些传统在某个特定时代具有重要的意义。然而,在某些情况下,采用*主题*方法更为合适(例如,在分析类似于中世纪文化某些方面的现象时,有些情况超出了明确划定的国家边界)。

翻译和原创一样古老,它的历史和其他文学形式一样光荣而复杂。

—— 萨沃里

第一章　国外翻译的历史与理论

第1节　古代东方国家的翻译

1. 翻译的背景史

可以认为,翻译作为一种特殊形式的人类活动,其起源可以追溯到远古时代,当时多语言部落之间的第一次接触刚刚发端。当然,彼时它是完全口头和零星进行的。我们没有任何资料可以判断翻译发展的最早阶段,因为文字在原始时代并不存在。

古代东方早期国家的出现以及它们之间各种关系(政治、商业、军事、文化等)的建立,使翻译活动日渐频繁并提高了其重要性。自那时起,我们可以说出现了专业翻译人员,他们以翻译为主要职业。古埃及和两河流域的国家尤其如此,两河流域被认为是人类文明的摇篮。

2. 古埃及

古埃及国家的形成可以追溯到公元前 3000 年左右。传统上,它通常被划分为不同的时代:早王朝时期,也称为提尼斯时期,当时的首都是锡城(公元前2950—前2640 年);古王国时期(公元前2640—前2160 年);第一中间期(公元前2160—前2134 年);中王国时期(公元前2134—前1785 年);第二中间期(公元前 1785—前 1551 年）；新王国时期（公元前 1552—前 1070 年）；后王朝时期（公元前 1070—前 343 年）①。公元前 343 年至前 332 年，埃及受波斯统治，随后被亚历山大大帝征服，建立了托勒密王朝，该王朝的创始人是亚历山大大帝的一位战友。公元前 30 年，它成为罗马共和国的属地②。

埃及人在几个世纪的历史中频繁与其他民族人民接触，这自然意味着存在翻译人员。在古王国和中王国时期的文本中提及的"领导者"和"负责人"，研究人员认为，在这个时期，这个国家不仅有个别翻译人员，还可能有专业的翻译团队。这些团队可能隶属于王室的文书部门或寺庙。这在一些古王国和中王国时期的文本中得到了证实，那些文本中使用的词"c"通常被解释为"翻译"，并被研究人员破译为"翻译的领导者"和"翻译的负责人"等短语一起使用。

埃及与两河流域的国家和人民的交往在翻译事业的发展中扮演了重要角色，其中包括亚述人、赫梯人、巴比伦人等。这些交往主要发生在新王国时期。当时建立了专门的文士学校，除其他科目外，还教授学生外语。由于公元前 2000 年，美索不达米亚和亚述等地区的国际语言是阿卡德语③，因此埃及法老④与邻国统治者的外交通信都是使用这种语言进行的。现存的文献可以追溯到公元前 14 世纪，其中约有 400 封用楔形文字写给埃及统治者的信件。这些信件

---

① *译者注*：朱寰主编的《世界古代史》（第二版）上册指出，古埃及国家的历史分期为：古王国时期（前 2686—前 2125 年）、第一中间期（前 2160—前 2055 年）、中王国时期（前 2009—前 1650 年）、第二中间期（前 1650—前 1550 年）、新王国时期（前 1550—前 1069 年）、第三中间期（前 1069—前 664 年）、后王朝时期（前 664—前 332 年）和托勒密王朝（前 305—前 30 年）。[参见 2018 年由高等教育出版社出版的《世界古代史》（第二版）上册，第 98 页至 121 页。]

② *译者注*：朱寰主编的《世界古代史》（第二版）上册指出：公元前 30 年，屋大维进军埃及，安东尼和克莱奥帕特拉在绝望中先后自杀。从此，屋大维独掌罗马政权，共和国最后走向灭亡。[参见 2018 年由高等教育出版社出版的《世界古代史》（第二版）上册，第 252 页。]

③ *译者注*：朱寰主编的《世界古代史》（第二版）上册指出：阿卡德王国（约前 2296—约前 2112 年）时期，阿卡德语取代苏美尔语成为两河流域南部的通用语言。从此以后 2000 多年时间里，阿卡德语和楔形文字成为两河流域地区各个民族使用的主要语言文字。公元前 14—前 13 世纪，阿卡德语成为当时西亚北非地区的通用语言，是政治、外交、经济和文化交往的共用语言。[参见 2018 年由高等教育出版社出版的《世界古代史》（第二版）上册，第 57 页至 58 页，第 85 页。]

④ *译者注*：朱寰主编的《世界古代史》（第二版）上册指出：新王国时期的国王开始采用"法老"的尊称以神化王权。[参见 2018 年由高等教育出版社出版的《世界古代史》（第二版）上册，第 107 页。]

是在埃及阿玛纳村附近的挖掘工作中发现的(因此被称为阿玛纳信件①)。另外,在土耳其博阿兹柯伊村附近,考古学家还发现了赫梯国王的档案,内有埃及法老用阿卡德楔形文字写的信件。

显然,这种外交活动需要足够数量且高水平的翻译人员,以便与外国领导人进行通信。根据阿玛纳信件的记录,古埃及人在教授阿卡德语和楔形文字方面有专门的文本。

法老拉美西斯二世(公元前 13 世纪②)在执政期间,大约在公元前 1280年③,与赫梯国王哈图西利斯缔结了一项条约。最初用阿卡德语撰写,交由拉美西斯二世修改后再次翻译成阿卡德语,并交付给赫梯国王。由于两个版本都被保存下来,学者们对阿卡德语和埃及文本进行了比较,并得出结论,即尽管内容相同,但埃及版本更为详细。

这些历史文献提到了古埃及翻译人员的存在(例如,在巴比伦统治者写给埃及法老的信件中就提到了他们,信中提到这些翻译人员显然是作为外交使团成员前往巴比伦的)。在公元前 5 世纪,据"历史之父"——去过埃及的希腊作家希罗多德所述,这些翻译人员在当时社会已经形成了一个独立的"种姓",在社会中占据着与商人和船长类似的地位(尽管所述信息并未得到证实)。除阿卡德语外,根据阿玛纳信件的记载,古埃及的翻译人员还通晓其他语言,例如赫梯语和胡里特语。特别值得注意的是,自公元前一千纪中期以来,埃及就有了希腊语译者,这使得上文所述的希罗多德可以与埃及人交谈。在亚历山大大帝征服埃及后,希腊语被确立为官方语言,因此埃及-希腊语翻译的重要性显著增加。由于绝大多数当地居民并不懂希腊语,国家机构的正常运转需要翻译人员,许多重要文件都是用两种语言编写的。这种双语中最著名的是罗塞塔石碑,其文本可追溯到公元前 196 年。正是通过翻译,法国学者商博良得以开始解读古埃及的象形文字。

十分有趣的是,早在公元前 14 至公元前 13 世纪,就有文献记录了有关一

---

① *译者注*:朱寰主编的《世界古代史》(第二版)上册指出:1887 年,一批泥版书信在埃及中部的阿玛纳出土。阿玛纳是第十八王朝国王埃赫塔吞的首都埃赫那吞的现代地名,这批泥版书信故此被冠名为"阿玛纳信件"。到 1907 年,共发掘出 358 块泥版。加上 1979 年发掘出的 24 块泥版,阿玛纳泥版共计382 块。这当中除了 32 块泥版是文学作品外,其他 350 块都是埃及与西亚各国间的往来书信。[参见2018 年由高等教育出版社出版的《世界古代史》(第二版)上册,第 110 页。]

② *译者注*:公元前 1279—前 1213 年在位。

③ *译者注*:我国史料记载为公元前 1274 年。

位译者的信息——祭司安克胡姆斯,尽管他最初十分贫困,但还是成了一名通晓多种语言的译者。

最后,可以指出在古埃及存在所谓的"编年体"翻译,即将文本从较古老的语言形式转换为较新的语言形式。这种转换与语言本身的演变以及文字体系的变化有关——世俗体象形文字①取代象形文字。如古埃及最著名的文献——《死者之书》(《Книга мертвых》)就是这种情况。

因此,在古埃及的各个历史时期,翻译活动相当频繁,这一点是毫无疑问的。然而,从上述材料可以看出,这些翻译主要出于*信息交际*的目的,并非*文学领域*。尽管存在一些与外语文学有所联系的假设,但尚未确定古埃及文明中是否存在文学翻译。

3. 古代近东、小亚细亚和美索不达米亚地区的国家

在描述该地区存在的一系列文明时,学者们注意到大多数文明都具有多语或至少双语的特征。该地区最古老的文化被认为是*苏美尔文化*,其楔形文字文物可以追溯到公元前三千年。在其历史的早期阶段,苏美尔被阿卡德人统治,然而征服者也受到苏美尔文化的影响。这极大地促进了翻译活动的发展,不仅涉及信息传递,还包括文学翻译。苏美尔–阿卡德语的词典和手册应运而生。此外,在文本中还提及了翻译者,尽管数量不多。

苏美尔学校(未来的文士学习的地方)在翻译事业的发展中发挥了重要作用。毕业后,毕业生必须能够口头和书面地从苏美尔语翻译到阿卡德语,反之亦然。我们接触到的古埃及语言的楔形文字教科书使学者们能够推断出可能存在从埃及语翻译到其他语言的翻译人员。

尽管苏美尔语在宗教仪式中被使用了许多个世纪,但在巴比伦最终征服苏美尔之后,苏美尔人逐渐融入阿卡德族群中。作为苏美尔文化的继承者之一,*巴比伦文化*从中吸收了许多元素。在这个过程中,翻译发挥了重要的作用。众所周知,在阿卡德语中存在着对苏美尔文本的各种翻译、整理和加工,这表明巴比伦除了信息交流之外,还存在着相当发达的文艺翻译,还有专门用于指代翻

---

① 世俗体象形文字指的是古埃及的速记,其起源可追溯到公元前 7 世纪,写作时间为公元前 7 世纪至公元前 6 世纪。

译者的术语：较早的是"таргану（м）"，后来被许多语言借用（如过时的俄语"драгоман"），在新巴比伦王国时期出现了"сепиру"。文本分析表明存在不同的翻译者群体（皇家、寺庙、军事机构等）。他们也可以依附于私人（那些履行翻译职能的文士），为巴比伦人和外国人提供翻译服务。

到公元前 7 世纪，长期作为国际语言的阿卡德语开始被阿拉米亚语①取代，这也在翻译活动中有所体现。其中最著名的案例是《亚希卡尔的教导》（«Поучение Ахикара»）。该故事是在公元前 7 至公元前 6 世纪写成的，其原始亚述文本早在古代就被翻译成古希腊语，并在埃及发现。后来，在中世纪，该故事还被翻译成包括古俄语在内的多种东西方语言。在古俄罗斯语中它被称为《智者阿基拉的故事》（«Повесть об Акире Премудром»）。

翻译活动也在*赫梯王国*中发挥了重要作用，该国家存在于公元前 18 至 12 世纪②的小亚细亚中部。由于受到生活在美索不达米亚北部和叙利亚北部的胡里特人的显著影响，大量胡里特文本被翻译成了赫梯语。译者们还使用其他语言从事翻译活动，特别是阿卡德语和苏美尔语，在土耳其博阿兹柯伊村附近的楔形文字档案中发现的文本和字典就证明了这一点。虽然很难评估指导赫梯翻译人员的原则，但特殊文献表明，他们进行了各种类型的翻译（逐词翻译、逐句翻译、自由翻译、转述性翻译）。在一些苏美尔语和阿卡德语的译本中，研究人员注意到译者倾向于对翻译文本进行文学处理。

从某种程度看，翻译活动有时会涉及东方文明，如伊朗文明、印度文明等。与此同时，应该指出，依据现有这些文献，尽管翻译活动丰富多样，但其主要特点是*以实用为导向*：翻译理论形成的时机尚未成熟。

---

① 译者注：朱寰主编的《世界古代史》（第二版）上册指出：从公元前 8—前 7 世纪开始，阿拉米亚语逐渐普及，成为两河流域地区民间和商业语言，最早的犹太经典和基督教经典都用阿拉米亚语书写。[参见 2018 年由高等教育出版社出版的《世界古代史》（第二版）上册，第 85 页。]

② 译者注：朱寰主编的《世界古代史》（第二版）上册指出，赫梯王国时期分为：赫梯古王国（约前 1650—约前 1500 年）、中王国（约前 1500—约前 1400 年）和新赫梯王国（约前 1400—约前 1200 年）。[参见 2018 年由高等教育出版社出版的《世界古代史》（第二版）上册，第 68 页至 69 页。]

第 2 节　古代的翻译与翻译理念

1. 古代文化的概念

术语"古代的"(源自拉丁语 antiquus,意为古时的)用于描述两个古代奴隶制社会——希腊和罗马的物质和精神文化。欧洲各民族与希腊罗马文明有着直接的文化传承,因此"古代的"这一术语的限定性使用(要注意,上文所讨论的古代东方文明比希腊罗马文明更"古老"!)已在欧洲传统中确立,并且继续用于表示希腊罗马文明的社会文化统一。然而,希腊罗马文明都具有其自身的特点,包括在我们感兴趣的领域。

2. 希腊语的翻译及其特点

在描述古希腊文学的显著特点时,人们经常注意到,古希腊文学是唯一没有直接借鉴其他文学而独立发展起来的欧洲文学。尽管东方元素渗透其中,但这是通过口头、民间的方式实现的。这种情况受益于希腊人的文化优越感,他们将所有外国人视为"外邦人",并相应地对待他们的语言。因此,古典时代的希腊文学(公元前 5—公元前 4 世纪)[1]基本上没有文艺翻译。当然,为了与其他民族进行交流,需要有能够进行信息交际翻译的翻译者(历史学家希罗多德提到过,他在公元前 5 世纪访问了埃及、腓尼基和巴比伦;公元前 4 世纪的军事指挥官色诺芬参与了著名的希腊雇佣军穿越波斯帝国广袤领土的撤退行动;还有其他文献)。然而,承担这一角色的不是希腊人,而是掌握希腊语的其他民族。

在公元前 4 世纪后三分之一的时间里,亚历山大大帝的征服活动导致他死后所建立的巨大帝国分崩离析,形成了一系列新的国家,由亚历山大曾经的同僚及其后代领导(如埃及、叙利亚、佩加蒙等)。这些奇特地融合了希腊元素与

---

① 　*译者注*:我国史料记载为公元前 6 世纪末至公元前 4 世纪初。

东方元素的国家被称为*希腊化国家*,而从亚历山大大帝统治到罗马帝国统治这些地区的整个时期被称为*希腊化时代*,即古希腊文化在被马其顿人征服的国家中的广泛传播。希腊语得到了广泛的传播,成了通用的交流语言。即使在希腊本身和希腊化国家失去政治独立并落入罗马统治之后,希腊语仍然保持了自己的地位。著名的罗马演说家马尔库斯·图利乌斯·西塞罗曾这样描述希腊语的作用:"如果有人认为用希腊语写作比用拉丁语写作益处要少,那么他就大错特错了,因为几乎全世界都在用希腊语,如您所知,拉丁语仅在自己的领域内流行。"

所有这些导致了其他民族的人也开始使用希腊语,首先是希腊-马其顿统治范围内的人,然后是罗马统治范围内的人。通过这种方式,他们试图使不同国家的广大读者了解自己的古老文化。公元前4—公元前3世纪之交的巴比伦祭司贝罗索斯、埃及祭司曼涅托等人的历史著作,以及公元1世纪约瑟夫斯的《犹太古史》(«Иудейские древности»)都是用希腊语写成的。当然,这些作品并不是严格意义上的译作,但由于它们使用希腊语(经过改编)来叙述作者所使用的相应文献,因此可以说其中存在着一些语际改编的元素。最早一批的罗马编年史作者(公元前3世纪)也使用希腊语。在古典时代,西塞罗的朋友阿提库斯应西塞罗的请求,将西塞罗本人所写的一首赞美自己镇压喀提林阴谋的诗篇翻译成了希腊语。曾经有过希腊语版的关于迦太基舰队指挥官汉诺和希米尔科的海上旅行的记载,再晚一些(公元4世纪),佩安尼用希腊语翻译了欧特罗庇厄斯的罗马历史名著(公元6世纪由历史学家卡皮托进行了重译,但现已失传),欧特罗庇厄斯曾担任罗马帝国皇帝瓦伦斯的私人秘书等。

特别值得注意的是针对埃及亚历山大港犹太人散居地的居民进行的翻译。尽管他们与该城的希腊居民之间关系相当紧张,经常发生冲突,但许多犹太人已经被希腊化,几乎丧失了对古希伯来语的了解。

文献资料中提到了希腊语版的埃及文学(尽管数量相对较少)。在这方面,有人指出,早在亚历山大大帝征服埃及之前,即公元前360年,希腊人*克尼多斯的欧多克斯*就曾造访过这个国家,并在孟菲斯的霍努菲斯祭司的帮助下学会了埃及语,并翻译了一本名为《狗话》(«Речи собак»)的寓言集,但现已失传。在一份可追溯到公元2世纪的晚期纸莎草纸中,有一篇关于埃及文本翻译的前言,里面指出埃及文本并非逐词翻译:其创作者主要出于实用性考虑,对文本进行了增添、删减、省略、文体修正等处理。

当然,信息交际翻译的传统也在希腊化国家中继续发展,这是实际需求推动的结果。例如,在埃及,译者在翻译当地居民向国王发表的演讲、国王的命令和信函等时,也参与了文书工作。一些埃及文件的希腊语译本得以保存,这些文件通常以"一份埃及语记录的副本,翻译尽可能准确"为开头。由此可以得出结论,希腊文学翻译和信息交际翻译基于不同的原则:前者主要采用改写和改编的方式,而后者则追求最大限度地逐词翻译。

因此,综上所述,我们可以得出以下结论:尽管有大量的古希腊语翻译作品,但古代并不了解希腊语翻译传统本身。关于翻译的任何理论讨论都是缺乏的,而在希腊化时代展开的如火如荼的词典编纂工作也都是单语的(如疑难词典、旧词词典、方言词典和词源词典等)。

3. 古罗马翻译活动的开端

罗马从一个小村庄(据说发生在公元前 753 年)开始,逐渐发展成为世界强国,征服了许多国家和民族。由于与意大利的希腊殖民地接触,罗马文化开始*希腊化*,到公元前 3 世纪尤为强烈。对大多数罗马贵族家庭成员来说,了解希腊语几乎是一项必备技能。在评价后来希腊文化扩张规模时,伟大的古罗马诗人贺拉斯写道:

"Graecia capta ferocem victorem cepit et artes // Intulit agresti Latio..."(被征服的希腊俘获了野蛮的征服者,并将艺术带给了农村的拉丁地区①)。

这些情况为翻译的发展创造了非常有利的条件。一方面,在与其他民族的交流中广泛采用信息交际翻译②,另一方面,形成了从希腊语翻译到拉丁语的文艺翻译传统。

罗马文学的出现本身也与这种文艺翻译传统密切相关。值得注意的是,尽管如上所述,希腊人很少进行希腊语的翻译,但第一位将文艺文本翻译成拉丁语的恰恰是希腊人*李维乌斯·安德罗尼库斯*(约公元前 204 年去世),他作为战俘来到罗马,并在那里从事教育工作。由于希腊传统要求从阐释荷马史诗开始教学,安德罗尼库斯就创作了拉丁语版本的《奥德赛》(《Одиссея》)。据推测,

---

① 拉丁是指位于亚平宁半岛上的一个地区,其中心城市是罗马。

② 例如,公元前 155 年,当希腊使团抵达罗马时,罗马一位元老盖乌斯·阿西里乌斯在元老院接待使团成员时担任口译员。

之所以选择这部作品[而不是人们原以为的《伊利亚特》(《Илиада»)]主要是因为它更有趣,并且奥德赛的冒险发生在西西里和意大利海岸,也就是说,译者努力考虑受众的兴趣和需求。现存的片段表明,李维乌斯在很大程度上改编了原语文本,对原作进行了简化、转述,更换了角色。希腊诸神的名字被改成了罗马式的,原作的六音步长短短格被古老的罗马民间诗歌形式——萨图尔努斯诗取代,这就改变了原作的节律句法运动。这为罗马文学翻译(相对于信息交际翻译)后续发展的基本原则奠定了基础:使原作适应当时的文化需求,借助外来素材丰富自身的语言和文学。

除了翻译《奥德赛》之外,安德罗尼库斯还因将希腊喜剧和悲剧改编为适合罗马舞台的版本而闻名(这些文本已经失传)。他创立的传统由*格奈乌斯·奈维乌斯*所继承,后者首次采用了*混合*的手法,即在某个希腊喜剧的拉丁语版本中引入其他戏剧的场景和主题。据推测,其他早期的罗马作家也广泛使用了这种手法,他们对希腊戏剧进行了改编,比如*提图斯·马克基乌斯·普劳图斯*(约公元前184年去世)、主要以其独具风格的希腊悲剧而闻名的*昆图斯·恩纽斯*(公元前239—前169年),以及*普布利乌斯·泰伦提乌斯·阿非尔*(约公元前190—前159年)。这种改编的传播一方面归因于罗马观众需要比希腊原作更多的动态和活力,另一方面归因于希腊生活中的一些特征对罗马人来说是陌生的和不理解的。例如,在雅典允许与同父异母的妹妹结婚,而在罗马,这只会引起愤怒。因此,在创作拉丁语版本时,经常需要删除整个情节,采用混合手法来填补缺失的部分。然而,这种手法并不总是得到认可。喜剧作家*凯基利乌斯·斯塔提乌斯*(公元前168年去世)属于恩纽斯学派,他在选择改编希腊喜剧作家米南德的作品时,努力避免使用混合手法,以使自己的版本贴近希腊原作。泰伦提乌斯甚至不得不与另一位剧作家*卢修斯·拉努维努斯*展开辩论,后者坚持认为应该对原作进行翻译(虽然不必逐词翻译),而不是改编,因为改编只会破坏原作。在回应后者对他使用混合手法的指责时,泰伦提乌斯在自己的一部喜剧的序幕中说道:

> ……满怀恶意的人传播谣言,
> 说诗人混合了很多希腊喜剧,
> 创作了一些拉丁喜剧。
> 他是这样做的:

他不争辩,但他并不因此自责。

将来他打算继续这样做。

因为他的榜样是优秀的作家们:

他认为可以仿效他们的做法。

—— *阿尔秋什科夫译*

与此同时,泰伦提乌斯本人也致力于确保混合手法不会破坏情节的完整性和角色的连贯性,从而保持原作的风格。

4. 古典时代罗马翻译的发展

公元前1世纪,罗马经历了从共和制向君主制转变的一系列重要事件。这一时期被称为罗马文学的"黄金时代"。希腊语在一个世纪前就已经广泛传播,现在几乎是无处不在①。以希腊语为原语言的翻译开始被视为通识教育中最重要的部分。正如罗马修辞学的杰出代表之一*马库斯·法比尤斯·昆体良*(约30—96年)所指出的,几乎所有罗马雄辩家都认为翻译自己希腊同行的著作是"最好的活动"。此外,对翻译的兴趣不仅体现在知识精英身上,也体现在受过教育的罗马人中,这可以从许多方面看出。例如,著名的西塞罗的兄弟昆图斯,在恺撒的军队中喜欢在闲暇时间翻译索福克勒斯的悲剧,而且翻译速度非常快。恺撒的另一位军官阿西尼乌斯·波里奥也有同样的爱好,他在罗马内战期间扮演了相当重要的角色。

另一方面,在黄金时代,希腊语的广泛应用和罗马社会实际上的双语状态意味着大多数罗马人能够直接阅读希腊文学原作。因此,在翻译某位希腊作者的作品时,译者假定读者已经熟悉了该作者,并努力对原作进行创造性加工而非严格(按我们的理解)的直译,根据原作的情节创作出自己的版本(前面提到过的昆体良认为,文学翻译不应仅仅是对原作的转述,而应在保留内容的基础上与原作展开某种竞争)。可能正是由于这些情况,"fidus interpres"——即"忠实的译者"这一概念作为一种超越文学范畴的现象,收到了大多数罗马作家的

①　值得注意的是,据公元1世纪罗马历史学家瓦列里乌斯·马克西穆斯所述,古希腊演说家和修辞学家莫隆在公元前81年首次在罗马元老院演讲时,他已经可以不再需要翻译。

负面评价。一方面,西塞罗的话尤其证明了这一点,他认为自己在翻译希腊语时不是作为译者,而是作为演说家,因此没有必要逐字翻译,而另一方面,罗马最伟大的诗人之一*昆图斯·贺拉斯·弗拉库斯*(公元前 65—前 8 年)在更晚些的教诲中建议避免做"忠实的译者"逐字逐句地模仿原作。然而,一些间接证据表明,在罗马,对文学文本可能也采用了接近直译的翻译方式。例如,除了罗马人在传播希腊原作时并非逐字翻译,而只转述其意思的证词外,西塞罗还提到罗马人追求对希腊原作的直译。而反对直译的意见也非常多,这在某种程度上也说明了直译的流行(尽管反映类似方法的文本没有保存下来)。

在黄金时代罗马文学中,对翻译发展做出了重大贡献的一些重要人物包括抒情诗人卡图卢斯和著名演说家西塞罗。

盖乌斯·瓦列利乌斯·卡图卢斯(约公元前 54 年去世)主要因将女诗人萨福的著名诗歌《他好似神》(《Тот мне кажется равным богу»)和亚历山大时期的诗人卡利马科斯的哀歌《贝伦尼斯的秀发》(《Волосы Береники»)重新创作成拉丁语而被载入翻译史。在前者,卡图卢斯将作者的情感转移到自己的个人经历上。前三节遵循原作,第四节则被独立的四行诗所代替,卡图卢斯在其中思考自己和自己的生活方式。至于卡利马科斯的作品①,研究人员认为,这部哀歌的精准翻译对于罗马文学实践来说是极不寻常的,几乎是唯一可以证明罗马文学实践中存在充分翻译的证据,这种翻译不仅保留了原作的情节,而且还保留了原作的节奏和句法结构。

最伟大的罗马演说家"雄辩之神"*马尔库斯·图利乌斯·西塞罗*(公元前106—前43年)终生致力于翻译问题。从年轻时开始,他便为了未来的职业做准备,开始改编希腊语最优秀的演说家的演讲,直到成年后,在恺撒的独裁统治确立之后,西塞罗的主要工作转向了撰写和翻译哲学对话。他留下的翻译遗产从内容上看是非常丰富的:除了两篇来自雅典演说家埃斯基涅斯和德谟斯提尼的演讲之外,西塞罗还翻译了亚历山大里亚学派诗人阿拉托斯的大文诗、色诺芬的《家政论》(《Домострой»)和柏拉图的一些对话。此外,在西塞罗的著作中,还有许多他翻译的希腊作者的引文②。另一方面,这位罗马演说家留下了一

---

① 这部哀歌是献给希腊化时期埃及国王托勒密三世尤尔盖特斯的妻子的,她为神明献上了自己的一缕头发,据说这缕头发升上了天空,变成了一个星座。

② 应该注意,评价大部分归属西塞罗的翻译需要依赖间接来源,因为这些文本本身并没有传世至今。

系列关于翻译外语文本原则和方法的论述,对翻译理论与实践的进一步发展起到了重要作用。

在西塞罗所面临的重要任务中,首要的是丰富翻译语言及其词汇。回忆起他的青年时代学习经历时,他提到:"在将希腊语翻译成拉丁语时,我不仅要选择常用词汇中最好的,还要根据原作的范例创造一些对我们来说新颖的词汇,只要这些词汇是合适的。"①随后,他开展了大量工作,创造了与希腊语等效的拉丁术语。根据撰写了西塞罗传记的历史学家普鲁塔克的说法,正是西塞罗首次引入了"表达""一致""感知"等概念的名称,特别是使用了隐喻转移原则。西塞罗认为进行这种工作的必要性主要在于,许多罗马人无法将从希腊人那里获得的知识与同胞分享,因为他们无法用母语传达所获得的信息。

西塞罗也同样注重文艺翻译的另一个实用方面——丰富所译作品,并用新的体裁充实它。例如,当着手将柏拉图的对话翻译成拉丁语时,西塞罗奠定了罗马哲学散文的基础。同时,在翻译《蒂迈欧篇》(《Тимей》)时,他希望借此对话来创作自己的哲学著作。最后,翻译活动对于西塞罗来说是培养和完善自己风格最有效的方法之一,即具有明显的教学导向,这种导向在罗马文化中得以保留并发扬光大。

在自己的理论观点中,西塞罗承认翻译可以以两种方式进行:逐字直译和意义再现。显然他更倾向于后一种。当谈及创作埃斯基涅斯和德谟斯提尼演讲的拉丁语版本时,西塞罗指出,在保留二者的思想和形式的同时,他将单词和短语改成了适合于拉丁语的形式。他总结自己的观点说:"我认为读者应该期待我对词语进行权衡而非计算。我希望保留住这些演讲中的全部优点,也就是思想、表达方式和结构顺序,而我的词语选择是为了不违反我们的惯例。所以,即使它们并非全部直译自希腊语,那也是以同样的方式进行润色的。"②

然而,对采用哪种方式来翻译希腊语文本,西塞罗可能会有所选择。例如,与后来创作的拉丁语版柏拉图哲学对话相比,他在年轻时完成的大多数教学翻译更加自由。另一方面,耶罗尼穆斯虽然认为西塞罗反对逐字逐句的翻译,但也指出,未能流传下来的对色诺芬作品的翻译是逐字逐句进行的,并指出了西塞罗在语言和风格上存在的缺陷。③

---

① Марк Туллий Цицерон. Три трактата об ораторском искусстве. М. , 1972. C. 104.

② 需要注意的是,大多数对西塞罗翻译的评价都是基于间接材料的。

③ Kloepfer R. Die Theorie der literarischen Übersetzung. München, 1967. S. 22.

西塞罗的创作遗产在欧洲翻译的进一步发展中扮演了重要角色,并且是我们所关注的领域中最杰出的古代遗产之一。

5. 古典时代之后的罗马翻译

公元后的前几个世纪里,人们对于翻译的看法基本未发生实质性变化。对自由改编原作的偏好明显反映在前面提到的昆体良的论述中,他在其著作《论演说家的教育》(《О воспитании оратора》)中指出,翻译不应仅仅是对原作的转述,而应在保留内容的基础上与原作展开某种竞争。关于翻译活动的教育价值,帝国时代罗马文化的另一个重要人物,以*小普林尼*著称的*盖尤斯·普林尼·采西利尤斯·塞孔都栢*(61 或 62—约 114 年)在一封信中谈道:"从希腊语翻译成拉丁语,或者从拉丁语翻译成希腊语,这都是有益的,许多人也建议这样:这种练习可以培养精确华丽的用词、丰富多样的修辞、强而有力的表达,并且对优秀范例的模仿也能培养类似的创造力;同时,读者所忽略的东西对于译者来说是隐藏不了的。由此便能获得细腻的理解和正确的判断。"[1]

在文学翻译领域,首先应提到的是寓言家*费德鲁斯*的活动,他曾是奴隶,后来成为奥古斯都皇帝的自由人。当然,在这里谈论翻译只能是带有相当程度的假设。他所创作的五本《伊索寓言》(《Эзоповые басни》)集不仅包括了传说中伊索创作的用拉丁诗句叙述的希腊寓言情节,还包括了费德鲁斯自己的作品。后来,在 5 世纪,*阿维安努斯*对生活在公元前 1 至 2 世纪之交的古希腊诗人巴布里乌斯的寓言进行了诗体转述,并指出拉丁语版本是对先前已经散文化内容的诗歌化处理。

瓦列里乌斯·弗拉库斯(约公元 90 年去世)的活动表现出一种独特的倾向,即利用外国的故事情节来宣传罗马在东方的扩张。在翻译公元前 3 世纪希腊诗人罗德岛的阿波罗尼乌斯的史诗《阿尔戈英雄纪》(《Аргонавтика》)(此前已经由瓦罗·阿塔基努斯进行过一次拉丁语翻译)[2]时,弗拉库斯自己极大地改变了主角的性格,将胆怯狡诈的伊阿宋转变为勇敢傲慢的骑士,成为拥有最好和最坏特质的真正罗马人的化身。

---

[1] Письма Плиния Младшего. М., 1983. С. 122.

[2] 关于这个翻译,研究者的看法不一。有些人倾向于认为它几乎是文字的忠实翻译,而另一些人则认为存在一定程度的改编。

在罗马帝国的最后几个世纪,翻译活动呈现出相当多样化的景象。其中一位杰出的诗人是 4 世纪的*德西穆斯·马格努斯·奥索尼乌斯*(约 310—395 年),他留下了几部希腊作品的译著,相当完整地传达了原作。在散文翻译方面,可以提一提公元 3 至 4 世纪的希腊小说,如以亚历山大大帝为主人公的《亚历山大传》(《Деяния Александра》)(中世纪时,这部作品非常受欢迎,并被翻译成多种语言)和《提洛国王阿波罗尼奥斯的历史》(《История Аполлония, царя Тирского》)。另一方面,各种*翻译骗局*流行起来。在这种情况下,作品可能故意被标榜为翻译,例如公元 3 至 4 世纪的寓言集《罗慕路斯》(《Ромул》),序言中宣称这是对《伊索寓言》的翻译,尽管它实际上只是以拉丁语文献为根据。然而,在将与希腊原作确有一定程度联系的文献翻译成拉丁语的历史中,也可能存在明显虚构的情节。这种情况正是发生在公元 3 至 4 世纪两部叙事文学作品《特洛伊战争日记》(《Дневник Троянской войны》)和《特洛伊陷落史》(《История падения Трои》)上。第一部作品据称最初是由一位参加了特洛伊战争的名叫迪克提斯的人用腓尼基语写成的,后来在尼禄时代被发现于其墓中,并经尼禄皇帝的命令翻译成希腊语,然后由卢修斯·塞普提米乌斯翻译成拉丁语。而第二部作品的手稿据称是由公元前 1 世纪著名历史学家科尔奈利乌斯·奈波斯在雅典发现的,他将其翻译成拉丁语,没有做任何修改。

在哲学和科学散文的翻译领域,*提乌·曼利厄斯·塞维林·波伊提乌*(约 480—524 年)的活动具有特殊意义。他的生活和工作发生在西罗马帝国灭亡后,他在东哥特国王狄奥多里克的宫廷中服务,最终被国王下令处决。

波伊提乌成为古代和中世纪之间的桥梁,他在将希腊作者的作品翻译成拉丁语时,为这些作品添加了自己的注释,对西方欧洲哲学思想的进一步发展产生了巨大影响。这些作品如亚里士多德的逻辑著作《解释篇》(《Об истолковании》)[《诠释篇》(《Герменевтика》)]和《范畴篇》(《Категории》)以及波菲利的《导论》(《Введение》)、欧几里得前四卷书(尽管没有证实)、尼科马霍斯的《算术入门》(《Основания арифметики》)(最新一版是其改写版本)。值得注意的是,在总结翻译工作中所遵循的原则时,波伊提乌认为首先必须坚决与罗马古代盛行的自由改编原作传统划清界限:"我担心我会被看作'忠实的译者'(拉丁语为 fidus interpres,这是对上述荷马言论的暗讽——*作者注*),因为我逐字逐句地翻译了原作。原因在于,在寻求对事物认识的作品中,应该表达的不是华丽的修辞,而是未经扭曲的真理。"①

　　波伊提乌的翻译工作得到了比他年轻的同时代人 *马格纳斯·奥雷利乌斯·卡西奥多鲁斯*(490? —575?)的高度赞扬,他们俩都常被称为"最后的罗马人"。卡西奥多鲁斯对波伊提乌说:"无论古希腊以多么伟大的言辞和活动家创造了怎样的学问和艺术,罗马都是从你这里被接受的。你以精湛的措辞和准确的语言使它们变得清晰透彻,以至于如果他们有机会将自己的作品与你的比较,他们宁愿选择你的作品而不是自己的。"②卡西奥多鲁斯本人(像波伊提乌一样担任高级政府职位)也是一位翻译约瑟夫斯著作的组织者和积极参与者。

6. 罗马翻译的一般特征

　　如上概述,古罗马存在着各种类型的翻译(信息交际翻译和文艺翻译),包括相对准确地再现原作,将原作与原创动机相结合、混合,对原作的各种改编和改写等。实际上,它涵盖了我们今天所了解的所有翻译类型,虽然对原作相当自由的态度占据主导地位(因为谈论的是文学文本)③。此外,还出现了关于翻译目的、任务和方法以及对译文进行批判性评估的理论探讨,这些后来对欧洲翻译传统的进一步发展产生了重大影响。

---

① Jakobsen E. Translation. A Traditional Craft. Copenhagen, 1958. P. 97.
② Семенец О. Е., Панасьев А. Н. История перевода. Киев, 1989. С. 64.
③ 应该注意,在古代世界,文学作品(художественная литература)的概念要比后来的时代更为宽泛,包括历史、演讲艺术、部分哲学和科学文学等体裁。

第 3 节　世界宗教与翻译的发展(略)

第 4 节　中世纪的翻译及其特点

1. 术语"中世纪"的内容

"中世纪"这个概念起源于文艺复兴时期,用于将文艺复兴时代与备受古代尊崇的时期区分开来。传统上,这一时期的起始被认为是西罗马帝国的崩溃(公元 5 世纪),而终结则是拜占庭帝国的灭亡和克里斯托弗·哥伦布发现美洲(公元 15 世纪)。然而,许多历史学家将中世纪的终结边界定为 17 世纪中叶,将其与封建关系的解体联系在一起(这一观点在苏联学术界占主导地位)。然而,需要注意的是,即使在西欧世界内,也并不总是能够确立严格的时期框架,因为对于某些国家来说,中世纪的时间范围可能会有所不同(例如,意大利将 14 世纪视为文艺复兴的早期,而英国文学史学家通常将 15 世纪视为中世纪文学的一部分)。

2. 中世纪欧洲的语言状况

如前所述,理论上,中世纪的特点是*三种*"神圣"语言(古希伯来语、古希腊语和拉丁语)占据突出地位,它们与"通俗的",即活的新欧洲语言相对立。然而,现实生活对这一模式进行了重大修正。古希伯来语在基督教世界的绝大多数人中本来就不常见,而在中世纪(以及之后),就只有少数人掌握这种语言。西欧国家掌握希腊语的人数在整个中世纪处于较低水平(与古代不同),这在很大程度上是由于天主教会与东正教会之间的疏远造成的,这种疏远在 1054 年达到顶峰,二者公开分裂。这种情况反映在一句众所周知的谚语"Graecum est, non legitur"(如果是希腊文的,就不会被阅读)中。因此,在语言层级中占据首位的无疑是拉丁语。修养这一概念本身首先意味着对拉丁语的认知,并且社会上将人们分为 litterati(有文化教养的人,即精通拉丁语的人)和 idiotae(文盲,只懂得"粗俗"的母语的人)。而拉丁语的国际地位带来了一个重要特征:当它作为原语言时(尤其是在涉及宗教神学文献和哲学文献时),将译文归入某一民族传统只能是纯粹的假设,除非考虑到译者的国籍或其地理位置。

与此同时,除拉丁语之外,其他语言在不同的时期也可能发挥着相当重要的作用。其中一个例子是古法语,它在国际上传播非常广泛,不仅在英格兰(从诺曼征服开始一直到 14 世纪末在英格兰占主导地位),在其他国家也是如此。马可·波罗和鲁斯蒂谦就是用古法语写下了著名的威尼斯商人旅行记;佛罗伦萨的法学家和外交官布鲁内托·拉蒂尼在撰写百科全书《宝库》(《Книга сокровищ》)时也使用了古法语,并认为这种语言是"最令人愉悦的且最广泛使用的"①。当然,在翻译文学作品时古法语也经常被用作原语言,这些作品涉及军事功绩、战争、爱情冒险等内容。

3. 宗教哲学作品的翻译

要使基督教确立为欧洲各国的国教,就需要将主要用希腊语写成的作品翻译成拉丁语,这些作品可能会成为天主教会可靠的意识形态基础。一方面,基督教思想家自己的作品被认为可以扮演这样的角色,另一方面,还包括经过适当筛选和处理的古代思想家留下的文献。继前面章节提到的波伊提乌之后,这个领域中的重要人物便是具有爱尔兰血统的*约翰内斯·司各特·埃里金纳*(约810—877 年)。

考虑到埃里金纳的身份,有必要简单谈一下在被称为"圣人之岛"的爱尔兰出生的人对早期中世纪文化的贡献。尽管存在相当不利的历史条件(内部冲突、诺曼人入侵等),许多 7—8 世纪在欧洲大陆几乎被遗忘的传统仍然在这里得以保留。在修道院的书写室里对神圣文学和部分世俗文学进行了大量抄写,并且对希腊语的熟悉使他们能够进行拉丁语的翻译工作。许多来自爱尔兰的学者修士前往欧洲大陆的各个国家,特别是查理大帝的宫廷,他们在那里发挥着非常显著的作用。埃里金纳本人也在查理大帝之孙秃头查理的宫廷中活动,

---

① 后来,拉蒂尼就同一主题创作了第一部意大利教学史诗《小宝藏》(《Малое сокровище》)。

秃头查理与他亲近并与他频繁交谈。

在埃里金纳的翻译作品(6 世纪初的新柏拉图主义哲学家普里西安的作品,以及生活在 4 世纪的"教父"之一尼萨的格里高利的著作)中,尤其值得一提的是拉丁语版《阿雷帕吉塔》(«Ареопагитик»)。该作品最初被认为是由著名的雅典人狄奥尼修斯·阿雷帕吉塔所写,他受使徒保罗的感召而皈依基督教①,此外,生活在 6 世纪末至 7 世纪上半叶的忏悔者马克西姆斯为《阿雷帕吉塔》所做的注释也被归属于他。

无论从内容还是形式上看,《阿雷帕吉塔》都涉及极为复杂的宗教哲学问题,非常难以理解,更别说在其他语言中再现了。9 世纪 30 年代,巴黎附近的圣丹尼修道院院长尝试进行了这样的翻译,但他的翻译非常失败,没有得到传播。埃里金纳本人也很清楚所面临的困难,他指出,希腊语更适合神学和哲学作品,因为它具有更加完善且准确的术语,而不像拉丁语,拉丁语中相应的概念并不总是能被准确地传达。在强调了自己渴望深入理解原作的本质并吸收其中的智慧之后,埃里金纳回避了因过度照搬原作而可能导致译文晦涩难懂而遭受的指责,他几乎重申了与波伊提乌类似的见解:"如果有人认为译文晦涩难懂,那么请注意,我只是这个作品的译者,而不是它的阐释者。因此,我很担心自己会背上'忠实的译者'的骂名。"②

正如后来发生的事情所证明的那样,埃里金纳的担忧是有根据的。9 世纪,梵蒂冈图书馆馆长*阿纳斯塔修斯*(他是当时少数几个精通希腊语并熟悉希腊传统的西方作家之一)对他翻译的作品提出批评性意见。尽管阿纳斯塔修斯对他的前辈——这位出生在"尘世边缘"遥远国度的人——的作品表示敬意,因为这位前辈能够理解如此艰深的创作并用另一种语言将其再现,但他认为这位爱尔兰人的工作并不令人满意。据他看来,原因在于过度的直译,导致失去了原作固有的深度和高度。然而,阿纳斯塔修斯自己也很清楚,促使埃里金纳选择这种译法的原因在于害怕偏离词汇的本义,因为这可能会扭曲意义。尽管梵蒂冈的这位书籍专家试图通过新的伪狄奥尼修斯著作目录来补充和校对埃里金纳的译本,但后来的研究者们毫不留情地指出,阿纳斯塔修斯本人的实践并不总是符合其所宣扬的原则,因为他的拉丁语版本既包含了对希腊语的逐字翻译和

---

① 由于后续的研究表明,所提到的作品不可能在 5 世纪之前创作,无法确定其作者的真实身份(有各种不同的猜测),因此将其作者称为伪狄奥尼修斯·阿雷帕吉塔。

② Jakobsen E. Translation. A Traditional Craft. Copenhagen, 1958. P. 97.

仿词造句,又包括了自由改写,在改写的地方,原语文本的整个句子都被省略①。

然而,对于埃里金纳的译本来说,还有一些更有影响力的敌人。首先要提到的是当时的教皇尼古拉一世,他对于这个译本的未经批准感到非常不满。由于许多希腊哲学术语没有被埃里金纳翻译出来,他被迫用基督教象征主义的方式来解释这些复杂的表达。然而,埃里金纳本人的观点被认为是不可接受的,他的作品在11世纪和13世纪多次被罗马教廷谴责为异端。

4. 阿拉伯的翻译传统及其对中世纪欧洲的影响(略)

5. 希腊语原作的翻译

中世纪思想家们最为崇敬且最尊为权威的作家(更不要说其他古代作家),其思想却来自第二手甚至第三手资料,这种不尽如人意的情况使得直接阅读希腊语原始文献成为当务之急。尽管以前也有过此类的尝试,但牛津大学校长、后来的林肯教区主教*罗伯特·格罗斯泰斯特*(1175—1253)在这里占据了特殊的地位。他通晓希伯来语、阿拉伯语和希腊语,是最早直接从希腊语翻译亚里士多德自然科学著作并加以评论的人之一。更为重要的是*穆尔贝克的威廉*(1215—1286)的工作。作为天主教的科林斯主教,威廉学习了希腊语并收集了大量亚里士多德的手稿。罗马教廷(特别是教皇乌尔班五世)努力使古希腊思想家的作品服务于天主教学说,并抹去学说中的阿拉伯痕迹,便委托威廉与西欧思想史上最重要的代表、去世后被授予"天使博士"头衔的*托马斯·阿奎那*(1225或1226—1274)密切合作,将古希腊思想家的作品翻译成拉丁语。在翻译亚里士多德的主要作品及其评论的过程中,威廉制定了拉丁语版的亚里士多德学派术语,显著地减轻了阿奎那建立自己神哲学体系的负担。

在谈及中世纪科学哲学文献的拉丁译本的理论总结时,首先要提到的是英

---

① 除了对中世纪哲学思想产生重大影响的《阿雷帕吉塔》版本外,阿纳斯塔修斯还从希腊语翻译了其他许多作品[如梅福季的《狄奥尼修斯殉道记》(《Мученичество Дионисия Ареопагита》)、费奥凡的《西洋历史》(《Хронография》)、教皇马丁的传记],但尤其值得一提的是关于发现圣克莱门特遗骸的历史故事,作者是著名的斯拉夫文字创造者,来自萨洛尼卡的康斯坦丁(基里尔)。

国最杰出的中世纪思想家之一,被誉为"奇异博士"的*罗杰·培根*(约 1214—1292 年后)。他警告人们不要因阅读劣质的译著而犯错误,并严厉谴责那些他称为"欺骗译者"的人,他们既不懂科学也不懂语言,因此,亚里士多德的许多著作在他们手中被扭曲得几乎无法辨认,同时,罗杰·培根也会停下来谈论翻译过程中产生的客观困难。其中包括他所称的每种语言(甚至是同一语言的方言)的特殊特征,以及在原语言(拉丁语)中缺乏相应的术语的问题,因此必须借用难以理解和必然扭曲的词汇,以及其他类似的因素。这位哲学家总结道,"用一种语言创作的杰作不可能在保持其在第一种语言中拥有的特殊品质的同时,被翻译为另一种语言。就让那些精通某种科学,例如逻辑学或其他学科的人努力用自己的母语来翻译吧,然后他们就会发现自己不仅缺乏思想,还缺乏词汇,以至于没有人能够理解这样翻译的书籍,使之与其重要性相称"[1]。罗杰·培根强调译者必须要掌握语言,了解所要翻译的学科。他认为即使像与他隔了几个世纪的波伊提乌那样精通语言但却没有掌握必要的学科知识的人,以及像前面提到过的无疑精通学科,但是根据哲学家的推测,其语言储备却不是最好的罗伯特·格罗斯泰斯特(可能是培根的老师),也是不足以完成令人满意的工作。

尽管中世纪翻译家面临重重困难,但其积极活动还是取得了一定成果。到 13 世纪末,西欧经院哲学家已经比前几个世纪的阿拉伯学者更加了解古代科学和哲学遗产。这得益于与拜占庭的交流,这些交流往往不是和平的,但它们仍然促进了文化交流。君士坦丁堡成为向欧洲提供手稿的主要中心,后来又成为希腊学术界的代表,在文艺复兴的准备工作中发挥着巨大作用。

如前所述,科学哲学文献的翻译传统在很大程度上具有*国际性*。然而,在中世纪,尽管存在一系列障碍,但仍然形成了*国家层面*的翻译传统。这一时期正在形成的新欧洲文学语言在其中扮演着原语言(有时也是原始语言)的角色。本章的下面几个段落将专门讨论这一点。

6. 英语翻译的开端 —— 阿尔弗烈德大王

在公元 5 世纪以前,英国的居民是凯尔特人。尽管罗马人在公元 1 至 5 世纪对英国进行了长达 5 个世纪的占领,但不列颠群岛并没有在很大程度上罗马

---

① The Portable Medieval Reader. 1977. P. 605.

化。从公元 5 世纪开始,日耳曼部落(如盎格鲁人、撒克逊人和朱特人)开始迁徙到英国,并在很大程度上取代了凯尔特人。尽管基督教早在公元 2 世纪就传入了这片土地,但真正的基督教化却始于公元 6 世纪末,当时教皇格里高利一世派遣了一支由著名的奥古斯丁领导的四十名修士组成的使团前往英国,后来奥古斯丁成为坎特伯雷的第一任大主教,并建立了第一所修道院。

在讨论英国翻译(和文学)活动的开端时,通常会提到 7 世纪的修士 *卡德蒙*,以及同一时期最重要的作家 *可敬的比德*(672 或 673—735)。但古英语翻译的真正繁荣始于 9 世纪末,与 *阿尔弗烈德大王*(849—900)的活动有关。

阿尔弗烈德大王登基时,该国局势极为不利。丹麦人的持续入侵导致许多作为中世纪文化中心的修道院被破坏,就此衰落。教育水平急剧下降,当时的教育程度与对拉丁语的了解等同。根据阿尔弗烈德大王的说法,在他开始统治时,很难找到一个至少能将拉丁语信件翻译成英语的人。另一方面,阿尔弗烈德大王深刻认识到,当用本国人民的语言来讲述知识时,知识才能最好地在国家中传播。翻译计划应运而生:"用我们所有人都理解的语言来翻译几本所有人都最需要的书籍。"①

为了完成这项任务,阿尔弗烈德大王围绕自己组建了一个学术小组,成员包括威尔士主教阿瑟尔——他后来成为《阿尔弗烈德大王传》的作者,伍斯特主教沃尔夫斯坦——后来成为坎特伯雷大主教,普列格蒙德以及其他人。阿尔弗烈德还写信给法国的兰斯大主教,告诉他自己国家缺乏受教育的人;作为回应,兰斯大主教派遣了学者格里姆博德到他那里。

总体上可以认为,阿尔弗烈德大王创建上述学术小组的想法在某种程度上是受到了约一个世纪前查理大帝宫廷中存在的类似小组的启发。然而,后者是拉丁教育的支柱,而阿尔弗烈德大王关注的焦点则是用母语进行启蒙翻译活动。

尽管阿尔弗烈德大王本人受过拉丁语教育,但并未接受过系统的学校教育,因此对于他个人在何种程度上参与了学术小组成员的翻译工作,这一问题仍然悬而未决。然而,阿尔弗烈德大王作为这一彼时欧洲无与伦比的宏大项目的激励者和组织者,其重要角色是无可争议的。下面是翻译过来的一些作品②:

---

① Мельникова Е. А. Меч и лира. Англосаксонское общество в истории и эпосе. М. , 1987. С. 54.

② 翻译的时间顺序未最终确定,因此它们以任意顺序给出。

1）主教奥罗修斯于 5 世纪创作的《反异教史》(«История против язычников»)受到奥古斯丁的一些思想启发。这位作者编纂了这部著作，旨在为基督教进行辩护，消除了一些指责基督教导致罗马帝国衰落的说法。奥罗修斯的书在中世纪非常受欢迎，享有权威，这可能是为什么阿尔弗烈德大王选择将其作为一种历史教科书用于自己同胞的原因。译本中有很多省略和改动，原作的七卷被缩减为六卷。此外，书中还添加了关于那些使用"条顿"（即日耳曼）语的国家的信息，并收录了两位旅行者向阿尔弗烈德大王讲述的见闻。

2）《英吉利教会史》(«Церковная история народа англов»)是上述可敬的比德的著作。译本放弃了对原作的自由解读，而是追求尽可能准确地传达原作的内容，有时采用直译。

3）波伊提乌（公元 6 世纪）的《哲学的慰藉》(«Об утешении философией»)。这本著作是这位"最后的罗马人"在狱中等待处决时写成的。这本书在中世纪备受推崇，并且人们将作者视为为信仰而受难的基督徒殉道者。文本非常难以理解，据悉，阿尔弗烈德大王首先请他的一位同人、阿瑟尔主教解释原作给他听，然后再进行英语转述。对原作的处理相当自由：改变了原作的结构，省略了许多部分，尽可能强调基督教色彩。对阿尔弗烈德大王同时代的人来说，一些并不熟悉的暗示和典故用他的同胞能够理解的例子进行了替换。

波伊提乌的风格特点是将散文叙述和诗歌叙述结合起来。有两个译本保存了下来，一个是完全用散文写成的，而另一个则尝试运用了古英语特有的押头韵诗风格。

4）教皇格里高利一世（公元 6 世纪）的《司牧训话》(«Обязанности пастыря»)。该译本比其他所有译本都更精心、更严格地遵循原作，虽然其中也经常出现意译，但却没有任何随意之处。之所以选择这部作为神职人员教科书的作品，可能是因为它对中世纪文化具有普遍意义，或是因为作者在英国的基督教化事业中扮演了特殊角色：正是在他在位期间，以奥古斯丁为首的一群本笃会修士被派往英格兰南部组织教会生活。格里高利一世在这部著作中讨论了基督教牧师的理想形象，因此，阿尔弗烈德大王认为有必要将其译本广泛传播给英国的神职人员，并将译本的副本寄给所有主教。在序言中，教皇谈论了英国幸福的过往，将以前"战争和科学中"的繁荣与当今的悲伤形成对比：以前外国人来这里寻找智慧，现在由于教育水平的下降，英国人自己必须去国外寻求知识。然而,阿尔弗烈德大王认为有必要指出,在他统治期间,教育发展方面取得了无可置疑的进步。教皇呼吁教士们抛弃世俗事务,致力于追求知识,并希望所有自由出身的年轻人都能够学好母语,而那些学习拉丁语的人则能够担任更高的职位。

5)格里高利一世的《对话录》(《Диалоги》)。该书的内容是教皇与朋友关于意大利圣徒和奇迹创造者生平事迹的对话。这本书成为中世纪许多传记文学作品的源泉,并且非常受欢迎,这也是它被选择的原因。

关于阿尔弗烈德大王及其同行在翻译拉丁语原作时所采用的方法,在他们留下的序言中有所提及。例如,在《司牧训话》的序言中提到,英语译本有时对原作进行直译,有时则会意译;在《哲学的慰藉》的序言中提到,作为该作品的译者,阿尔弗烈德大王有时逐字逐句地翻译,有时尽其所能地按照意义准确清楚地翻译。

尽管在他的领导下完成了大量工作,但这位英国君主深知他的继任者们将面临更加艰巨的任务。在奥古斯丁《独语录》(《Монологи》)的译本序言中,译者被比作建筑师,他要去大森林采集所需的材料并将一切必要的东西运送出去。书中指出:"但是我并不打算从森林中运走一切,即使我能够做到。我在每棵树木中都看到了有益的东西;因此,我建议任何有这种机会和拥有足够马车的人都应该前往森林,我在那里准备好了木材。就让他们添上新的木材,装上自己的马车吧,去完成我没有完成的事情——建造许多美丽的房子,并建立一座美丽的城市,无论冬夏,人们在那里都可以过得愉快且舒适。"①

7. 10 到 11 世纪上半叶的英语翻译 —— 艾尔弗里克的活动

阿尔弗烈德大王去世后,英国的翻译活动仍然继续进行,尽管不如以前那样频繁。特别是把《马太福音》(《Евангелие от Матфея》)翻译成了英语,并对其他三部福音书进行了注释(将相应的英语等效词语附加在拉丁语文本的每个单词上);还出现了对中世纪释经文学和说教文学的翻译。

这一时期最重要的人物是修士*艾尔弗里克*(955—1020 或 1025)。艾尔弗

---

① Amos F. R. Early Theories of Translation. New York, 1920. P. 3–4.

里克提到在英语与拉丁语使用方式不同的情况下,应保持目标(英语)语言规范的必要性,以免误导那些不了解拉丁语的读者。这个观点非常有趣。艾尔弗里克编撰的英语版拉丁语语法值得关注,其中收录了一些6世纪普里西安著名的语法内容。这本书中也包含了一些翻译方面的观察(例如每种语言都有自己的感叹词,很难在另一种语言中进行表达)。

如果阿尔弗烈德大王和艾尔弗里克在选择翻译文本时主要考虑启蒙教育的因素,那么在这一时期,就已经出现了一些旨在娱乐读者的翻译作品。这些作品包括:关于叙利亚修士马尔克斯历险的故事,它与传记文学相近但同时又具有很多古代冒险小说的特点;描述各种奇异生物与现象的《亚历山大书信》(«Письмо Александра»)和《东方奇观》(«Чудеса Востока»);以及一些关于提洛国王阿波罗尼奥斯的希腊小说的拉丁语翻译片段。

因此,到11世纪,古英语翻译的传统已经形成,这在英国文化的形成过程中发挥了重要作用。然而,在1066年发生了一起重大事件,对该国产生了重大影响,并在很大程度上改变了它的未来发展,那就是诺曼底公爵威廉征服英格兰。

8. 诺曼征服之后的英国翻译活动

诺曼人征服英格兰后,随着绝大多数古不列颠贵族的灭亡或下台,形成了一种特殊的语言状况。由于新的英格兰统治者——王室和封建贵族——都讲法语,所以法语占据了主导位置;拉丁语保留了其在教会、科学、学校、法学等领域内的语言功能;最终,英语(在这个时期经历了重大变革)仍然是大多数人所使用的语言①。此外,还存在着凯尔特方言(在威尔士境内),形成了威尔士语②。

当然,在诺曼征服后的最初几个世纪中,文字的发展以拉丁语和法语为主。北威尔士主教*蒙茅斯的杰弗里*(1154年去世)的拉丁语著作《不列颠历史》

---

① 这个时代的语言环境在沃尔特·司各特的著名小说《艾凡赫》(«Айвенго»)中得到了很好的体现。

② 威尔士领土在10世纪被盎格鲁-撒克逊人征服,诺曼征服(威尔士居民对诺曼征服大多持肯定态度)后,威尔士承认征服者威廉的统治,但随后又反抗英格兰国王的统治,英格兰国王直到13世纪末才最终确立其统治地位。

(《История бриттов》)对于翻译史来说具有重要意义。作者(据推测,他自己也是威尔士人,并熟悉该地区的语言和民俗)向读者保证,这本书是从不列颠语(即凯尔特语)古书翻译而来的。他从牛津大主教沃尔特那里得到了这本书。很可能,这是一个翻译骗局,这本著作的来源除了威尔士民间传说外,还有关于查理大帝的史诗传说、亚历山大大帝的故事等,杰弗里在其中加入了很多自己的内容。正是在《不列颠历史》中,首次详细介绍了亚瑟王的历史故事(亚瑟王不仅成为整个不列颠岛,还包括欧洲大部分地区有权势的统治者)、李尔王的故事和后来广受欢迎的其他故事。而且杰弗里强调,如果原作充满"优美的辞藻",那么译文则使用简单的"乡村语言"(尽管是拉丁语!)。

杰弗里的伪译文一方面为 12 世纪末到 13 世纪初大量的威尔士再创作提供了素材,另一方面也成为法语版 杰弗里·盖马尔 的来源。基于前人的工作,诺曼底诗人瓦斯(1174 年之后去世)创作了自己的作品《不列颠君王史》(《布鲁特》)〔《Деяния бриттов》(《Брут》)〕,并在其中添加了一些布列塔尼民间传说的情节(就是"圆桌骑士"的来源)。而瓦斯的诗歌又成为神职人员 拉亚蒙(约 1205 年)的英语版《布鲁特》的基础,这个版本是一部独具风格的英国诗歌史。到了 13 世纪,对其他法国骑士小说的改编也促进了原创文学的发展。

9. 14 至 15 世纪的英语翻译

到 13 世纪中叶,英语语言的地位开始加强,法语逐渐被取代的迹象也开始显现。1258 年,亨利三世国王首次发表了用英语写成的告人民书。这种趋势在一个世纪后特别明显。1362 年,国会大厦的司法程序被翻译成英语,英语首次在议会大厦响起。大约在同一时期,英语也被确立为学校教育的语言。到 14 世纪末期,法语的主导地位结束了,尽管其余温持续了很长时间。专业文献指出:"英语已成为口头交际的语言,但其作为笔头创作的最佳手段还需要获得认可。法语和拉丁语仍然被视为最适合文学表达的语言,因此,14 和 15 世纪是翻译活动大流行的见证者。英国人希望通过类似的方式将原作语言所享有的部分声望传达给英语译作。"[①]

当然,这样的译作只能被称为有限的翻译。确切说应该是学习外语文学和

---

① Blake N. F. The English language in Medieval Literature. London and New York, 1977. P. 15.

掌握艺术手法,这些艺术手法后来被用于创作原创作品。

在谈到 14 世纪的翻译传统时,人们通常会提到中世纪最重要的作家*杰弗里·乔叟*(1340—1400),他是著名的《坎特伯雷故事集》(«Кентерберийские рассказы»)的作者。乔叟翻译改编了来自法语、拉丁语和意大利语的作品(包括一些与英国诗人有亲密接触的薄伽丘的作品,以及波伊提乌著名的《哲学的慰藉》)。

15 世纪,*约翰·利德盖特*(1370?—1451?)的翻译活动备受瞩目。与乔叟一样,他的作品是对外语(拉丁语和法语)文献和原创作品进行独特综合的结果。15 世纪初期(乔叟的版本问世几十年之后),*约翰·沃尔顿*完成了波伊提乌《哲学的慰藉》的新译本。英国第一位印刷商*威廉·卡克斯顿*(1422?—1491?)也从事翻译工作,尽管其翻译外语原作的方法并不总能摆脱直译(尽管在序言和后记中他对自己的译作有所怀疑)。翻译古典作家的译者也找到了慷慨的赞助者,比如*约翰·蒂普托夫特*,第一代伍斯特伯爵(1420—1470)[①],他本人也翻译了西塞罗和恺撒等人的作品。

因此,可以得出结论,中世纪与文艺复兴的交汇时期,英国形成了一种丰富的翻译传统,这一传统经历了漫长而复杂的发展过程。

10. 中世纪德国的翻译

第一批古德语书面文献可追溯到 8 世纪,是天主教祷文的译本。到了 8 世纪末至 9 世纪初,对《马太福音》(现仅存零星片段)、奥古斯丁的一篇布道文以及塞维利亚主教伊西多尔的著作《反异教徒》(«О христианской вере против язычников»)进行了翻译。关于后者,研究者指出,尽管其内容和风格较为复杂,但译者出色地完成了任务,并展现了用母语翻译拉丁语原作的出色能力。稍后,出现了德语版塔提安的《四福音合参》(«Евангельская гармония»)(2 世纪作品),同样是从拉丁语翻译而来(原作可能是由一位叙利亚人用希腊语写成的)。在这个译本中,直译原则占主导地位,甚至保留了词序。

在 10 至 11 世纪之交,圣加仑修道院的修士*结巴诺特克*,又称为*德国人诺特克*(950—1022)开始了他的活动。作为修道院学校的教师,他知道学生在学

---

① *译者注*:我国史料记载为 1427—1470 年。

习陌生的拉丁语时所面临的困难,因此他写信给主教说:"因为我希望我们的学生能够接触到它(即教会书籍和用于阅读的拉丁语参考资料),所以我决定尝试一件前所未闻的事情,也就是尝试将拉丁语著作翻译成德语……我知道起初这对您来说会感到震惊,因为这是一件不寻常的事情。但渐渐地,这些翻译对您来说可能是可以接受的,您很快就能读懂它们,并意识到用母语通常能理解用外语完全听不懂或只能部分理解的内容。"①

除了这类教会教育文学外,诺特克还从拉丁语翻译了亚里士多德、马尔提亚努斯·卡佩拉、波伊提乌的哲学和神学著作,以及大卫的诗篇、维吉尔的《牧歌》(《Буколики》)等,并在译文中附有注释。在此过程中,他不得不付出很多努力,以创造出相应的术语,并翻译德语中不存在的概念(尤其是对亚里士多德的翻译,这是第一次尝试用母语传达这位伟大的希腊思想家的思想)。根据他的翻译目标,诺特克瞄准那些不懂拉丁语的"外行人",努力让读者理解文本。

在12到13世纪,法国的骑士浪漫小说得到了广泛发展。《罗兰之歌》(《Песнь о Роланде》)、《特洛伊传奇》(《Роман о Трое》)、《伊万》(《Ивейн》)以及其他一系列作品都经历了改编。其中,《帕西法尔》(《Парцифаль》)尤为突出,它是由当时这一时代最重要的作家*埃申巴赫的沃尔夫拉姆*(1170—1220)所著。他主要参考了克雷蒂安·德·特鲁瓦的《佩西瓦尔之书》(《Книга о Персевале》),但在一些地方与原著产生了偏差。为了解释偏离原著的原因,他采用了一种翻译幻想的手法,并提到一份据称是用阿拉伯语写成并保存在托莱多的初稿,他得知这个信息是来自一个名叫吉奥特的人(据称连克雷蒂安本人也允许自己偏离这份初稿):

> 我付出了不少努力
>
> 来修复克雷蒂安·德·特鲁瓦的故事
>
> 在此重新修正,以如此的精心
>
> 来恢复吉奥特所述的
>
> 来重现这个故事……
>
> 在我的叙述中
>
> 我虽然懂得不多

---

① Бах А. История немецкого языка. М. , 1956. С. 104.

> 普罗旺斯语的内容
>
> 我用德语向您叙述
>
> 但我始终珍视
>
> 吉奥特的原始来源
>
> 害怕编造一个新的故事。

（金兹堡译）

14 至 15 世纪,翻译文学继续发展。宗教著作(中世纪理解下的科学著作)和文艺文本也被翻译,包括古代作家的一些作品,而翻译这些作家作品的黄金时代则发生在后来的文艺复兴时期。

11. 欧洲其他国家的翻译活动

在 12 至 13 世纪的法国,古代作品的翻译占主导地位。其中值得一提的是宫廷诗人*伯努瓦·德·桑·莫尔*的《特洛伊传奇》,它是基于古代晚期的翻译骗局——《特洛伊战争日记》和《特洛伊陷落史》而创作的。西西里岛的诗人*吉多·德尔·柯勒尼(德·柯伦纳)*将后者的文本改写成拉丁散文,而后又被翻译成了罗曼语、德语和斯拉夫语等其他语言。一些哲学和功利性内容的著作也被翻译过来(如波伊提乌的著作、维盖提乌斯关于战争艺术的论著等)。到了 14 世纪,翻译古代遗产的工作得到加强,同时也出现了彼特拉克和薄伽丘作品的译本。属于这个时期的还有主教*尼克尔·奥里斯姆*(1320?—1378)的活动,他受法国国王查理五世的委托,从拉丁语翻译亚里士多德的著作,并为法语文本提供了注释和评论,进而丰富了科技术语。同样具有重要意义的是*拉乌尔·德·普莱尔*的活动,在翻译亚里士多德著作的前言中,他指出了自己面临的困难(由于这些困难,文本中可能会出现许多错误,他向读者表示歉意),同时也说明了不能直译原作的必要性,否则便无法使内容达到必要的清晰度和可理解性。

中世纪的西班牙以其翻译活动的高强度而著名。在此期间,国王*阿方索十世*(1226?—1284)对西班牙文化的发展做出了重要贡献。

12 至 13 世纪,意大利的翻译文学得到了发展。其中,*布鲁内托·拉蒂尼*(约 1220—1294)是这一时期最重要的人物之一,他用自己的母语重新创作了西塞罗、萨卢斯特、提图斯·利维乌斯以及同时代人*博诺·詹博尼*的著作,博诺·詹博尼翻译了奥罗修斯、维盖提乌斯以及其他作家的作品。

中世纪与近代之交最伟大的意大利诗人*但丁·阿利吉耶里*(1265—1321)也发表了自己关于翻译问题的观点。他创作了《神曲》(«Божественная комедия»),他的名字通常与翻译怀疑论的产生联系在一起。与但丁同时代的长者罗杰·培根指出了翻译科学文本的困难,并将这些困难与语言的概念和术语联系起来,但丁则不同,他首先关注的是在翻译艺术(更准确地说是诗歌)文本中出现的美学问题。他在《飨宴》(«Пир»)一书中写道:"让每个人都知道,任何作品只要受到韵律法则的约束和制约,都不可能在不破坏其甜美与和谐的情况下从自己的语言翻译成另一种语言。这就是为什么荷马的作品没有像其他希腊作品一样,被从希腊语翻译成拉丁语。这也是为什么"诗篇"(Псалтырь)中的诗句缺乏音乐与和谐之甜美的原因;因为它们是从希伯来语翻译成希腊语,再从希腊语翻译成拉丁语,正是在第一次翻译中,所有的甜美都失去了。"①

回顾起翻译活动对 13 世纪意大利文化发展的作用,往往会注意到它对文学语言的发展及其规范的制定所做出的贡献。然而,随后的 14 世纪对业已形成的情况进行了重要调整,这与新时代——文艺复兴——的到来有关,而意大利则被认为是这一时代的摇篮。

第 5 节　文艺复兴与翻译的发展

1. 文艺复兴的概念及其显著特征

正如前面已经提到的,文艺复兴的产生与开端主要与 14 世纪下半叶至 15 世纪初的意大利文化生活有关。正是在这里——首先是在佛罗伦萨,然后是在其他城市——人文科学蓬勃发展,对数学和自然科学的兴趣得到提高,出现了旨在研究人与自然的造型艺术,并诞生了成为整个文艺复兴世界观意识形态基

① Данте Алигьери. Малые произведения. М. , 1968. C. 123. (我们现在不再赘述这一说法中的不准确之处。)

础的人文主义运动。人文主义的核心内容是对人的特殊崇拜,将人置于宇宙的中心,关注人的个性,承认个性的创造才能和巨大潜能。与中世纪的世界观相对立,文艺复兴带来了世俗原则的胜利;尘世生活的目标被宣布为喜悦和享受,宣扬人与周围世界和谐共存的可能性。全面发展的、和谐的个性成为时代的最高目的。

15世纪末至16世纪的前三十年,人文主义运动在西欧和中欧大部分国家得到了广泛传播。然而,从16世纪30年代末开始,"学者共和国"(республика ученых),即各国人文学者的联合会,面临着严重的危机。由于宗教改革和反宗教改革的影响,许多人文主义者所奉行的理念被证明是虚幻的,并逐渐消逝。然而,人文主义者所奠定的传统在不断演变和转化中继续存在,并在很大程度上决定了欧洲文化的进一步发展。

在与中世纪经院哲学的斗争中,人文主义者主要依靠古代的遗产,力图"复兴"它,并清除后来的附加物(这也是这一时期被称为文艺复兴的原因)。这种与古代传统的"呼应"在翻译领域得到了明显的体现。

2. 文艺复兴时期的语言状况

谈及文艺复兴时期的语言状况,需要注意两个趋势。一方面,正是在文艺复兴时期的欧洲,新的(即活的)文学语言的形成和发展过程尤为激烈,这些语言最终取代了在许多世纪里占主导地位的拉丁语。另一方面,人文主义运动的一个显著特点就是致力于复兴西塞罗和恺撒所使用的古典拉丁语,他们将其与中世纪作家"污浊的""俗气的"拉丁语相对立。这导致了(尤其是在最初阶段)民间语言在之前所处的位置上有些后退。这一点在文艺复兴的摇篮意大利得到了明显反映,体现在著名诗人*弗朗西斯科·彼特拉克*(1304—1374)的创作中,他被誉为"第一位人文主义者"。虽然他一直在用民间语言写作(这些作品后来使他赢得了世界声誉),但自从14世纪中叶以来,他开始坚定地选择拉丁语而非母语,并认为拉丁语才是新科学和文化的主要工具。同样的态度也体现在他的继承者身上,因此民间语言在某段时间内又被边缘化了。在后续几代人文主义者的创作中也出现了类似的局面,其中许多人(例如以"学者共和国"闻名的领袖鹿特丹的伊拉斯谟)在文学创作中完全没有使用任何其他语言。

最终,文艺复兴时期的文化名人要想完成所面临的任务,必定要在"拉丁语的西方"重新复兴几乎在前一个时代被遗忘的广泛的希腊语知识。难怪在这个时期流行了这样的观点:"不懂希腊语就不能了解拉丁语。"因此,形成了一种在某种程度上类似于古罗马时期的文化语言情况。拉丁语在这两种情况下(对于罗马人来说是母语,对于人文主义者来说是准母语)都是主要的语言,通常充当译语,而希腊语(在古罗马和文艺复兴时期的欧洲,每个受教育者都认为掌握希腊语是必需的)则是第二语言,通常发挥原语言的功能。这种独特的拉丁-希腊"文化双语现象"在很大程度上决定了当时翻译的发展,尽管如前所述存在困难,但对每个欧洲国家的语言情况都产生了影响,也对第三个组成部分——民间语言产生了影响,民间语言在原作和译作中的使用程度可能有所不同。

3. 文艺复兴时期希腊–拉丁语翻译传统的开端

"第一位人文主义者"弗朗西斯科·彼特拉克已经认识到了学习希腊语和翻译希腊语经典作品对新文化发展的必要性。他的学生和追随者*科鲁乔·萨卢塔蒂*(1331—1406)曾任佛罗伦萨共和国的行政官,并培养了一批杰出的人文主义者,被崇拜者尊称为"当代哲学之王"。在给友人的信中,他鼓励后者重新审视中世纪欧洲介绍荷马的作品——拙劣且删减的拉丁译本《伊利亚特》。萨卢塔蒂坚持认为应该重视内容而不是字句,同时还敦促收信人用原作固有的文字以及新文字的光芒来丰富内容本身,为其增添光彩,这样不仅能传达荷马的情节题材和思维方式,还能传达他的文字和声音。拜占庭移民在文艺复兴时期希腊-拉丁语翻译传统的形成和发展过程中发挥了巨大作用。随着奥斯曼土耳其帝国对拜占庭帝国的威胁,最终拜占庭帝国在1453年君士坦丁堡陷落,千年君主制毁灭,越来越多的希腊知识分子定居在西欧,尤其是意大利。1360年,佛罗伦萨设立了第一个古希腊语教研室,由拜占庭人*莱昂提乌斯·彼拉多*领导。正是通过他的翻译,彼特拉克和薄伽丘了解了荷马和柏拉图的作品。但对于希腊-拉丁语翻译的发展来说,转折点则是1397年*曼努埃尔·克里索洛拉斯*(1415年去世)来到佛罗伦萨。虽然他并不是一位原创学者,但他培养了整整一代人文主义者。人们说他们就像荷马的英雄们一样突然从特洛伊木马中走出来,进行了一场文化大变革。曼努埃尔·克里索洛拉斯所写的古希腊语语法书受到前所未有的欢迎,而且因为他的翻译,一系列古代经典作品成为"拉丁语的西方"的财富。他翻译的柏拉图的《共和国》(«Республика»)尤为重要,这是首次将该作品引入西方社会。

他的一位学生在描述这位拜占庭博学之士的翻译方法时指出,"神圣的克里索洛拉斯"在翻译外语文本时努力避免走向极端。一方面,他认为逐字逐句地翻译可能只会扭曲希腊原作所包含的思想。另一方面,在翻译希腊原作时不应丧失希腊语言的独特性。否则,译者将冒着改变自身主要任务的风险,转而扮演一个不太关注原作修辞完整性的解释者和阐释者。

其他曾在欧洲各个科学和文化中心活动的拜占庭同胞继承了曼努埃尔·克里索洛拉斯所奠定的传统。对于翻译史而言,特别重要的是 15 世纪*尼西亚的维沙翁*,他聚集了许多意大利人文主义者。维沙翁的译作包括亚里士多德、泰奥弗拉斯托斯、色诺芬以及德谟斯提尼等人的作品。他的学生们用一句特别的墓志铭表达了对他的感激之情:"您的努力让希腊移居到了罗马。"

4. 人文主义翻译的发展

从 15 世纪开始,希腊-拉丁语翻译在整个文化体系中的比重显著提高。

首先,这表现在意大利人文主义者的创作中。例如,*莱昂纳多·布鲁尼*(1370 或 1374—1444)曾多年担任佛罗伦萨共和国行政官,并对文艺复兴文化的发展做出了重要贡献。他将亚里士多德、柏拉图、普鲁塔克、德谟斯提尼和埃斯库罗斯的作品翻译成拉丁语。*洛伦佐·瓦拉*(Лоренцо Валла)(1405 或 1407—1457),一位杰出的语言学家,揭穿了所谓《君士坦丁的赠礼》(«Дарственная грамота Константина»)的伪史面目,几个世纪以来教皇们用它来印证自己对世俗权力的要求。洛伦佐·瓦拉还翻译了希腊历史学家修昔底德和希罗多德的作品。*安杰洛·安布罗吉尼(波利齐亚诺)*(1454—1494),一位诗人兼学者,也致力于对古代作家的语言学批评,他创作了荷马《伊利亚特》的拉丁译本,并翻译了一系列希腊散文作品。

文艺复兴时期的希腊-拉丁语翻译传统在意大利以外的地方也有出色的代表。英国最杰出的人文主义者、著名的《乌托邦》(«Утопия»)的创作者*托马斯·莫尔*(1478—1535),其文学遗产包含了对所谓希腊语诗集的拉丁语翻译,该诗集是由 14 世纪拜占庭修士马克西姆·普拉努德斯编写的,此外莫尔还翻译了卢奇安的对话;著名的《愚人颂》(«Похвала глупости»)的作者*鹿特丹的伊拉斯谟*(Эразм Роттердамский)(1469—1536)也翻译了一些卢奇安的对话、欧里庇得斯的悲剧和加林的作品。这个列举很容易继续列下去。

有一个非常重要的事实值得注意。人文主义者翻译的许多古代作家的作品,不仅在之前的时代就已经被翻译过,而且正如亚里士多德的作品一样,它们在中世纪经院哲学家眼中被视为最高权威。但是,恰恰正是在这种情况下,人们才最清楚地感受到英国谚语"Duo cum faciunt idem, non est idem"(既然是两人做同一件事,那就不是同一件事了)的真谛。

首先,请记住,中世纪绝大多数拉丁语版的古代思想家作品可以说都具有间接性质,也就是说,它们并不是从原作翻译而来,而是从其他译本(尤其是阿拉伯语译本)翻译而来。自然地,在内容层面,甚至是在原作的表达形式和风格特点方面,都无法达到完全相符。对于文艺复兴时期的翻译活动者来说,他们的座右铭就是著名的"Ad fontes"(回归本源),放弃这种翻译经典遗产的方法则被视为是与经院哲学断裂的第一步。前面提到的莱昂纳多·布鲁尼明确阐述了文艺复兴时期作家翻译活动的这一方面:"因为亚里士多德的书是用最优雅的希腊语写成的,而我却看到它们被一个糟糕的译者搞得滑稽可笑,不仅如此,译本本身也有很多错误,尤其是在最重要的方面,所以我决定重新翻译它们。"[1]

这样一来,人文主义者不仅努力用新的、更成功的译本来取代旧译本,而且还为自己设定了任务,要将古代作家从后来的"野蛮"层中清除出来,将中世纪的"剃头修士亚里士多德"[2]与重新回归到古典文化传统中的真正的亚里士多德相对立起来。这种回归也意味着人们对后者的其他代表人物越来越感兴趣,意味着要摒弃片面(且被歪曲)的亚里士多德主义。"问问他们,在传授自己臭名昭著的智慧时,他们依靠的是谁的权威,"布鲁尼针对经院哲学家写道,"他们会回答'哲学家的权威',以此来指代亚里士多德……他们说,'哲学家这么说',你无法反驳他们,因为在他们看来,'他自己说'(Ipse dixit)就好像他是唯一的哲学家,而且他的判断是如此无可辩驳,就好像皮提亚的阿波罗在自己的神庙里亲口说出的一样。"[3]

因此,文艺复兴的活动家们自然会注意到另一位古代的大思想家柏拉图。人们对柏拉图的兴趣日益浓厚也与拜占庭新柏拉图主义者、哲学家乔治·格弥斯托士·卜列东(约1360—1452)的活动有关。1438—1439年,卜列东在佛罗

---

① Горфункель А. X. Философия эпохи Возрождения. М., 1980. C. 33.

② "剃头"是指剃光或修剪的部位,是天主教神职人员的特征性标志。

③ Горфункель А. X. Философия эпохи Возрождения. М., 1980. C. 33-34.

伦萨逗留期间积极宣传柏拉图的遗产,为柏拉图学派的传播和所谓的柏拉图学院的建立提供了强大动力。佛罗伦萨柏拉图学院的负责人*马尔西利奥·费奇诺*(1433—1499)的活动对于翻译史来说尤为重要,尼科洛·马基雅弗利称他为"柏拉图哲学的亚父"。虽然柏拉图传统在中世纪就已存在,但实际上却是无柏拉图本人的柏拉图主义:因为在拉丁语译本中只有他的几篇对话,而且也没有得到广泛传播。人文主义者还借助彼特拉克之口,正式宣布柏拉图是与中世纪经院哲学斗争的旗帜。在 15 世纪的前几十年中,许多古希腊思想家的作品被多次翻译。但正是费奇诺用了数十年的时间进行翻译和注释,向西方世界提供了柏拉图本人的全部作品和古代柏拉图主义的遗迹。首先,费奇诺用拉丁语重新创作了所谓的"赫尔墨斯文集"(герметический свод)专论,这些论文传统上被认为是神秘的赫尔墨斯·特里斯墨吉斯忒斯("三重伟大的赫尔墨斯")所写,但实际上是 2—3 世纪的作品集,延续了柏拉图-毕达哥拉斯主义传统。在 15 世纪 60 年代,费奇诺完成了柏拉图对话的翻译;后来,他还翻译了新柏拉图主义者的著作,如普罗提诺斯、亚姆布里库斯、波菲利、普罗克洛以及俄耳甫斯[1]的赞歌。

此外,费奇诺还涉足了基督教新柏拉图主义传统。他重新(在约翰内斯·司各特·埃里金纳和阿纳斯塔修斯的中世纪版本之后)将伪狄奥尼修斯·阿雷帕吉塔的作品以及 12 世纪拜占庭哲学家米海尔·普塞洛斯的一篇论文翻译成了拉丁语。由此,欧洲哲学对柏拉图及其后继者遗产的继承进入了一个新的阶段,对文艺复兴文化的进一步发展产生了巨大影响。

显然,在文艺复兴时期,希腊-拉丁语翻译的这种繁荣必然引起对译者所面临问题的理论思考。就像在所有精神活动的其他领域一样,文艺复兴时期作家们的目光也必然转向古代(古罗马)传统所留下的遗产。后者的影响尤其明显地体现在人文主义者的言论中,涉及翻译的教学和教育方面(指翻译在形成自身"优美风格"中所起的作用,即对原始创作的准备阶段)。这里可以发现与古罗马作家的看法几乎完全重合的论断。在这方面,15 世纪中叶曼努埃尔·克里索洛拉斯的学生*巴蒂斯塔·格里诺*的论文比较典型,它的标题很有特色,叫作"De modo docendi et discendi"(《论教学与学习之道》),其中几乎完全照搬了小

---

① 俄耳甫斯派是古希腊宗教神秘派别的代表,根据传说,由传奇歌手和音乐家俄耳甫斯(Орфей)创立。

普林尼关于希腊-拉丁语互译的益处的论断:"通过这种练习,不费吹灰之力我们就可以轻易地比较语言的特点和词汇的光辉……因为很多读者容易忽略的东西,译者绝对不会错过。"①

再次提到另一位杰出的人文主义者,鹿特丹的伊拉斯谟,让人不禁联想起了罗马文化的另一位重要人物昆体良:"在翻译希腊作家的作品时,我们在很大程度上丰富了我们的语言,因为希腊语充满了丰富的思想和词汇……然而与他们(希腊作家——作者注)竞争,进行改写则更为有益。用散文传达诗人的诗句,反之亦然,将自由的言语转化为诗歌形式,甚至用不同的诗歌形式表达相同的内容,这些都是非常有益的。尝试翻译最具风格特点的地方,并努力与我们竞争的作者平起平坐,甚至超越他,这也会大有裨益。"②

另一方面,在文艺复兴时期开始涌现出专门探讨翻译理论问题的著作,这些将在稍后讨论。

5. 民间语言作为翻译对象

正如先前所言,拉丁语长时间以来一直是欧洲人文主义者创造新文化的通用工具,甚至在文艺复兴的发源地意大利,它在 13 世纪所占据的地位在某种程度上取代了本土语言。在我们感兴趣的领域,这不仅对上述希腊-拉丁语翻译的繁荣产生了影响,而且对许多以拉丁语或希腊语为原语言的意大利语翻译质量也产生了影响。因此,研究人员将布鲁内托·拉蒂尼的译本与 15 世纪西塞罗的译本进行对比时发现,虽然后者更准确且更接近原作,但从文艺角度来看,拉蒂尼的散文译本价值要高得多,而且他比自己的后辈更加深刻地感受到了母语的力量。这个看似矛盾的问题首先与人文主义者所追求的将文本最大程度"拉丁化"有关,他们试图赋予文本以原作语言的部分"高贵"特质。另一方面,文艺复兴时期形成了一种趋势,即将意大利文学作品翻译成拉丁语,以某种方式提高后者的声望。例如,有人将薄伽丘《十日谈》(《Декамерон》)中的一些故事从意大利语翻译成了西塞罗、彼特拉克、安东尼奥·洛斯基、莱昂纳多·布鲁

---

① Jakobsen E. Translation. A Traditional Craft. Copenhagen, 1958. P. 109. (由于格里诺的论文没有提到使用"新"语言的可能性,即使用活的民间语言来达到类似目的的可能性,所以其论断的"古代"味更浓了。)

② Jakobsen E. Translation. A Traditional Craft. Copenhagen, 1958. P. 116.

尼和巴托罗梅奥·法奇奥等人的语言。此外,也观察到了相反的趋势——把新拉丁语文学作品翻译成民间语言。

除原创作品外,大范围的翻译活动在意大利语的规范化和地位提升的过程中也发挥着重要作用。16世纪,关于母语与拉丁语平等地位的争论再度激烈起来。人们赞美民间语言的丰富和美丽,并证明可以在各个领域使用它。尽管拉丁语完全退出使用还为时尚早,但民间语言已经成为主要的交际手段。

在我们感兴趣的领域,法国的翻译形成了一种独特的局面。从14世纪下半叶开始,在法国开始出现一些趋势,这些趋势在接下来的一个世纪得到了发展,可以称之为文艺复兴时期。活跃的翻译活动对这些趋势起到了巨大的推动作用,尤其是在国王*查理五世(英明的查理)*(1364—1380年在位)的宫廷中得到了鼓励。以国王本人为首的法国上层社会、富裕的城市居民以及对拉丁语了解有限或几乎不了解的好奇读者,都对翻译产生了迫切的需求。这一过程持续到15世纪,到了15世纪末,由于与意大利的密切联系,法国形成了文艺复兴文化。16世纪被认为是法国文艺复兴文化的繁荣时期,进一步激发了对翻译的兴趣(主要是对古代经典著作的翻译),并使翻译活动成为一种独特的文学风尚,得到了王室的积极支持。到16世纪末,几乎所有当时已知的古希腊作品都已被翻译成法语。其中一些作品,例如克劳德·德·塞瑟尔翻译的修昔底德的《历史》(«История»)在当时非常流行。但法国社会文化生活的真正时代是*雅克·阿米欧(1513—1593)*的翻译活动。当他所翻译的普鲁塔克的《希腊罗马名人传》(«Жизнеописания знаменитых греков и римлян»)于1559年问世时,这个译本引起的反响远远超过了狭义语言学的范畴。几十年来,阿米欧的作品一直是整个受教育者关注的焦点,而这一时期最重要的作者之一*米歇尔·蒙田*(1533—1592)认为有必要在自己著名的《蒙田随笔》(«Опыты»)中特别提到他。他在其中写道:"在所有的法国作家中,我把桂冠授予雅克·阿米欧,这是有充分的依据的,不仅是因为他的语言直率、纯净(他在这方面超过了其他所有作家),不仅是因为他坚持翻译如此长篇的著作,也不仅是因为渊博的知识帮助他如此成功地传达了一位艰深而复杂的作家的思想和风格(因为我完全信任,尽管我对希腊语一无所知,但我看到,在他整个翻译过程中,普鲁塔克的思想被如此出色和连贯地传达出来,或者说他对普鲁塔克的思想如此着迷,对他总体思想的掌握如此清晰,以至于在任何地方他都没有将任何与普鲁塔克相左或相悖的东西归因于他)。我感谢他主要是因为他发现并选择了一本如此重要且珍贵的书,以便把它作为礼物呈献给我的祖国。如果没有这本书将我们从黑暗中拯救出来,我们这些无知者将会注定沉沦在无知之中。由于他的著作,我们现在敢于用法语说话和写作;甚至女士们也在这方面与大师们一较高下。阿米欧是我们的祷告者。"①

不难注意到,蒙田和他同时代的大多数人一样,虽然强调翻译在思想内容上要忠实于原作者,但首先主要关注的还是阿米欧的著作对法语语言和文学发展的贡献。考虑到文艺复兴时期法国的特点是逐渐将拉丁语替换为"民间"语言并将其作为新文化的工具,这样的态度也就完全可以理解了。古典语言的译作被视为一种重要手段,通过丰富母语和赋予其更高声望来促进解决上述问题。然而,过度沉湎于翻译活动也引发了批评,下面我们将讨论这一点。

翻译问题在德国人文主义者的活动中占据着重要位置,德国的文艺复兴倾向始于 15 世纪 30 年代,同样依赖于意大利文化的成就,但又独具特点。在德国,希腊语和拉丁语译作同样占据了核心位置,特别是拉丁语译作,除了和其他国家一样翻译了古代文本外,还翻译了德国作家的著作,这些作家用西塞罗(尼·弗里施林、特·纳吉奥尔克等)的语言进行写作。而且这些翻译作品(主要在 16 世纪广为传播)可能具有作者的特色,即它们属于最初创作拉丁版本的那些作家。例如,乌尔里希·冯·胡登(1488—1523)的创作,他是德国最重要的人文主义者之一,在宗教改革运动中发挥了重要作用。他在自己的一首诗中指出,他从拉丁语转向母语,以使广大读者能够理解他的作品。

在这一时期,翻译作品的语言问题成为一个重要议题。对"庄严的拉丁语"的崇敬导致译文几乎完全保留了原作的句法特点,并通过引入外来词汇来充实翻译文本。这种趋势在尼克拉斯·冯·维尔(1410—1479)的活动中表现得尤为明显。维尔认为自己的母语缺乏"艺术性和正确性",坚持要逐字逐句地重现经典文本。虽然他承认这种准确复制原作的翻译将对"普通老百姓",也就是那些对拉丁语不太熟悉的普通读者来说难以理解,但维尔仍然坚称:"……每一段从优美、优雅、悦耳的拉丁语中提炼出来的德语,在真正翻译好的情况下,也应该被称为优美的、优雅的德语,它值得赞美,而不是希望它被改善。"②

这种立场在 15 世纪德国的许多人文主义者中间非常受欢迎,他们将维尔

---

① 　Монтень М. Опыты в трех книгах. Книги 1 и 2. М. , 1979. С. 319.

② 　Копанев П. И. Вопросы теории и истории художественного перевода. Минск, 1972. С. 138.

1478 年问世的译作的语言视为高雅风格的典范,许多拉丁语和希腊语译者都试图效仿。其中值得一提的有约翰·戈特弗里德,他翻译了西塞罗、亚里士多德、卢奇安等人的作品;约翰·齐德勒,他用德语重新创作了阿普列尤斯和西塞罗的作品等。即使是人文主义语文学最重要的代表之一,精通拉丁语、希腊语和古希伯来语的*约翰内斯·罗伊希林*(1455—1522)也无法避免陷入这种极端情况。他翻译的德谟斯提尼和西塞罗的作品几乎无法被读者理解,尽管罗伊希林本人也认识到,在翻译过程中滥用拉丁词语会对德语造成破坏,并且觉得用德语讲话和布道是可耻的。

然而,支持"逐字逐句"理念的人也遇到了不少反对者。后者指责"字面主义者"滥用母语,将拉丁语规范强加于人,而每种语言都有自己的习惯和特点。例如,作家兼翻译家*海因里希·施泰因霍维尔*(1412—1482),尤其对《伊索寓言》的译本而闻名,声称应该意译而不是逐字逐句地翻译。他的译作语言具有相当的自由度、简洁性,并努力再现原作的思想,同时又不违背本国语言的自然特性。翻译普劳图斯喜剧作品的*阿尔布雷希特·冯·艾布*(1420—1475)也遵循类似的原则,他努力使剧中人物的语言尽可能接近日常德语。他大量引入谚语、俗语、日常用语,甚至将原著"德语化",用德语人名取代拉丁语人名和官员姓名。

如果对于使用古典语言创作的作品,人们怀有极大的尊重,那么当翻译对象是由"新"作者用"民间"语言创作的文本时,有意识地引入一些自由度就更加合理。16 世纪中叶,被视为当时最杰出的德国讽刺作家之一的*约翰·菲沙尔特*(1546—1590)正是用这种方法对弗朗索瓦·拉伯雷的小说《卡冈都亚与庞大固埃》(«Гаргантюа и Пантагрюэль»)进行了翻译。菲沙尔特整体上保留了原作的基本内容,同时也对情节进行了实质性改编,加入了许多插图和补充材料,并赋予作品相当程度的德国色彩,实际上他创造了一个新的版本。

在谈及英国的文艺复兴传统时,需要注意到人文主义思想从 15 世纪末开始在英国传播,在整个 16 世纪广受欢迎。在这一时期,除了翻译拉丁语和希腊语作家的作品外,从意大利语翻译而来的作品也起到了重要作用,这一点可以从杰弗里·乔叟的译作中看出。这种趋势在"童贞女王"伊丽莎白一世(1558—1603 年在位)的统治时期表现得尤为明显,当时英国的专制主义达到了巅峰。一位研究者写道:"伊丽莎白时代的翻译家们最伟大的成就,在于他们能够成功地将他们所感受到的原作生命力的一部分传递给母语。从来没有如此强烈地尊重英语这种发展成熟而又丰富的语言(除了拉丁语、希腊语和意大利语之外);从来没有如此强烈地想要将当时那缺乏表现手段的、匮乏的英语与更富饶的语言相提并论。"①

这种翻译活动在很大程度上为英国文艺复兴时期的文学繁荣做好了准备,而其巅峰则是莎士比亚的作品。

因此,文艺复兴时期的翻译实践涉及三种主要情况:

1)希腊语作为原语,译语为拉丁语(即从一种古典语言翻译到另一种语言);

2)原语是"经典"语言之一——希腊语或拉丁语,而译语是"民间语言"(即活的新欧洲语言);

3)翻译过程在两种"新"语言之间进行。

现在,让我们来看看人文主义者对翻译理论问题的发展做出了哪些贡献。

6. 文艺复兴时期的翻译理念

关于文艺复兴时期作家的翻译理念,通常要从 1426 年出版的《论正确的翻译方法》(«Трактат о правильном переводе»)这本书开始。该书是上面提到的意大利人文主义者莱昂纳多·布鲁尼的著作。布鲁尼认为,翻译工作的第一个必要条件是良好掌握(用现代术语来说的话)原语和译语。同时,他也强调,虽然满足这一条件是绝对必要的,但并不完全足够:因为在很多情况下,即使是满足这一要求的人也可能完全无法胜任翻译工作,就像并非所有懂艺术的人都能亲自画画一样。因此,对原作的语言和文学要有深入的了解,不仅要精通译文的语言和文学,还要在这两方面都占主导地位。布鲁尼将翻译外语文本任务的本质归纳如下:像根据一幅画来画另一幅画那样,借鉴原作的形象、姿势和整个身体形态,目的不是自己创作而是再现别人的作品。因此,最优秀的译者应该尽可能地传达原作的全部内容、精神和作者的意图,在最大程度上还原原作的表达方式、姿态、风格和轮廓,努力重塑它们②。

① Lindeman Y. Translation in the Renaissance. A Context and a Map // Canadian Review of Comparative Literature. Special Issue. Translation in the Renaissance. Toronto, 1981. P. 210.

② Norton G. P. Humanists Foundation of Translation Theory(1400-1450) // Canadian Review of Comparative Literature. Special Issue. Translation in the Renaissance. Toronto, 1981. P. 188-189.

只有阅读过哲学家、演说家、诗人和其他作家作品的人才能胜任这项工作。只有他才能保持原作的原貌,既传达出原作词语的意义,又传达出原作固有的"光彩和服饰"。

布鲁尼的同胞*詹诺佐·马奈蒂*(1396—1459)在同名著作中对其观点进行了进一步阐释和一定程度的澄清。尽管马奈蒂没有直接引用前辈的著作,但其内容明确表明他不仅仔细阅读了布鲁尼的作品,而且将其中的大段文字引入自己的书中,只是在文体上稍作改动。

马奈蒂强调了译者必须具备深入、广泛和全面的原语言知识,并建议通过长期仔细地阅读优秀的诗人、演说家、历史学家、哲学家和神学家的作品来获得这种知识。同时,马奈蒂还提出了一个新的要素——区分完全面向情感表达的文本(诗歌、演说性散文、历史著作)和修辞目标服从于真理表达的作品(如哲学著作)。第一种情况可以克服原作的枯燥性,根据自己的意愿使译文更美丽、更优雅。但是,翻译哲学家和神学家的著作时,忠实的译者不应该允许自己偏离翻译的目的,也没有权利过于远离真理的表达。同时,不应盲目地追随最优秀的作家,而应遵循中庸和安全的路线。因此,译者应该谦虚,以避免读者怀疑他们有所偏袒。

在 16 世纪,法国文艺复兴时期的代表人物也创作了一些翻译理论著作。首先要提到的是*雅克·佩拉蒂埃·杜·曼斯*(1517—1582)和*埃蒂安·帕斯基*(1529—1615)。根据他们的观点,原作的本质是由两个因素决定的:它所用语言的特殊性和其创作者的风格。杜·曼斯和帕斯基指出,需要避免两个危险:一是过于字面地遵循原作,二是自由改编。他们主张尽可能地接近原作,将译者比作伊卡洛斯,后者接近太阳的同时又不能越过无形的界限。在不违反翻译内在规律的前提下,"高度的直译"是译者的理想目标,尽管语言之间存在差异,译者深知不可能实现完全对应,但仍努力接近原作。

研究者们最为关注的是法国文艺复兴时期的著名诗人兼翻译家*埃蒂安·多雷*(1509—1546)的理念,他在自己的著作《法国演说家》(«Французский оратор»)(1540 年)中收录了《论如何出色地翻译》(«Об искусстве хорошо переводить с одного языка на другой»)的专论,这篇文章阐述了以下几个观点:

1)译者必须完全理解所翻译的内容,即原著的内容和作者的意图。

2)译者必须精通两种语言,即原语和译语。

3)译者的笔墨不应受原文的词语和结构的限制。换句话说,不应该逐字翻译原文,因为这种奴性般遵循原作的语言会扭曲原著的内容并破坏其形象的美感。

4)在将更发达的语言翻译成较不发达的语言时,译者应不断努力发展后者。

5)不应忘记翻译文本的流畅与和谐,因为每次都应该让读者的心灵和耳朵感受到愉悦。

这样一来,用现代的语言说,埃蒂安·多雷提出了再现原作的思想性和艺术性这一任务。然而,后来的评论者注意到,在保护"流畅与和谐"的名义下,译者有广泛的权利对译文进行修改,而完全不需要对原作进行附加说明。因此,所谓的"示范性翻译"在多雷、阿米欧和其他文艺复兴时期欧洲国家的译者那里得到了传播,这种翻译包括删减、插入、修改和增加等手法。

多雷的理论假设与他的翻译实践之间的矛盾引起了后来研究者的关注。法国学者埃德蒙·卡里在分析这个问题时指出,更公正的做法不是谈论多雷及其同行们的不一致性,而是翻译相对性概念本身的历史变化:"当然,现在没有人会要求那样翻译……但在 16 世纪,这正是最伟大的,可以说是对现实的极具忠实……对于我们现在所认可的忠实,那个时候会被视为对形式美感的追求。"①英国伊丽莎白时代的英语翻译研究者们也得出了类似的结论。

7. 文艺复兴时期的翻译怀疑论

尽管翻译活动具有广度和深度并且受到人文主义者的高度评价,但上一时期对全面翻译的可能性所持的怀疑态度,在文艺复兴传统中也有所反映。可以通过*米格尔·德·塞万提斯·萨维德拉*(1547—1616)著名小说中的一些情节来评定这种态度是多么普遍,这些情节涉及我们感兴趣的话题。例如,主人公的朋友(一位神甫和一位理发师)在检查他图书馆书籍的场景中,神甫对比了原版意大利语的阿里奥斯托的诗歌与西班牙语译本的差异("如果……他对我讲他母语之外的其他语言,我就对他不客气;他要是讲自己的语言,我就把他奉若

---

① Кари Э. О переводе и переводчиках во Франции // Мастерство перевода. 1964. М. , 1965. С. 445.

上宾"），不无讽刺地说，即使译者不懂意大利语也是可以原谅的。"这回咱们就宽恕卡皮坦先生吧，他并没有把这本书带到西班牙来，翻译成西班牙语。那会剥夺作品很多原意，所有想翻译诗的人都如此。尽管他们小心备至，技巧娴熟，也绝不可能达到原文的水平。"①而悲情骑士本人在与一位意大利语译者交谈时，指出后者"不是当代的著名人士，因为有多少有本领的人被埋没，有多少天才被打入冷宫！有多少道德高尚的人没有得到应有的称赞！"并评论道："尽管如此，我觉得把一种语言翻译成另外一种语言，除非原文是像希腊语和拉丁语那样的经典语言，否则，都会像从背面看佛兰德的挂毯一样，虽然图案看得见，可线头太多，使得图案黯然失色，失去了作品的原有光彩。至于翻译其他一些简单的语言，更会失去才华和文采，就像只是生搬硬套过来或者只是从一张纸抄到另一张纸上一样。"②不过，堂吉诃德在这里破例翻译了两部意大利语作品（即本义"非经典"作品），并以和解的话结束了他对这个问题的思考："我并不是因此就说翻译这个行业一无是处，因为其他一些职业的情况比这个行业还糟糕，而且给我们带来的好处要少得多。"③

也许关于这个问题最详细的论述在 16 世纪法国杰出诗人*约阿希姆·杜贝莱*（1522—1560）的名著《保卫和发扬法兰西语》（«Защита и прославление французского языка»）中。杜贝莱的立场非常有趣，他对翻译作为丰富母语的手段的评价与前面提到的观点截然不同，并且他尝试确定翻译所能带来的益处的范围。

然而，首先要说明的是，杜贝莱（与塞万提斯笔下的人物一样）并不一概否认翻译的重要性。相反，他在"保卫和发扬"母语时，认为母语的优点之一在于它可以清晰、完整地传达所有学科，并展示最初用其他语言创作的文本，不仅限于希腊语和拉丁语这类"经典"语言，还包括意大利语、西班牙语等"新兴"的语言。

然而，在名为"翻译不足以使法兰西语完美"（О том, что переводы недостаточны, чтобы довести до совершенства французский язык）的一章中，杜贝莱强烈警告同时代的人，不要陷入所谓的"翻译狂喜"的状态："然而，这种值得称赞的翻译活动在我看来并不是将我们的语言提高到其他更杰出语言水

---

① Сервантес М. Хитроумный идальго Дон Кихот Ламанчский. Ч. I. M., 1959. С. 63.

② Сервантес М. Хитроумный идальго Дон Кихот Ламанчский. Ч. II. С. 309.

③ Сервантес М. Хитроумный идальго Дон Кихот Ламанчский. Ч. II. С. 309.

平的唯一和充分的手段……忠实的译者在很大程度上可以为那些没有机会学习外语的人提供帮助和安慰。至于词语的选择,这无疑是最困难的部分,没有它,其他一切都显得多余,就像一把尚未出鞘的宝剑——我认为,词语的选择是人们评判演说家优点的唯一标准……它基于常见的、通用的词汇,不违背普遍的使用规范,基于隐喻、讽喻、比较、比拟等修辞手法,没有这些,所有的演讲和诗歌作品都会变得空洞、贫乏和无力。我从不相信可以通过翻译完全掌握这一切,因为不可能像作者本人那样优雅地传达,尤其是每种语言都有其独特之处,如果您试图用另一种语言来传达这一点,遵守翻译规则,即不超出作者设定的框架,那么您的翻译将会是勉强的、冰冷的、缺乏美感的……这些简短的论点让我觉得,译者的努力和技巧在其他情况下是非常有用的,可以教给不懂外语的人各种东西,但并不适合使我们的语言趋于完美,就像画家画画一样,仿佛要画上我们都希望的最后一笔。"①

在下一章"论糟糕的译者与不应翻译的诗人"（О плохих переводчиках и о том, что не следует переводить поэтов）中,杜贝莱进一步阐述了他的观点:一方面,他严厉批评了那些更像叛徒而非译者的人,他们歪曲了被翻译作者的形象;另一方面,他警告人们不要沉迷于诗歌作品的翻译,强调无法保留原作风格所特有的那些"诗意的闪光点"。杜贝莱做了一个特别的补充说明:"我所说的并不适用于那些应君主和统治者的委托翻译希腊和罗马最杰出诗人的作品的人,因为在这件事上忤逆这些位高权重的人是无法被原谅的。"他总结道:"那些希望用自己的民族语言创作出足够有价值的作品的人,应该把这些翻译,特别是对诗人的翻译,留给那些从事这种艰难而无益的事业——我甚至敢说,这种事业对美化自己的语言毫无用处,甚至是有害的,它所带来的损害比荣誉更多。"②

---

① Дю Белле Жоашен. Защита и прославление французского языка // В. П. Шестаков. Эстетика Ренессанса. Т. II. М. , 1981. С. 241-242.

② Дю Белле Жоашен. Защита и прославление французского языка // В. П. Шестаков. Эстетика Ренессанса. Т. II. М. , 1981. С. 243.

第 6 节　宗教改革与翻译问题(略)

第 7 节　17—18 世纪(古典主义时期)欧洲的翻译

1. 古典主义翻译的本质与基本特征

　　古典主义是指 17 世纪兴起于法国,并随后流行于其他国家的一股欧洲文艺思潮。这一思潮的典型特征是对艺术问题采取理性主义的方法,并宣扬永恒的、按照理性法则建立的美学理想,艺术作品应按照这一标准来评价。古典主义代表人物尤其青睐于古代遗产,将其视为绝对的规范和仿效的典范。

　　上述情况也对翻译理论与实践产生了影响。在古典主义盛行时期,翻译的一个显著特点通常被认为是对原作的自由解释,有时甚至直接干预所译文本。然而,这种对原作者的"自由"并不仅仅是翻译上的任性,而是从古典主义美学的规范与原则中合乎逻辑地推导出来的。专门研究这一问题的古科夫斯基指出,翻译外语作品的独特技巧与理性认识美学理想的原则直接相关:"译者往往将大多数被翻译的书籍视为接近绝对价值的作品,因此表现出对原作的不尊重。既然原作者只是接近了目标而没有达到目标,那么就需要从他已取得的成就出发,借助后继诗人的成就,在其功绩之上增添新的功绩,沿着原作者所止步的道路再向前迈进,有必要在艺术水平允许的范围内、在文本需要的范围内,在翻译时对原作进行润色和改进。在译作中对原作进行修改和修正,只会使原作受益。重要的是要向读者提供一部尽可能接近完美的优秀作品,而关于原作者在自己的作品中想要表达什么,或者有多少人参与了作品的逐步创作,以及他们的创作努力在多大程度上是一致的,这些问题都没有实质性的意义。这样,诗歌和散文的译者在思考(或者说是感悟)自己的任务时,就会充分意识到要对自己的事业和工作方法负责,根据他们的审美观点对所翻译的文本进行清理和修正,删去在他们看来多余的、非艺术性的、不成功的内容,在他们认为不完整的地方插入自己的作品等。"①

与此同时,必须要考虑到,古典主义翻译理论与实践的统一,无论是在不同国家还是在同一个国家都只能有条件地进行讨论。在这个时代,关于外语文本翻译的一般原则和个别艺术作品的翻译问题都存在着非常激烈的争论。

2. 法国翻译传统

在古典主义的发源地法国,上述特点表现得尤为明显,而"法式翻译"这一概念则成为不尊重原作的代名词。普希金在描述其特点时讽刺地说:"法国人长期以来忽视了他们邻国的文学作品。他们自信地认为自己优于全人类,他们对外国伟大作家的重视程度取决于这些作家在何种程度上偏离由法国评论家形成的法国习惯和规则。

在19世纪出版的翻译书籍中,几乎每一篇前言都会包含这样一句话:我们考虑到可能冒犯受过教育的法国读者的情感,因此删去了一些内容,以此来迎合读者的口味,并同时服务于我们的作者。想想看,这样的道歉是向谁,以什么方式以及为什么而发出的,实在有些奇怪。"②

"取悦读者并完善作者"的原则被应用于从古代经典作家到莎士比亚和塞万提斯等各个时期的作家,更不用说离我们时代更近的作家了。18世纪法国杰出翻译家勒图尔诺的自白就是这方面的典型,在谈论自己翻译英国诗人杨格的诗歌的原则时直言不讳地说,他的目标是从英国杨格中提炼出一位适合法国人口味的法国杨格,并且这位法国杨格能够被法国人阅读,甚至不会考虑它是原本还是副本。他的同事弗洛里安重译了《堂吉诃德》(«Дон Кихота»),他也指出一味忠于原作是一种缺陷,因此他认为自己有权删除小说中的"多余部分"和表现出"低级趣味"的情节。

对古典主义时期翻译理论问题的关注,还与所谓的"古今之争",即对古代作家与现代作家优劣之分的讨论密切相关。它的发起人是法国著名作家*夏尔·贝洛*(1628—1703)。1687年,他出版了诗作《路易大帝的世纪》(«Век Людовика Великого»),在其中证明了有幸成为"太阳王"(即路易十四)臣民的

---

① Гуковский Г. А. К вопросу о русском классицизме. Состязания и переводы // Поэтика. Сб. IV. Л., 1928. С. 144.

② Пушкин А. С. Полн. собр. соч. Т. 12. М.; Л., 1949. С. 137.

法国人,不仅丝毫不逊于古希腊罗马人,相反,在许多方面甚至比他们更胜一
筹。因此,古典主义的基本原则之一——将古代视为绝对理想——遭到了质
疑。然而,处理艺术现象的方法,包括对翻译方法的处理,本质上仍然是古典主
义的:仍然宣称存在着类似的理想(只是不是在古代,而是在现代),并应该按照
这个理想来"修正"所译作者。贝洛以著名诗人和古典主义理论家布瓦洛的《讽
刺诗集》(«Сатиры»)为例,后者与贺拉斯的作品有关。贝洛认为,法语版《讽刺
诗集》读起来更优雅,而在原作中,诗歌则显得粗鲁且生硬。他由此得出了一个
完全合乎逻辑的(并且完全符合古典主义性质的)结论:在翻译时追求与原作的
对等只会贬低后者,就像在某位译者身上所发生的一样,他的译文过于准确,原
封不动地展示了原作,并且揭示了原作的所有缺点,但也在最大程度上损害了
被翻译的作品。

　　贝洛对古代文学的"异见"遭到了法国古典主义的主要代表,如布瓦洛和
让·拉辛的强烈反驳。他们对贝洛的观点提出了异议,认为贝洛低估了古代作
品的美学意义,对"改良过的"译本在水平上超越了原作这一观点也产生了质
疑。正如我们所见,贝洛此前认为布瓦洛版本的贺拉斯《讽刺诗集》要高于拉丁
语原作,现在却批评布瓦洛过于忠实于原语文本:"他没有考虑到每一种语言都
具有独一无二的特质和精神,而在拉丁语中看似优雅的东西,在法语中往往显
得野蛮。"[1]

　　这场争论始于 17 世纪,一直持续到了 18 世纪。1714—1716 年,整个法国
读者群都密切关注着有关翻译荷马史诗原则的讨论。其中参与最积极的是《伊
利亚特》法语版的两位创作者——法兰西学院院士*安托万·乌达尔·德·拉莫
特*和*安娜·达西埃*。

　　乌达尔·德·拉莫特在一篇特别的《论荷马》(«Слово о Гомере»)中表达
了他的"翻译"原则(如果此处还可以使用这一术语的话)。他告诉读者,古希
腊诗人远非完美无缺,然后指出,只要符合他口味的地方,他都严格遵循原作的
文本,保留了认为应该保留的内容,修改了所有"不愉快"的地方:"在许多地方,
我是译者,在其他许多地方,我是作者……作为译者,我追求三点——准确性、
清晰性和愉悦性……荷马时代与我们时代的区别迫使我更加谨慎,一方面不能
扭曲原作,另一方面不能使读者感到困惑……我想让我的翻译令人愉快,为此

---

① Спор древних и новых. М. , 1984. С. 447.

需要用当今的概念来替换荷马时代的概念……我的目标是向公众提供一部能够被阅读的法国诗歌，我相信，只要诗歌简短有趣，至少没有重大缺陷，我就能实现这一目标。"①

乌达尔·德·拉莫特的理论设定以及它们的实际应用引起了安娜·达西埃的强烈反驳。安娜·达西埃讽刺地指出，荷马被它现在的译者乌达尔·德·拉莫特损毁得如此之甚，即使是史诗中的人物——德菲波斯也未曾被墨涅拉奥斯和奥德修斯损毁得如此可怕。安娜·达西埃彻底批判了乌达尔·德·拉莫特创作"准确、清晰又愉悦"版本的做法："这是个好计划，但需要实现。不幸的是，乌达尔·德·拉莫特先生的诗歌中缺少这三样东西。它不具备准确性，因为他常常将荷马的一行诗翻译成好几行；它经常缺乏清晰性，因为他使用非常模棱两可的表达方式；它没有愉悦性，因为他到处使用要么是过于修饰的，要么是低俗、下流、拙劣的表达方式，并且试图弱化荷马的形象，将诗人的思想替换为自己的，从而歪曲了诗人的性格，比起那些完全配不上伟大诗人的烦琐修饰，诗歌失去了更加高尚且更令人愉悦的自然气息。"②

这场争论在个人层面上（类似于之前的贝洛和布瓦洛之争）于1716年以一种社交上的礼貌和解而结束：安娜·达西埃和安托万·乌达尔·德·拉莫特受邀到一位共同的朋友家共进晚餐，握手言和，并为荷马史诗干杯。

然而，这个问题本身仍然受到关注，这可以从历史学家兼评论家*让·巴蒂斯特·杜博斯*（1674—1742）于1719年出版的著作《对诗歌和绘画的批判性思考》（*Критические размышления о поэзии и живописи*）中看出。该著作针对"憎恨古代的人"展开辩论。作者坚决反对贝洛和德·拉莫特所坚持的观点，即古代经典的现代法语译本在其价值上要高于原作。在论证这一观点时，他着重强调任何翻译的可能性都是有限的，这是由原语和译语的差异、它们的文体系统、民族文化的特殊性等因素造成的，由此他得出了一个听起来相当可疑的结论："可以说，通过译本来评判一首诗，就好比通过版画来评判一幅以色彩著称的大师的画作，而在版画中，这幅画却被扭曲了。诗歌在翻译中失去了和谐和韵律，我将其比喻为画作的色彩。它也失去了诗歌风格，就好比失去了线条

---

① Спор древних и новых. M., 1984. C. 369-372.

② Спор древних и новых. M., 1984. C. 403. （值得注意的是，后来的评论家不无讽刺地指出，安娜·达西埃在某些地方使用了修饰语——例如，原作中的"驴子"一词被她翻译为"耐力强、耐性好但行动迟缓、懒散的动物"。）

和表现力。译本就像版画,上面仅保留了画作的构图和人物姿势,但它们已经被扭曲了。"①

在上述贝洛的长诗引发旷日持久的争论之前,*皮埃尔·达尼埃尔·于埃*(1630—1721)于1661年在法国出版了一本拉丁语论著,标题是《论翻译的最佳方法》(«О наилучшем способе перевода»),这是文艺复兴时代以来的传统标题。这本论著通常被认为是古典主义时期法国翻译思想的最高成就,作者与从路德到现代的最杰出的翻译理论家们并列。

根据于埃的观点,最佳的翻译方法应该是译者一方面要传达作者的思想,另一方面尽可能地严格遵循原作词汇,尽管在原语和译语之间存在差异。因此,译者应该努力还原原作的独特风格,并尽可能忠实和完整地表达原作,不允许任何遗漏或增加。此外,在要求对原作进行直译的同时,尽可能地保持原作的结构,而不对译语施加过多的改动。在原作意义模糊时,于埃认为应该将歧义词翻译成相同的歧义词,从而保留表达的模糊性。于埃并没有回避由于语言之间的差异而产生的困难,但他认为这些困难恰恰证明了翻译是一门真正的艺术。通过克服道路上的困难,译者为后人取得更大的成就铺平了道路,因为后人可以参考他所建立的"规范"。作者将自己的著作视为这样一个参考点,同时也意识到著作不可避免地具有不完善之处。

于埃的著作之所以引人注目,还因为它包含了一章专门讨论科学翻译的内容,作者将科学翻译视为文明最重要的任务之一,但迄今为止一直被无端忽视。

3. 17—18 世纪英国的翻译

这一时期英国的翻译理论与实践也存在一些与古典主义取向相似的特点,尽管古典主义在英国并没有像在法国那样广泛流行。*亚伯拉罕·考利*(1618—1667)谈及翻译品达的颂歌所遵循的原则时强调,必须考虑到品达与自己时代的巨大差异,这些差异极大地改变了对希腊诗人作品的认识。此外还应该考虑道德、习俗、宗教等差异,因此如果有人试图逐字翻译品达,那么他只会像一个疯子一样翻译另一个疯子的作品。基于这些原因,考利声称,在他的翻译或仿作(以您更喜欢的称呼为准)中,认为自己有权"引用、省略和添加我认为必要的

---

① Перевод — средство взаимного сближения народов. М. , 1987. С. 27.

内容,这么做与其说是为了让读者确切了解作者是如何表达的,不如说是为了彰显作者特有的表达方式和风格"①。

1656年,*约翰·德纳姆*(1615—1669)也表达了类似的观点,他向英国读者提供了自己的维吉尔诗歌版本:"我认为在翻译诗人的作品时,追求做'忠实的译者'是一个愚蠢的错误。就让那些处理事实或信仰问题的人来关心这点吧;但是在诗歌领域追求这种目标的人永远无法达到他所追求的。因为他的任务并不是将语言翻译为语言,而是将诗歌翻译为诗歌;诗歌是一种易挥发的液体,以至于当把它从一种语言翻译为另一种语言时,它就会蒸发殆尽。除非添加新的液体,否则只会留下无用的淤泥。因为每种语言都有自己的优雅和高贵,赋予文字以生命和活力;而提供直译的人,将不可避免地与那些在异国他乡失去了自己的语言,回乡后却又没有其他语言可以替代的年轻旅行者一样,面临不幸的命运……"②

然而,类似的宣言引起了相当严厉的批评,就像在法国一样。正是在与这些观点进行辩驳的过程中,*约翰·德莱顿*(1631—1700)这位重要的古典主义时代诗人塑造了自己的翻译理念,他常常被称作英国古典主义的奠基人之一。

首先,德莱顿提出了三种翻译外语文本的可行方法:直译,即与原作字字相对,逐句对应;释译或正译,在翻译过程中始终以作者为中心,但严格遵循作品的意义而非文字;最后是拟作(模仿),在创作时,译者(如果他当时还没有失去被称为译者的权利的话)不仅要改变意思和用词,还要随时准备放弃它们,并且只保留原作的一些大意,根据自己的判断偏离原作。

自然地,德莱顿对那些他认为是直译者的人提出了最尖锐的批评。他将他们比作戴着脚镣表演的走钢丝者,并强调说,后者若小心谨慎可以避免死亡,但人们不太可能期望他展现出优雅和优美的动作;而且没有一个正常人会为了不摔断脖子而赢得掌声,从而将自己置于致命的危险之中。

德莱顿对拟作或模仿的评价更加慎重,但最终也持否定态度。不过,他同意考利的观点,即在翻译品达颂歌的具体情况中,其他方法是不可行的;但当涉及像维吉尔、奥维德等符合规范的诗人时,使用这种方法来翻译可能会产生一部很难称之为原作者的作品。德莱顿承认,使用这种方法能够创造出非凡的作

---

① The Craft and Context of Translation. New York, 1964. P. 361-362.
② The Craft and Context of Translation. New York, 1964. P. 363.

品,甚至可能超越原语文本;然而,渴望了解作者真正思想的人可能会失望,因为债权人并不总是会对替代品感到满意……总的来说,德莱顿认为,拟作是一种能够让译者最大程度展示自己的最有利的翻译方式,但对原作作者来说是极其不公平的。

德莱顿认为,直译和拟作是两种必须要避免的极端翻译方法,并坚持必须在两者之间找到平衡点。德莱顿强调,译者除了需要才华之外,还必须要完全掌握作者的语言和自己的语言,同时深入了解这位诗人特有的思想和表达特点,将这位诗人与其他人区分开来。译者需要将自己的才华与作者的才华协调起来,以便用与原作同样的方法来表达原作思想,或者在必要时"换装不换色"。在极少数情况下,直译可能是可行的,不这样做无疑会对作者造成严重损害。然而,每种语言都有其特殊之处,在一种语言中可能是很好的东西,但在另一种语言中看起来可能像野蛮人的说法,按照德莱顿的观点:"允许表达的自由,字和行没有必要受原作篇幅的限制。总的来说,内容应该是神圣不可侵犯的……只有在两种情况下才会出现困难:内容是陈腐的或不道德的。但针对这两种情况可以给出同一个回答:这类内容不应该被翻译。"①

然而,早在18世纪上半叶,如同在法国一样,英国也发生了一场最为著名的翻译争论。这场争论的焦点同样是荷马史诗的翻译,其创作者是英国古典主义的重要代表*亚历山大·蒲柏*(1688—1744)。

值得注意的是,与他的同行德·拉莫特相比,蒲柏绝不是无限制翻译主观主义的辩护者。相反,这位英国诗人在自己的言论中强调,译者有责任以完整且不失真的方式呈现作者的思想,并且拒绝直译,也没有权利草率地进行自由改编。然而,在重塑荷马史诗时,蒲柏以"良好的品位"为指导标准对其进行了相当大的改动。他为诗歌添加了原作中没有的韵律,"修正"了原作的韵律结构,采用当时更常见的英国高格调诗歌取代了六音步长短短格。蒲柏的版本大受欢迎,但也有一些有影响力的评论家,虽然半开玩笑地承认其版本作为原创作品的优点,但坚决拒绝将蒲柏的作品视作对古希腊史诗的翻译。在这方面,古典语文学家理查德·本特利的一句话流传甚广:"这是一首美妙的诗,蒲柏先生,但您不能称其为荷马的作品。"著名历史学家爱德华·吉本则称蒲柏的译作是一幅肖像画,它拥有所有的优点,唯独没有与原作的相似之处。

---

① The Craft and Context of Translation. New York, 1964. P. 368-369.

亚历山大·弗·泰特勒(1747—1813)的《论翻译的原则》(«Опыт о принципах перевода»)是17—18世纪英国翻译思想发展的独特成果,该作最初是1790年在皇家学会会议上宣读的报告。

值得注意的是,在泰特勒发表演讲前不久,坎贝尔在《四福音书翻译与注释》(«Перевод четырех Евангелий с примечаниями»)一书中也提出了类似观点。然而,大多数同时代人(包括坎贝尔本人)以及后来的研究者认为,这里不存在直接借用,因为两位学者是在同一时间对相同的主题进行了研究和探讨,自然会得出大致相同的结论。

泰特勒一方面指出,翻译问题在之前以及当代的文学中很少得到解决,另一方面又强调翻译的作用随着科学和"优美文学"的发展而日益增强,泰特勒着重强调了几个世纪以来关于译者应传递什么信息的争论:译者是否只应利用他认为最好的表达形式和手段来传达原作的精神和内容,还是也应保持对作者风格和方式的忠实,包括像于埃所要求的那样,维持作品的形式特征。泰特勒认为这两种观点是彼此对立的两个极端,并声称"真正的完美"应该在它们之间寻找,他将好的译文定义为对读者产生与原作相同印象的等效品。为此,译文应该满足以下要求:

——完全传达原作的思想内容;

——在风格和笔调上与原作相符;

——与原作同样流畅。

作为确保这些要求得以贯彻的必要条件,泰特勒首先提到对原作语言的熟练掌握和对所讨论主题的全面了解,没有这两个条件,就无法确信正确理解了作者的思想。

在《论翻译的原则》的创作时代,译者相对于原作自由度问题显得尤为重要。总的来说,该书对这一问题的处理如下:译者享有一定的自由权,但在行使这一权利时必须极为谨慎,以免损害原作的内容和风格。此外,在诗歌翻译中允许的自由度要高于散文翻译。与此同时,泰特勒坚决反对一个原则,即译者应始终遵循作者的意图,甚至是在他看来明显存在缺陷的情况下也要忠实再现。在这一点上可以引用17世纪罗斯康芒伯爵写的两句诗:"Your author always will the best advice, / Fall when he falls, and when he rises, rise"(作者永远是你最好的顾问,/当他跌倒时,你也应该跌倒;当他崛起时,你也应该崛起)。

泰特勒指出,译者的责任和义务在于避免原作"跌倒"①。备受泰特勒推崇的于埃就这方面与英国翻译理论家们进行了论战,但与于埃不同,泰特勒坚定地反对保留原文中的模糊和歧义,支持消除与译文读者"道德感"不符的表达。他高度赞扬了同胞亚历山大·蒲柏版本的荷马史诗。在许多评论家看来,荷马本人有时未能达到自己的水平,并用"低级的比喻和幼稚的暗示"冒犯了读者的口味。泰特勒认为,这正是他同胞的优点之一,因为他在许多情况下修正了古希腊诗人的"思想和表达",并为原作中最优美的部分增添了额外的光彩。

然而,对于伏尔泰将莎士比亚的《哈姆雷特》(《Гамлет》)中的著名独白"生存还是毁灭"翻译成法语时所采用的方法,泰特勒有着截然不同的看法。他指出,在这种情况下,译者不仅要努力理解作者的精神,还要尽其所能地让自己的同胞看到最有利的一面,这就解释了为什么对原作采取了不可容忍的自由态度。泰特勒指出,整个独白因此变得与莎士比亚毫无关系,丹麦王子本人则以18世纪的哲学家和自由思想者的形象出现在读者面前。"我们无法判断,"泰特勒讽刺地总结道,"这位法国作者是否打算通过这种翻译将我们的弹唱诗人以最有利的形象呈现给我们的同胞,但我们至少可以断言,他没有展示出其真实的一面。"②有趣的是,几乎在泰特勒之前的两个世纪,翻译这一独白的俄国翻译家普列谢耶夫在18世纪70年代就提出了相同的观点,他指出伏尔泰更像是在与莎士比亚做斗争而不是翻译他的作品,并且如果反过来将其翻译成英语,这位伟大戏剧家的同胞们可能根本认不出他的文字。

泰特勒的书之所以受到欢迎,很大程度上是因为其语言简单易懂,以及他收集了大量史实材料(因为《论翻译的原则》的作者认为,翻译的教学规则最好是通过丰富的例子来说明)。在英国本土,*阿伯丁*(1784—1860)也提出了类似的观点,他提出了以下优秀翻译的标准:

——翻译应充分表现作品的意义与内容;

——在翻译语言精神允许的范围内,有必要表达原作的世界观和风格;

——翻译应具备艺术作品的所有品质,即易于阅读,自然流畅。

另一方面,泰特勒的著作在他的故乡以外也引起了反响——早在1793年,

① 然而,在这里,《论翻译的原则》的作者也指出,这句话也可以有另一种理解方式:在作品内容有要求时应保留崇高的风格,而在受文本性质制约的情况下则应模仿朴素和简单。泰特勒表示,对于这种解释,没有什么可以反驳的。

② Tytler A. Essay on the Principles of Translation. Amsterdam, 1978. P. 381.

德国就出版了泰特勒的德语译本。

4. 德国翻译理论与实践的发展

上述对泰特勒著作的兴趣突显了德国翻译问题在该时期的重要性。早在 17 世纪初,作为德国古典主义奠基人之一的诗人兼文学理论家 *马丁·奥皮茨* (1597—1639)就强调了翻译对于丰富母语的重要性,尤其是对古代作家作品的翻译。因为通过翻译,人们可以学习原著文字所固有的"特性和光彩",以及其所使用的优雅转折。后来,著名哲学家 *莱布尼茨* (1646—1716)也提到了这一点,他认为从其他语言翻译"好书"是一种独特的试金石,可以确定译语是否丰富,并了解其缺乏之处。根据莱布尼茨的观点,最"丰富和方便"的语言应该是那种能够紧密跟随原著,再现其内容和形式的语言。

从 18 世纪下半叶开始,德国特别关注翻译问题。表现之一就是努力与该时期最伟大的代表人物 *戈特霍尔德·埃弗赖姆·莱辛* (1729—1781)所说的 «Ungetreue französische Übersetzung»("不忠实的法语翻译")划清界限。对后者的尖锐批评是必要的,因为多年来德国读者对欧洲文学作品的了解在很多情况下是二手的——通过法语译本的翻译,尽管采用这种译法的作者常常承认法国人允许自己对原作做出更多的自由解释。

苏黎世大学教授 *约瑟夫·布赖廷格* (1701—1776)在自己的著作《批判诗学基础》(«Основы критической поэзии»)中提到了翻译的问题。他认为,译者需要再现他眼前看到的那些概念和思想,将其编织成一幅美妙的彩色图画。必须遵守原作所固有的"顺序、关系和连贯",使译作对读者产生与原作一样的影响。根据布赖廷格的观点,翻译是一幅画像,与原作越是相似,就越值得称赞。因此,译者永远没有权利对原作进行自由改编,无论是作者的思想还是作品的形式和艺术。作品的形式和艺术应该在其辉煌和力量中保持不变。能改变的只有用于表达它们的符号。这样,原则上就有可能在原作和译作之间建立一种毫不含糊的对应关系,从而实现一种文本对另一种文本的独特的机械式替换。

作家 *弗里德里希·戈特利布·克洛卜施托克* (1724—1803)要求忠于原著,同时强调首要的是忠实于原著的精神,因为对于"文字",它的忠实程度不可避免地受到语言本身相近程度的限制。如果"文字"不能传达原著的"精神",那么它将不可避免地与原著产生矛盾。此外,译者还需保留原著形象的美感,就像作者一样需要具备艺术才能,因为正如克洛卜施托克所指出的,即使在爱情中,仅有忠实也是不够的,还需要圆滑。最后,不能忽视翻译的最终目标——丰富和更新语言。

德国著名启蒙思想家兼作家*约翰·戈特弗里德·赫尔德*(1744—1803)也关注过翻译问题。他指出,作为一名译者,如果想要忠实于原作和母语,自身就必须拥有创造性天赋。他认为优秀的翻译可以开发母语新的可能性,是一种推动进步的催化剂。同时,他也强调译者必须忠实于原作的重要性,并对比了法国传统与德国传统,将二者的区别总结如下:法国人过于骄傲于自己的民族品位,将一切外来事物都融入其中,而德国人还没有真正做到"既不尊重公众,也不尊重祖国,更不尊重良好品位的专制",只希望看到原作的真实面貌。然而,赫尔德指出,翻译的方法和手段也会因翻译的目的和所译作家的性格而有所不同。赫尔德本人凭借《诗歌中各族人民的声音》(«Голоса народов в песнях»)(1778—1779)一书而成为翻译史上的重要人物。这本书收集和整理了来自世界各地不同民族的民间史诗和歌曲。然而,赫尔德的这部作品在专业文献中评价不一。

纵观这一时期的德国翻译实践,需要指出的是,由于普遍存在的倾向,德国与许多其他欧洲国家一样都特别注重恢复古代遗产,即翻译希腊罗马作家的作品。如果说在18世纪上半叶,最权威的古文献研究者温克尔曼建议不懂希腊语的人可以通过阅读蒲柏的译本来了解荷马史诗,因为当时没有更合适的德语译本,那么该世纪末由沃斯翻译的《伊利亚特》和《奥德赛》则被认为是将荷马史诗翻译成新语言的最佳版本。卡拉姆津在欧洲旅行时与赫尔德一起,他在与这位德国作家交谈后特别指出:"法国人和英国人在古希腊语译作方面不如德国人那样出色,德国人如今通过这些译作丰富了自己的文学。他们的荷马译作在语言上展现出不矫揉造作的高贵质朴,这正是古代精神的体现。"①

布赖廷格、克洛卜施托克、赫尔德和这一时期其他作者的活动经常被描述为一种独特的"第一高峰",并在很大程度上为19世纪后期德国翻译的蓬勃发展奠定了基础。

---

① Карамзин Н. М. Письма русского путешественника. М. , 1982. С. 118–119.

5. 翻译与语言文化

如前文所述,17 至 18 世纪,人们对翻译问题及其在民族精神生活中的作用表现出了极大的兴趣。然而,随着欧洲文学翻译活动的增加,人们开始对外语作品的翻译质量提出了严重的担忧,以及与此相关的风险,即外来语词汇和句式对译语的污染。在英国,首部英语详解字典的作者 *塞缪尔·约翰逊*(1709—1784)关注了这一问题,他认为未经审查的翻译活动对语言是一种严重的灾难,并指出每一部译著在英语中都留下了自己的痕迹,但这些痕迹并不一定都是有益的。关于成立一个专门的语言爱好者学院的问题,约翰逊提议,该学院首先应该关注的不是语法和字典,而是与那些对母语肆意妄为却不受惩罚的文盲译者进行斗争。他总结道,如果不制止他们,母语就有变成某种粗俗方言的危险。

上面提到过的莱辛与约翰逊意见一致。德国启蒙思想家指责译者经常对原文理解不足,他们的译作仅仅是一些简单的练习,然而,正如莱辛讽刺地指出的那样,他们很聪明,可以从中获取报酬。

这种批评主要是由于翻译文学的数量增长与质量并不总是相匹配,许多译者的水平有待提高。蒲柏通过描述与某位书商的对话,讽刺地指出这一行业的代表被称为“最恶劣的骗子团伙”,他们在饥肠辘辘时随时准备发誓说自己通晓地球上的所有语言,但实际上连希腊语和希伯来语都分不清。

当然,这种对翻译文盲的谴责(我们知道,即使在今天也不乏其例)往往带有刻意夸张的特点。然而,它们的盛行证明了这样一个事实,即外语文本的翻译问题不仅本身引起了人们的关注,而且 18 世纪的作家们还在更广泛的语言文化和文学文化背景下对其进行了思考。

第 8 节　19 世纪的西欧翻译

1. 浪漫主义翻译的本质及其基本特征

在 18 世纪下半叶,欧洲文学开始对单方面的古典主义美学理性主义产生反应。这导致了感伤主义的出现,其代表人物试图从内部展现人类个性的独特性,尤其是浪漫主义的出现标志着翻译和翻译思想的发展进入了一个质的新阶段。

19世纪初期,浪漫主义思潮最为充分和完整地展现出来。其最早的理论家是*弗里德里希·施莱格尔*(1772—1829)和*奥古斯特·威廉·施莱格尔*(1767—1845)兄弟。浪漫主义的基本理念是与古典主义的规范及其概念对抗,后者认为有一个符合理性的绝对永恒理想。因此,一方面是追求普遍性,涵盖现实现象而不受任何限制;另一方面是个人主义,表现为对人类"自我"的浓厚兴趣,引发了尖锐的主观主义论战。因此,人们对其他国家和民族的文学产生了浓厚兴趣,力求发现并传播其独特之处。浪漫主义时期经常被誉为文艺翻译史上的伟大时代,甚至是最伟大的时代,因此许多代表人物将翻译概念整体上与浪漫主义甚至诗歌创作等同起来并不奇怪。布伦塔诺曾说"浪漫主义即是翻译",奥·施莱格尔也认为"所有诗歌从根本上说都是翻译",诺瓦利斯也表达了类似的观点。然而,关于浪漫主义翻译的本质和显著特征的问题,不同的作者给出了不同的答案。一些研究者,如芬克尔和加切奇拉泽,认为浪漫主义者努力充分表达原作的民族个性特征,因此他们被认为是"现实主义翻译"的创作者。然而,一些人,如费多罗夫、莱温和米库舍维奇,尽管承认浪漫主义在翻译领域的重大成就,却指出在许多情况下并非如此:浪漫主义译者追求个人表达,可能修改原作并偏离原作,从而在形式上接近古典主义的翻译原则。

这种被称为"浪漫主义的悖论"的二元性与浪漫主义美学的核心概念——理想息息相关。对于古典主义者而言,理想是客观存在的,可以通过理性来解释,而浪漫主义者则将理想视为某种非理性的精神现象,是通过主观洞察力直接发现的。理想与周围现实之间的矛盾产生了著名的浪漫主义反讽,以及浪漫主义者经常探讨的"双重性"主题。因此,外语文本的翻译性质主要取决于原作是否具备这种多义性。如果不具备,浪漫主义译者就可能会倾向于引入这种多义性,从而导致对原作的扭曲。因此,尽管这两种方法的基本原则截然相反,但这种解释的结果本质上可能与古典主义的方法不谋而合。

2. 德国的浪漫主义翻译

如前所述,到了18世纪末,德国的翻译传统已经在欧洲文学中占据了主导地位。到了 19 世纪初,德国人特殊的"翻译使命"这一观点开始越来越多地出现在德国出版的书籍、文章和书信中。首先,这指的当然是浪漫主义学派的代表人物们。该学派的创始人之一奥·施莱格尔在写给诗人蒂克的信中认为,发现真正诗意的翻译艺术是德国人的荣耀。他的同行们也表达了类似的观点。浪漫主义学派的著名理论家施莱尔马赫指出,只有通过与外语作家的多边交流,德语才能真正开花结果,其内在力量才能被挖掘,获得表现力和灵活性。另一位杰出的浪漫主义作家和思想家诺瓦利斯将德国精神的特点定义为世界主义与最强烈的个人主义的结合,他认为德国人是唯一将翻译视作真正发展手段的民族。

后来的研究者也注意到 18 世纪与 19 世纪之交德国翻译活动的蓬勃发展。正如一位著名的翻译史学家所指出的那样,在这一时期,几乎没有一位杰出的文学家没有担任过译者,许多人都是通过翻译而成名的。我们很难说德国作家因其民族偏好而有任何偏见,因为在他们的外国同行(包括俄罗斯作家)的作品中也有类似的说法。例如,巴丘什科夫在 20 世纪 20 年代就指出,德国人被公正地认为是西欧各民族中最好的翻译家。十年后,未来的院士阿列克谢耶夫也把德国翻译文学放在首位,指出其数量多、质量高。这样的说法不胜枚举……

除了在我们感兴趣的领域开展实践活动外,德国浪漫主义代表的特点还在于努力从理论层面思考翻译现象,不仅从语言学本身的角度,而且还从哲学美学等层面。首先,上文提到的诺瓦利斯[本名:*弗里德里希·冯·哈登堡*(1777—1801)]在这方面的遗产值得关注。他在自己的《片段》(«Фрагменты»)中写道:"翻译要么符合语法,要么改变作品,要么将作品转化为神话。创造神话的翻译是最高意义上的翻译。它们传达的是个人文艺作品的纯粹理想本质。它们传达给我们的不是实际的作品,而是作品的理想。

我认为,目前还没有这种译法的真正范例。只有在一些评论性的著作和艺术作品的描述中才能找到这种技巧的痕迹。因此,需要 个在意识中完全融合了诗歌和哲学的人才能达到这种效果。希腊神话在某种程度上可以被看作是国家诗歌的翻译。同样,现代的圣母在这个意义上也是一种神话。

语法翻译是普通意义上的翻译。语法翻译需要很高的学术水平,但所需的能力只是话语层面的。

对于改译来说,要想取得成功,就需要很高的诗歌天赋。否则就很容易沦为模仿之作,如毕尔格用抑扬格翻译荷马的作品、蒲柏翻译荷马的作品,或者所有的法语译作,统统都是。

真正的浪漫主义译者在行动上必须是一位诗人,能够以多种方式传达整体的思想。他必须是诗人中的诗人,让诗人同时以自己的方式和译者所希望的方式说话。人类的天才与单独的个体之间也存在类似的关系。

不仅是书籍,任何事物都可以按照我所描述的三种方式之一进行翻译。"①

这段引文清楚地说明了上一段中提到的浪漫主义翻译的特点——它与美学理想的概念有关,而美学理想是通过直观的洞察力发现的。因此,尽管对"法式"(即古典主义)翻译传统持否定态度,但译者原则上仍有可能在更大程度上接近原作,即实际上"改进"了原作,这一点不是原作作者所能达到的。诺瓦利斯声称他同时代的德语莎士比亚"优于"英语莎士比亚,这并非偶然。他认为翻译本身与原创作品一样都是创造,而且更为困难和罕见。无论这一结论看起来多么自相矛盾,如果我们从上述引文的字面意思出发,就不得不承认,这种定性最不适用于"普通意义上的翻译",诺瓦利斯称之为语法翻译,即翻译本身,因为后者属于语言学技术的范畴。诺瓦利斯对翻译实践本身这方面的兴趣不大,他本人在这一领域的经验(与其他主要浪漫主义者不同)也相当有限。

浪漫主义的另一位主要代表人物奥·施莱格尔的情况则有所不同。如果说在从事文学创作之初,与生俱来的"翻译偏见"使他产生了一种独特的"诗歌自卑"的话,那么这种情况后来则成为施莱格尔特别自豪的话题。据后来的研究者称,他不想成为德国诗人中的第二或第三名,而是想成为翻译家中的第一名。在奥·施莱格尔的讲座和印刷作品中,翻译问题占据了主导地位。他自己也颇为自嘲地承认,每当他看了别人的诗歌作品后,总想把它占为己有,因此他经常陷入诗歌私通的罪恶之中。

奥·施莱格尔曾对世界文学中的翻译工作做出了最杰出的评价,这绝非偶然:"我可以说,经过许多努力之后,我确信翻译是一种自愿的,同时也是痛苦的奴役,是一种无利可图、吃力不讨好的职业——吃力不讨好不仅是因为即使最好的译本也永远不会像原作那样受到赞赏,还因为译者越是深入研究自己的作品,就越会感到它不可避免的不完美。但我很高兴在此指出了另一面。如果一名译者不仅能再现名著的内容,还能再现其高贵的形式,保留伟大作品中固有的原创印记,那么可以说他是一位宣扬天才的传道者,他将天才的光辉传播到

---

① Литературные манифесты западноевропейских романтиков. М., 1980. С. 105-106.

因语言隔绝而划定的狭窄界限之外,从而让他人领略到作者卓越的才华。译者是国与国之间的使者,多亏了他,在充满冷漠甚至敌视的地方才产生了相互尊重和钦佩。"①

奥·施莱格尔要求译者"给人留下深刻印象,达到忘我的地步",他强调,在翻译外语作品时,不允许对原作的独创性进行丝毫"修饰"。相反,译者有义务尽可能地传递外国诗歌的所有美感,不做任何补充,甚至不纠正音节上的错误。当然,要保持这种忠实是非常困难的。有时必须最自由地使用母语,但在这种情况下,文体的优雅绝不能受到影响。因此,施莱格尔得出结论说,在某些细枝末节无法充分表达的情况下,与其采用烦琐笨拙的转述,不如完全省略。不可能总是一节一节地照搬原作,而是在与原作有了必要的出入之后,必须立即重新一步一步跟随作者的思路。不过,施莱格尔指出,要求韵律诗歌在任何情况下都准确无误地表达每一个字符是不可取的;毕竟,我们谈论的不是复制,而是翻译;最后,还应该考虑到无法翻译的文字游戏。

奥·施莱格尔本人尤其以翻译莎士比亚而闻名。德国浪漫主义史学家海姆写道:"正如沃斯首先让我们认识了荷马一样,施莱格尔也给了我们认识莎士比亚的机会。施莱格尔的译本在一些小的方面还有待修正,但总的来说是非常出色的,它包含了了解所有现代文学诗歌宝库的钥匙;在德国伟大诗人的独立作品开始出现的时候,它是可以送给德国民族的最宝贵的礼物之一;它对德国戏剧艺术的发展产生了深远影响。"②

奥·施莱格尔的朋友和合作者*路德维希·蒂克*(1773—1853)所译的《堂吉诃德》在德国翻译文学史上的重要性也不遑多让,这也赢得了同时代人以及后来研究者的许多赞誉。

谈及浪漫主义者的翻译活动,人们往往会注意到,他们在古代文学翻译领域的成就显得较为平淡。奥·施莱格尔强调浪漫主义艺术是现代的,与古典艺术相对立,这一点并非偶然。*约翰·克里斯蒂安·弗里德里希·荷尔德林*(1770—1843)在这方面具有特殊的地位。他的作品虽然以浪漫主义为主,但也具有古典主义的许多固有特征。荷尔德林的译作包括索福克勒斯的悲剧《俄狄浦斯王》(«Царь Эдип»)和《安提戈涅》(«Антигона»),以及品达的颂歌。这些

① Sttfrig H. J. Das Problem des Übersetzens. Stuttgart, 1963. S. 98.
② Гайм Р. Романтическая школа. М., 1891. C. 153.

作品对德国诗歌的发展起到了重要作用,不过,正如专业文献所指出的那样,它们晚些时候才真正得到赞赏。

浪漫主义者如此关注翻译问题,并将翻译本身视为其理念中最重要的概念之一,自然就会提出这一现象的本质和显著特征是什么的问题。当时,奥·施莱格尔的兄弟弗里德里希认为,事实上我们对翻译是什么还一无所知。神学家和哲学家*弗里德里希·丹尼尔·施莱尔马赫*(1768—1834)于 1813 年 6 月 24 日在柏林皇家科学院宣读了题为《论翻译的方法》(«О различных методах перевода»)的论文,试图回答这一问题。

后来的学者对施莱尔马赫的论文评价不一。首先,有人指责他推理过多,缺乏例证,使这篇文章失去了此类作品所必需的具体性。同时,作者提出的"浪漫主义翻译"原则的理论意义毋庸置疑,尽管人们对施莱尔马赫的某些论点有不同的理解。

施莱尔马赫首先关注的是翻译可以从语言材料和翻译方式两个方面进行分类。因此,他强调了现代学术界所区分出的各种翻译。他特别指出,同一种语言的方言及其不同的历史阶段在严格意义上构成了不同的语言,因此可能需要翻译。此外,即使是属于同一民族不同社会阶层的同时代人,他们之间的差异也往往很大,以至于他们之间的相互理解只有通过中介才能实现。此外,即使是与平等对话者的对话,如果后者的思维方式不同,那么也同样离不开某种翻译。对某部作品、某个思想等的阐释也是如此。

另一方面,谈到翻译本身,即从一种语言向另一种语言传递信息时,施莱尔马赫区分了两个领域(尽管他也指出,这两者之间并不总是能够明确划分):Dolmetschen(口译)和 Übersetzen(笔译)。前者用于商务领域,后者则应用于文学和艺术领域。这里的区别通常与传递方式相关:在前一种情况下,即使被记录在纸上,通常也是口头传播,因为在这种情况下,书写只是一种纯粹的机械手段;而在后一种情况下,"口口相传"完全没有意义。不过,这两种类型之间还存在着更深层次的区别,这取决于所传递文本的性质。

施莱尔马赫写道:"作者的个性在原作中体现得越少,越像一个感知事物现有秩序并遵循其安排的器官,译文就越接近所谓的 Dolmetschen。因此,报刊文章和普通游记的译者就属于这种类型,如果他试图表现得像作者一样索求更多的东西,那就太可笑了。相反,作者越是运用自己的艺术来表现他对周围环境的独特见解,以及将所见所闻融入自己的想象中,越是依照自由选择或由印象决定的顺序进行创作,他的作品就越能够属于更高的艺术范畴,对译者的实力和技巧的要求也就越高;此时,熟悉作家的 Übersetzer(译者)就必须以不同于 Dolmetschen 的方式来工作。"①

正是在致力于施莱尔马赫所说的 Übersetzung(笔译),即文艺翻译的过程中,《论翻译的方法》一文的作者看到了德国民族性格中最显著的特征。他认为,古人一般很少从事狭义上的翻译,而绝大多数的新民族也是如此。他们都惧怕翻译时必然会遇到的困难,只满足于模仿和释译。例如,施莱尔马赫认为,法语中根本没有译作——既没有译自古代语言的译作,也没有译自日耳曼语言的译作。然而,德国人的情况则完全不同:"德国人民与生俱来的天赋清楚地体现在我们的内在需要之中,这种内在需要促使我们集体从事翻译;我们无法回头,必须继续前进。"②

谈到翻译外语作品的方法和方式问题时,施莱尔马赫提出了一个著名对照。根据这一对照,译者面临一个两难的选择:要么尽量不接触作者,以拉近与读者的距离;要么相反,尽量不接触读者,以拉近与作者的距离。施莱尔马赫强调必须明确区分这两种方法,并指出评价这两种方法的标准并不相同。在第一种情况下,当读者熟悉了古罗马作家的德语译本之后能够说:如果原作者的德语学得和译者的拉丁语一样好,他就不可能比后者更好地呈现自己的作品,那么这一译文就应被认为是完美的。在第二种情况下,任务的性质发生了根本性变化:原作者在德语译本中不再是将自己的文本翻译成德语的译者,而是从一开始就用德语创作的作者。施莱尔马赫认为,不可能在这些方法的基础上创造出第三种方法。

谈到面向原作的翻译时,施莱尔马赫指出,成功的必要条件之一是使用一些手段,使得译文的语言在某种程度上与原语言相似。然而,使用这些手段必须非常谨慎,要注意掌握分寸,以免对自身或语言造成损害。正如施莱尔马赫所强调的,这可能是译者必须克服的最大困难之一。

至于另一种方式,即"不接触作者",专业文献已经指出,这本质上只是施莱尔马赫理念上的一种虚构。由于两种语言中思想的同一性就像两种历史情境的同一性一样罕见,所以"作家如何用另一种语言写作"这个问题毫无意义。因

① Stfrig H. J. Das Problem des übersetzens. Stuttgart, 1963. S. 40.

② Stfrig H. J. Das Problem des übersetzens. Stuttgart, 1963. S. 69.

为在这种情况下,他写的就不是这部作品,而是另一部作品。正因如此,施莱尔马赫也对这种方法进行了描述,他对此看似非常认真,但最终却颇具讽刺意味:"如果译者说,'你面前的这本书是一位作家用德语创作的',读者说,'我很感谢你,就像你给我带来了一幅肖像画,画的是一个人的母亲从另一个父亲那里生下他时的样子',那还有什么可反驳的呢。"①

尽管浪漫主义者所阐述的文艺翻译原则,如前所述,与他们的哲学美学观念密切相关,但客观上在许多方面它们与 18 世纪末 19 世纪初不属于浪漫思潮的德国文化的主要代表——洪堡(В. фон Гумбольдта)和歌德(И. В. Гёте)——的观点相近。

3. 洪堡的翻译理念

谈及德国最杰出的语言学家和语言哲学家*威廉·冯·洪堡*(1767—1835)对翻译的观点时,人们经常关注他的论述中是否存在对完全翻译可能性的根本否定。在费多罗夫多次再版的著名教科书中,他在分析"不可译理论"时指出:"威廉·洪堡最为鲜明、最为明确地表达了这种观点……他在致奥·施莱格尔的一封信(1796 年 7 月 23 日)中写道:'在我看来,每一次翻译都是不折不扣地试图解决一个无法完成的任务。因为每位译者都不可避免地会陷入两个陷阱之一:要么过于忠实于原文而牺牲了本民族的口味和语言,要么过于迎合本民族的原创性而忽略了原作。处于两者之间的状态不仅难以实现,而且根本不可能实现。'

这封信的收信人奥·施莱格尔对翻译的可能性同样持悲观态度。他将翻译比作一场决斗,决斗的参与者必然会死一个——要么是原作者,要么是译者。

这种完全不可译的主张与洪堡及其志同道合者关于世界语言的理想主义观点直接相关。在他们看来,每种语言都决定并表达了其民族特有的'精神'(即思维),因此任何其他语言都无法复制,正如一个民族特有的'精神'无法简化为另一个民族特有的'精神'一样。"②

奥·施莱格尔的翻译观点已在上文讨论过。至于洪堡,将上述说法绝对化

---

① Sttfrig H. J. Das Problem des übersetzens. Stuttgart, 1963. S. 47.

② Федоров А. В. Основы общей теории перевода. М. , 1983. С. 30-31.

似乎并不妥当,因为他在其他著作中一再指出,实际的多语翻译经验清楚表明,每一种观念都可以在任何一种语言中得到表达——尽管成功的程度有所不同。此外,要记住,洪堡本人几乎一生都在从事翻译活动,他经常把自己的热情说成是一种"翻译狂热",这种狂热以不可抗拒的力量抓住了他。

与此同时,这位德国语言学家对翻译的看法也发生了重大变化。如果说他早期的经验是对原作进行诗意改写而非对等再现,那么后来,对更准确翻译原作的愿望开始占据上风。洪堡最完整的观点体现在他翻译的埃斯库罗斯的悲剧《阿伽门农》(«Агамемнон»)(1816 年)的序言中。

首先,作者强调,翻译外语作品首要的基本要求是"简单忠实",这源于对原作真诚而平实的热爱。因此,译文中必须保留一定的外来色彩,但必须明确后者的界限。只要在译文中感受到的是外来的东西而非陌生的东西,翻译的目的就达到了;但如果"陌生的东西",即与目的语规范相抵触的东西开始占上风,甚至盖过了外来的东西,译者就会因此而无力处理原作。

这种立场意味着强烈反对一个臭名昭著的论点,即译者应该按照原作者用自己的语言创作时的写法来写作。洪堡认为,这种观点的支持者通过提出这样一种想法(这种想法是肤浅轻率的,因为除非我们谈论的是纯粹的公文或纯粹的科学著作,否则没有一个作家会用不同的语言以完全相同的方式撰写同一主题的作品),从根本上破坏了翻译本身,也抹消了翻译能为译语以及使用该语言的人们带来的益处。一个明显的例子是古典作家的法语译本,这些译本力求"抹除"一切不熟悉的东西,导致无法传达哪怕是一小部分的古代精神。这位德国语言学家尤其不能容忍"美化"文本的倾向,因为在无法传达原作本身美感的情况下,用译者的"美"来代替原作的美,就会产生出完全不同的色彩和对原作来说完全陌生的意境。

这也解释了洪堡对这一问题的态度,如上所述,于埃和泰特勒等翻译理论家已经对这一问题给予了相当多的关注。这就是所谓的原作"暗处"的传递问题,读者对这些"暗处"的解释可能会模棱两可。关于这个问题,洪堡特别强调,不应将翻译与注释混为一谈。当然,译文不应因用词不当、词与词之间缺乏恰当的联系而显得晦涩难懂;但是,在原作中有暗示而非直接陈述的地方,在作者允许自己使用意义难以捉摸的隐喻的地方,在并非所有思想都显而易见的地方——在所有这些情况下,如果译者过度扭曲文本特色的清晰度,那么他就违背了自己的职责。另一方面,按照洪堡的观点,最难做到的永远是通俗易懂和清晰明了。在这方面,尽心竭力和反复修改往往收效甚微,大多数情况下,译者突然闪现的灵感才是最重要的。

4. 歌德与翻译问题

在浪漫主义思潮形成的同时,洪堡提出了他的理念。德国文学经典作家*约翰·沃尔夫冈·冯·歌德*(1749—1832)也对翻译问题发表了自己的看法。他与浪漫主义者的关系相当复杂,有时会影响到我们感兴趣的领域。例如,歌德和洪堡一样,对沃斯创作的德语版荷马史诗给予了高度评价,而浪漫主义者则借弗·施莱格尔之口,宣称沃斯是一个缺乏历史感和批判精神的译者(这在一定程度上可以解释为沃斯本人对浪漫主义的敌视态度)。与此同时,歌德本人对其人生不同时期的判断并不完全一致,这使得我们可以讨论这位"魏玛的奥林匹斯之神"(веймарский олимпиец)的翻译观的某种演变。

首先要提到的是通常被认为是 1813 年创作的作品——《讲话:对于维兰特兄弟般的纪念》(«Речь памяти Виланда»)。它在很大程度上再现了歌德早在 1801 年写给赫尔曼与多罗泰英译者的一封信中所表达的观点。信中提到了两种可能的翻译方法:一种方法要求将外国作者搬到读者面前,让读者将其视为同胞;相反,另一种方法要求读者移居外国,并适应作者的生活条件、语言以及其他特征。歌德认可这两种方法都有其优点和成功之处,但他还是对维兰特给予了肯定,因为维兰特虽然试图将这两种方法结合起来,但在不确定的情况下,他仍然倾向于使用第一种方法,作为一个有理性和品位的人。

不难看出,这种方法与施莱尔马赫的理念以及晚期洪堡的观点明显不同。在一定程度上,可以说这里与古典主义传统存在某种相似之处。稍后,"魏玛的奥林匹斯之神"提出了另一种更为有趣的分类方法,试图将某种翻译外语作品的方法优势与广泛的历史文学背景联系起来(有时这被称为从内容主导到形式主导的转变)。

歌德在与《西东合集》(«Западно-восточный диван»)相关的工作中提出了自己对这一问题的看法,这可能并非偶然。此时,由于多种原因,欧洲对东方国家的民族和文化产生了极大兴趣。古印度文学被广泛研究,伊朗诗歌的翻译开始出现……然而,正如歌德所指出的,许多东方古典作品的版本或多或少都与原作有所不同,因此读者只能对原作有一个最基本的了解,远不能展现原作独特的特点。歌德强调,由于各种形式的翻译,德国人对东方的了解越来越深入,他认为在对东方文学进行重新创作时,应尽可能接近原作的形式,而绝不能篡改作者的意图。

在进一步直接探讨分类问题时,歌德首先区分了翻译外语文本的三种主要译法。第一种译法,对外国的了解是在初级认知的框架内进行的。这种"平实的散文式翻译"在很大程度上抹杀了原作的特点,自然也无法传达其固有的形式风格特征。然而,正如歌德所认为的那样,这种译本起初是必要的,而且对接受文化有巨大的裨益,因为它们作为一种新的、美好的事物不知不觉地进入了熟悉的"家"的环境,提升了读者的精神,给予了读者真正的快乐。

第二种译法,即对进入陌生环境的渴望变成了通过自己的思想感情来表达原作的思想感情。歌德称这种翻译为戏仿(原意),认为它们是法国传统最典型的体现。正如法语吸收外来词并使其听起来像法语一样,在法语译本中,外来的情感、思想甚至主题都被一种法国本土的替代品所取代。在歌德看来,维兰特的译本也受到了高度评价,只要能够方便自己并且为同时代人以及同胞们所接受,维兰特就会贴近古代作品和外国作品。

第三种译法被歌德称为"最高级的和最完善的",其特点是希望创造出一种与原作完全相同的译本,即使不能完全取代原作,至少也可以替为用之。

正如作者所指出的,这种做法一开始可能会引起受民族世界观限制的读者的强烈反对,他们会对译者照搬原作而感到不满,认为这像是在"欺骗"自己的民族。这种情况一直持续到读者逐渐理解为止。沃斯的荷马史诗也发生过类似的情况;随后,其他外国作家——阿里奥斯托、塔索、莎士比亚、卡尔德隆……由于采用了第三种译法,所有这些作品的可读性都比以前提高了两倍或三倍。

与此同时,歌德指出,采用这种方法并不意味着对以前方法的完全否定,因此,用散文形式翻译德国读者了解较少的东方诗歌(例如菲尔多西或尼扎米的作品),对于同时代的"魏玛的奥林匹斯之神"来说是非常合适的。这样就有可能从整体上了解文本并掌握其主旨。正因如此,外国读者才逐渐全面了解了作者的观点和思维方式,最终与他建立起了"兄弟般的联系"。

根据歌德的说法,古印度文学中的杰出丰碑——《沙昆塔拉》(《Сакунтала》)也是如此,其散文版本在德国获得了巨大成功。但是,我们没有必要在此赘述。相反,如果谁能不辞辛劳地创作出"第三种译法的译本",再现原作的节奏和旋律结构、文体特点,甚至文本中反映出的方言差异,那么他将为自己的本土文化做出无价的贡献。

《浮士德》(《Фауст》)的作者总结道:"追求与原作相同的翻译,具有逐字逐句翻译的准确性,让我们无限接近原作。我们被引导甚至被推向原作,最终,外国与本国的相互接近,熟悉与陌生的循环就此闭合。"①尽管德国文学经典作家对浪漫主义持有谨慎的态度,甚至有时会否定它,但他在某些情况下也会以"浪漫主义"的精神讨论翻译的作用和重要性。因此,他认为尊重外来事物并欣赏其独特性是德意志民族性格的一个显著特点,再加上母语的特殊柔韧性,使母语成为译者手中特别合适的工具,这就导致了德语翻译无条件忠实于原作的特点。像浪漫主义者一样,歌德也特别强调了自己同胞的"翻译使命",同时强调了后者的崇高目的:"……我们德国人注定要扮演光荣的角色……一个了解和学习德语的人会发现自己身处一个市场里,所有国家都提供自己的商品,而一个扮演译者角色的人则会使自己变得更加富有。"②

这适用于任何译者——它充当着世界精神商品交换的中介,各国人民相互交换是它的生命线。无论人们如何评价翻译的缺点,翻译都是并将继续是发展普遍国际关系的最重要和最有价值的手段之一。

上文提到的《西东合集》,在"魏玛的奥林匹斯之神"翻译理念的发展过程中发挥了重要的作用。然而,书中所介绍的译本只能有条件地被称为适当意义上的翻译:哈菲兹、鲁米、萨迪以及其他伟大诗人的诗作(大多是根据当时现有的英语译本重译的)反映了歌德本人对东方的固有认识,从这个意义上讲,这些诗作通常被视作歌德本人原作的组成部分。关于译者,歌德有一句带有"东方"色彩的半开玩笑式的名言:"我把译者比作娴熟的拉皮条者,他们能把面纱下的女人描绘成值得爱慕和崇拜的美人;他们能让我们对原作产生不可抗拒的吸引力。"③

此外,歌德还关注当时在西方鲜为人知的俄罗斯文学。正如与歌德会过面的《少年维特之烦恼》(《Страдания юного Вертера》)的俄语译者罗扎林所指出的,这位伟大的德国诗人对与俄罗斯有关的一切事物都表现出浓厚的兴趣,他

---

① Sttfrig H. J. Das Problem des übersetzens. Stuttgart, 1963. S. 37.

② Копелев Л. Гёте: художественные переводы и «мировая литература» // Мастерство перевода. Сб. 9. М., 1973. С. 434.

③ Копелев Л. Гёте: художественные переводы и «мировая литература» // Мастерство перевода. Сб. 9. М., 1973. С. 442.

阅读用法语、德语、英语和意大利语翻译的俄罗斯诗歌,询问从俄语译入和译出的情况。《浮士德》的作者在一封寄往俄罗斯的信中说道:"虽然我们西方人通过许多中间人……已经熟悉了你们诗人的优点;虽然从这些优点以及其他许多高尚的特征来看,我们可以推测在你们语言的广阔领域中具备很高的美学教育;但尽管如此,在遥远的东方,我还是意外地遇到了与我有关的温柔而深沉的感情,这些感情更可爱、更有吸引力,在我们已经接受了许多世纪教育的西方却很难找到。"[①]歌德熟悉茹科夫斯基的作品,询问过普希金的情况,据说甚至将自己的钢笔作为礼物送给了他。

5. 19 世纪下半叶的德国翻译传统

从前述内容可见,19 世纪上半叶德国的普遍特点是希望尽可能保留原作的民族风格。这一趋势在 19 世纪中期最著名的理论著作中得到了体现,即*蒂科·蒙森*(1819—1900)的《外国诗歌的德译艺术》(«Искусство перевода иностранной поэзии на немецкий язык»)(1858 年)。作者在很大程度上与歌德的上述思想产生共鸣,提到了翻译外语文本的三种主要方式:1)不带原作风格特征的翻译,在这种情况下,作品的意义得以保留,但形式却丢失了;2)以外国风格创作的独立作品,创作者再现了原作的形式(尽管不完全),但对内容进行了修改,以适应本国读者;3)严格的翻译,在风格上与原作保持一致。在这里,原作的内容和形式都尽可能准确地呈现出来,同时又能为读者所理解。蒙森与歌德一样,认为这种方法是翻译领域的最高成就,并以沃斯、赫尔德、施莱格尔的译本以及他高度评价的洪堡对埃斯库罗斯悲剧《阿伽门农》的翻译作为例证。

然而,到了 19 世纪末,德国开始出现另一种趋势。其代表人物认为,译文给读者留下的印象应该与原作在当时给读者留下的印象相同。因此,不存在任何"外国"语言的痕迹。相反,感知的同一性意味着"消费者"对文本的熟悉程度也应相似。为了实现这一目标,译者被认为有权修改原作的某些特征,使之适应新的读者,删除一切与读者的感知"不和谐"的内容,用更熟悉、更普通的现象取代陌生和难以理解的内容。

---

① Жирмунский В. М. Гёте и русская литература. М. , 1976. C. 133.

这种趋势在古典语文学家**乌尔里希·冯·维拉莫维茨-默伦多夫**(1848—1931)的著作中表现得最为明显,他于1891年发表了一篇题为《翻译是什么?》(«Что такое перевод?»)的文章。在谈到默伦多夫时,翻译史学家往往会回忆起他为了证明自己的观点而做出的有些不同寻常的尝试:维拉莫维茨-默伦多夫认为,文艺翻译,尤其是诗歌翻译的目标主要是通过选择能产生与原作相同印象的手段来实现的,他将德国文学经典(歌德、席勒、海涅)翻译成古希腊语和拉丁语,以便在古代和德国之间建立具体的对应关系。①

维拉莫维茨-默伦多夫强烈反对模仿"外国"著作,他将洪堡的遗产,尤其是被视为典范的《阿伽门农》的译本作为主要批评对象。维拉莫维茨-默伦多夫对这位杰出语言学家的人格深表敬意,并尊重他的意图,但他认为后者的译本是完全失败的。他指出洪堡的文本首先不是用德语写成的,也不是用诗歌写成的,其次,如果没有希腊原作就无法理解,最后,他证明了洪堡对原作存在误解。②

维拉莫维茨-默伦多夫将自己的观点总结如下。译者应摒弃"文字"而遵循"精神",也就是说,译者的主要关注点不应是对单个词语和表达方式的翻译,而应是对原作思想和情感的吸收和传达。在他看来,每次翻译都是一种旅行,在这种旅行中,装束被更新,但思想被保留,或者更准确地说,是灵魂被保留,躯体被更新,即类似于灵魂的迁徙。在语言方面,维拉莫维茨-默伦多夫认为,将作品翻译成德语,就是用德国伟大作家的语言和风格进行写作。

将维拉莫维茨-默伦多夫的观点与其对立者蒙森的观点进行比较就可以发现,尽管两人的观点截然相反,但两位作者原则上都承认外语文本语际对等翻译的可能性,只是他们对对等本身的理解截然不同。19世纪末出版的其他关于翻译问题的德国著作则具有折中的特点:一方面,它们包含大量事实材料,对各种翻译类型进行分类,并就某些问题提出实用性建议;另一方面,它们又对整体全面翻译原作的可能性表示怀疑。维拉莫维茨-默伦多夫的同行、古典语文学

---

① 其他国家也有类似的例子(例如,在俄罗斯,可以列举费·叶·科尔什对俄罗斯诗歌经典作家所译的古希腊语和拉丁语版本)。然而,正如专业文献所指出的那样,对这种尝试的结果人们只能信以为真,因为没有任何客观的可能性可以检验这种翻译会给古希腊或古罗马人留下什么印象。俄罗斯杰出的语言学家亚·阿·波捷布尼亚对这种可能性持怀疑态度,他认为,除极少数情况外,任何将现代诗歌翻译成古代语言的做法都会看起来像歪曲或模仿。

② 19世纪末,许多对洪堡更加赞许的作家也表达了类似的观点。例如,他的传记作者海姆指出,尽管译文准确无误,但看起来很不自然,给普通读者的印象就像是用德语字母改写的希腊文。

家*布拉斯*的论点就是这方面的典型代表。在考虑翻译中出现的两难问题时,这位作者指出,想要保留原作的民族风格,就不可避免地会导致原作的扭曲,因为译文读者在阅读时会感到一种外来的元素,而这种元素对原作读者来说是缺失的。因此,这种外来元素必须由某种类似物来替代,例如,这种类似物在现代德国读者心目中产生的印象与原作在古代读者或听众心目中产生的印象相同。但是,由于不可能精确地确定这种印象,因此,尽管做了各种努力,还是不可避免地会丢失一部分对原作的印象,同样不可避免的是,译文中也会引入一些与原作的原始印象不一致的东西。另一方面,完全摒弃民族独创性将会导致原作个性的丧失,即再次导致对原作的扭曲。因此,布拉斯指出,遵循原作的民族特征或拒绝原作的民族特征都会导致翻译问题无法解决,布拉斯只能建议译者避免片面地将一种或另一种方法绝对化,根据翻译的目的和任务以及自己个人的喜好,在更大程度上坚持其中一种方法。

最后,在这一时期,对否定能用另一种语言再现原语文本,尤其是文艺文本的怀疑声音不绝于耳——从"谁翻译,谁就会混淆""翻译是理解的死亡"等箴言到扎实的专著,其中包括*凯勒*于 1892 年出版的作品《翻译艺术的边界》(«Границы искусства перевода»)。这部著作试图证明,只有逻辑的判断(即其内容)可以在不同语言之间进行转换,而表达形式(美学方面)原则上是不可复制的。因此得出结论:只有在逻辑和内容方面占据主要地位的科学著作中,才可以谈得上真正意义上的翻译;在制定了严格定义的国际科学术语下,在原作和译作之间建立毫不含糊的对应关系,排除任何歧义的条件下,这样的翻译才是可能的,也是必要的。至于所谓的文艺翻译,实质上不过是对无法复现的原作的伪造。洪堡关于"民族精神"的特殊性以及与之密不可分的"语言精神"的概念是解释这种现象的基础(不过,如上所述,在翻译领域,这位伟大的德国语言学家的观点已经发生了重大调整)。换言之,凯勒认为,不同的语言并不只是单一内容的不同指称系统。相反,尽管所有人都能看到同一个外部世界,但不同语言的使用者所看到的外部世界并不相同。由于外在方面和内在方面(洪堡认为是外在形式和内在形式)之间存在着密切联系,因此对同一物体的指称不仅在声音外观上不同,而且在意义上也不同,也就是说,在谈论同一事物时,不同的语言所表达的内容并不相同。

德国哲学思想的代表人物也没有忽视翻译问题,他们试图将翻译的原则和方法与整个社会的精神文化状况联系起来。*弗里德里希·尼采*(1844—1900)

尤其具有这种倾向,他认为,我们可以通过观察某个时代对过去作品的翻译和解释方式来判断该时代具有的历史感的程度。

6. 法国浪漫主义与翻译的发展

虽然在整个 19 世纪,德国一直被认为是欧洲翻译的中心,但与浪漫主义传播相关的新趋势并不局限于德国。即使在"完善原作"传统尤为浓厚的法国,文艺翻译本身在文学进程中处于与德国不同的边缘地位,但浪漫主义者的活动导致了重大转变。

值得注意的是,*普罗斯佩·梅里美*(1803—1870)在出版其著名的《古兹拉》(《Гузла》)时,将其标榜为一部歌曲集,声称这些歌曲是在达尔马提亚、波斯尼亚、克罗地亚和黑塞哥维那收集的①。他认为有必要指出,法国对外国作品的兴趣与日俱增,尤其是那些形式不同于法国读者所熟悉的作品。另一位著名的浪漫主义者*杰拉尔·德·奈瓦尔*(1808—1855),翻译了歌德的《浮士德》和毕尔格的《莱诺勒》(《Ленора》);而他的同事*阿尔弗烈德·达·维尼*(1797—1863)则翻译了莎士比亚的《奥赛罗》(《Отелло》)。

弗朗索瓦·勒内·夏多布里昂(1768—1848)以尽可能接近原作的方式再现约翰·弥尔顿的《失乐园》(《Потерянный рай》),为此夏多布里昂甚至放弃了诗歌形式,用散文来翻译这部史诗。这一尝试得到了特别的回应。该译本于 1836 年出版,在英国和法国的期刊上引起了激烈的争论,俄国的普希金针对这一争论做出了回应,对这位法国浪漫主义诗人的作品给予了双重评价。普希金指出:"夏多布里昂尝试逐字逐句地传达弥尔顿的思想,但他的译文无法保持对意思和表达的忠实性。"普希金同时认为有必要特别强调夏多布里昂所举例子的重要性:"现在(这是一个前所未闻的例子!)法国作家中的第一人逐字逐句地翻译弥尔顿,并宣称如果可能的话,逐字逐句的翻译将是他艺术的高峰! 一位法国作家、第一位翻译大师如此谦逊,一定会让倡导纠正翻译的人大为吃惊,并可能会对文学界产生巨大影响。"②

后来,法国开始有越来越多的声音指出,现有的译作最不注重原作的性质

---

① 这个谎言的材料被普希金用来创作《西斯拉夫人之歌》(《Песни западных славян》)。
② Пушкин А. С. Собр. соч. : В 10 т. Т. 6. М. , 1962. С. 232, 226.

和个人风格特点,而在法国,由于对外语的传统性知识掌握较差,因此迫切需要那些能够向读者介绍外国诗歌杰作的翻译。早在 19 世纪下半叶,所谓的"帕尔纳斯派"就在完成这一任务方面发挥了重要作用。他们公认的领袖莱孔特·德·莱尔翻译了大量古代诗歌。法国象征主义者(如夏尔·波德莱尔和斯特凡·马拉美,他们重新创作了爱伦·坡的诗歌)也从事诗歌翻译;同时还出现了理论著作。

7. 19 世纪的英国翻译

尽管在 19 世纪英国文学传统中,翻译的角色和意义远不及德国,但也有许多相似的倾向。19 世纪下半叶,在维多利亚时代(即维多利亚女王统治时期,1837 年至 1901 年),*乔治·纽曼*(1801—1890)提出的观点广为流传,他认为译者应尽可能保留原作的所有特征,越是不寻常的特征越要小心谨慎。著名诗人*罗伯特·勃朗宁*(1812—1889)也表达了类似的观点,他认为只有绝对的直译、准确地表达原作的词语及词序,才能正确地表现原作(尽管勃朗宁规定应避免对英语施加明显暴力)。诗人兼画家*丹蒂·加布里埃尔·罗塞蒂*(1828—1882)也持有同样的观点,他对忠实原作所带来的困难做出了独特的承认:"译者的工作(请务必谦逊地说)是一种不可避免的自我否定。他经常会利用自己时代以及自己语言的馈赠——如果后者是属于他自己的话;经常会有这样或那样的韵律适用于所有形式,但就是不适合作者所选择的形式,有这样或那样的形式适用于所有的韵律,但就是不适合作者所使用的韵律……译者有时准备为音乐性而牺牲思想,有时准备为思想而牺牲音乐性,但是,他不得不对两者进行同样的再创作。有时,译者对原作明显的缺点感到恼火,但他很乐意弥补,为诗人做那些他在创作的时代无法做到的事——但可惜的是,这恰恰不是他的任务!"[①]

为了在译文中反映原作在时间和空间上的距离,英国翻译家与德国翻译家一样,用布朗宁的话说,认为可以使用那些日常不再使用的词汇来表达原作与译文读者之间的距离。同样,与德国的情况一样,他们也未能逃脱当代以及后来评论家的指责,认为他们的译文难以理解,常常晦涩难懂。19 世纪 60 年代

---

① Savory Th. The Art of Translation. London, 1968. P. 51-52.

初,诗人兼评论家*马修·阿诺德*(1822—1888)强烈反对翻译的"纽曼化",主张艺术印象在翻译评价中的决定性作用。阿诺德在其荷马译著中指出,译者既不应相信自己关于古希腊人本身对其作品可能产生反应的想法,因为他有可能迷失在未知的迷雾中;也不应相信不具备适当知识的普通英国读者的意见;最后,也不应相信自己个人的判断,因为个人品位的主观主义会对其产生影响。在阿诺德看来,最恰当的做法是让了解原作语言并能够欣赏诗歌的人来检验翻译的效果。

另一方面,对原作者进行自由诠释(考利和德纳姆称之为"拟作")的传统在英国依然存在,其中明显的例子是*爱德华·菲茨杰拉德*(1809—1883)重新创作的奥马尔·海亚姆的鲁拜(四行诗),勃朗宁称其为优秀的英语诗歌,但绝不是翻译——这种说法让人想起一个世纪前关于蒲柏的言论……

最后,19 世纪的英国文学界也知道,翻译诗歌作品从根本上说是不可能的。最有名的是杰出的浪漫主义诗人*珀西·比希·雪莱*(1792—1822)的格言:试图将诗歌从一种语言翻译成另一种语言,无异于将紫罗兰扔进坩埚,以发现其颜色和气味的基本原理。

文艺翻译的实践也在不断发展。例如,丹蒂翻译了但丁以及其他意大利诗人的作品;诗人兼思想家*威廉·莫里斯*(1834—1896)翻译了冰岛传奇和维吉尔的《埃涅阿斯纪》(«Энеида»);*阿尔杰农·查尔斯·斯温伯恩*(1837—1909)则翻译了法国诗人弗朗索瓦·维庸和泰奥菲勒·戈蒂埃等人的作品。

这些就是上述西欧国家在 20 世纪前所取得的翻译理论与实践的主要成果。

第 9 节　20 世纪的外国翻译思想

1. 20 世纪翻译理论与实践的一般特点

在某种意义上,研究 20 世纪与翻译和翻译思想有关的基本问题,要比分析上文讨论的前几个阶段更为复杂,也更为困难。首先,20 世纪上半叶全球创作的作品数量远远超过了之前所有时期的总和,在我们所感兴趣的领域里尤其如此。即便是简单列举最重要的作品,也足以写一本书。其次,我们与这些作品的创作时间相隔较短,显著增加了公正客观评价的难度——众所周知,"近大远小"。考虑到这些情况,萨沃里在 20 世纪 60 年代早期就指出:"每一位撰写历史的作者都应避免过于接近现代生活,但在这种情况下,现代生活又是如此重要,因此完全忽略它是不可能的。"[1]

自 20 世纪初以来,人们对于翻译及其问题的理论认识越来越感兴趣(如考尔、巴特、肖茨、波斯盖特等人的著作)。第一次世界大战后,这种趋势进一步加强,阿列克谢耶夫在 20 世纪 30 年代初曾指出:"成千上万的翻译大军为读者准备了来自外国文学的文学食粮;译者的头衔变得光荣,他的职业也变得有利可图;通晓外语,再加上敏锐的批评意识和独立的才华就会带来声誉;而享有文学声望的作家也开始重视翻译。"[2]

20 世纪 50 年代开始,翻译活动经历了第二次世界大战事件后的一段低谷,但随后又迎来了新的兴盛时期。在 20 世纪的各种定义中,越来越频繁地出现了"翻译时代"的说法,而这一概念的创立被归功于法国作家、翻译家和翻译理论家*皮埃尔·弗朗索瓦·卡耶*。他积极参与了 1953 年国际翻译家联盟(FJT)[3](Международная федерация переводчиков)的创立,并长期担任该联盟的主席,同时还担任了联盟刊物《巴别》(《巴比伦》)的主编。正是在 1963 年

① Savory Th. The Art of Translation. London, 1968. P. 47.

② Алексеев М. П. Проблема художественного перевода // Сборник трудов Иркутского государственного университета. Т. 18. Вып. 1. Иркутск, 1931. С. 152.

③ 译自法语:Federation Internationale des Traducteurs。

9 月的一次联盟大会上通过了著名的《翻译工作者宪章》(《Хартия переводчика》),其中包含了以下基本原则①:

—— 译文都应忠实于原文,准确地传达原文的思想和形式;遵守这种忠实原则是译者法律上和道德上的责任。

—— 然而,正确的译文不应与逐字翻译混淆,因为忠实的翻译并不排除必要的文字调整,以在另一种语言、在另一个国家中展现原作的形式、氛围和内涵。

—— 译者必须精通原文的语言,更为重要的是,要熟练掌握所译语言。

—— 此外,译者应该知识广博,对所翻译的主题足够了解,不应涉足不熟悉的领域。

除了翻译文本数量的增长之外,特别是在 20 世纪的后半叶,翻译的某些类型呈现出专业化趋势,并且新的翻译形式不断涌现:科学翻译开始扮演越来越重要的角色,各种机器翻译系统也纷纷涌现。

上述情况对翻译思想的发展产生了巨大影响。在 20 世纪 50 年代到 20 世纪 60 年代,翻译研究被正式确认为一门独立的科学学科,拥有了自己的研究对象、结构和方法。与此同时,在 20 世纪,人们越来越多地通过研究语际交流问题来解决更为普遍的科学问题。英国最重要的语言学家之一约翰·福尔斯在 20 世纪 50 年代中期写道:"翻译的存在是对语言学理论和哲学的严峻挑战。我们知道我们是如何翻译的吗? 我们知道我们在翻译什么吗? 如果我们能用严谨的科学术语来回答这些问题,我们就能很好地建立一种新的全面的语言理论,并为哲学普遍化奠定基础。"②

2. 何塞·奥特迦·伽赛特的翻译哲学

西班牙哲学家*何塞·奥特迦·伽赛特*(1883—1955)因其试图对西欧文化的本质进行批判性反思的著作而享誉国际。他于 1940 年发表了一篇相对较短的论文,题为《翻译的缺憾与伟大》(《Нищета и блеск перевода》),在很多方面延续并发展了威廉·冯·洪堡的观点,并且在某些情况下直接对其做出了回

---

① Полный русский текст Хартии переводчика опубликован в книге «Мастерство перевода» (М., 1965).

② Вопросы теории перевода в современной зарубежной лингвистике. М., 1978. С. 35.

应。正如之前提到的,在伟大的德国语言学家的作品中,不仅否定了完整传达原作到另一种语言的可能性,也深入探讨了翻译原则和方法。奥特迦·伽赛特在他的对话式文章中对翻译进行了一种"审判":首先("缺憾"),他扮演了原告的角色,指出了翻译本身的"致命"缺陷,然后("伟大")发表了热情洋溢的辩护词,为翻译的崇高使命及其所扮演的光荣角色辩护(正如一个世纪前许多德国文化名人所做的那样)。

对于我们所关注的现象,"缺憾"可以通过以下原因来解释:

—— 原创作品几乎总是一种对周围现实的独特抗议。要写出好的作品,就必须不断颠覆公认的语法和语言规范,这就需要某种决心以及无畏精神。译者的职业本身就暴露出一种易于屈从的天性,他将不可避免地把要翻译的作者囚禁在语言规范的地牢里,从而背叛于他。

——只有科学著作才能在翻译中更接近原作,因为它们是使用通用术语的"伪语言"写成的,而这种"伪语言"是一种自然语言的代名词,非专业人士无法理解。然而,即使是科学著作的翻译,也存在着相当大的困难(例如,集合论的创建者康托尔使用了德语术语"Menge",其含义比其他欧洲语言中的"集合"一词含义更广)。

—— 即使在科学领域(也许数学、物理学和生物学等领域除外),作者也必须是真正的作家,即以罕见的技巧使用母语,满足两个互不相容的条件:既要让读者理解,同时又要打破语言的常规用法。这样的双重任务对于一般的翻译者来说几乎是不可能完成的。

—— 任何作者的独特风格都在于,一些词语由于微妙的含义变化,与常规含义有所不同。另一方面,每种语言都有自己的语言风格,被冯·洪堡称为"内在形式"。因此,尽管在词典中,不同语言中的两个词可能意义相同,但实际上它们永远不会完全对应同一概念。例如,表示"森林"的西班牙语词和德语词之间在指称上的差异很大,以至于它们能够唤起完全不同的情感和精神共鸣。

由于上述不同,译文就像一种"柔光照片",模糊而不清晰,就像两张不同的人的照片叠加在一起一样。因此,原作作者总是显得有些模糊,甚至有些愚蠢。

上述论点似乎"扼杀"了语际翻译的可能性,而紧随其后的是一些独特的言论:"我非常重视强调翻译的缺陷,特别是确定翻译的困难和不可行性,但这并不意味着要止步不前;相反,我们应该从这个立场出发,努力追求翻译艺术可能取得的辉煌。现在正是宣告'翻译已死! 翻译万岁!'的时刻。现在,我们应该朝着相反的方向努力,正如苏格拉底在这类场合所说的那样,吟诵《派里诺迪亚》。"①

因此,根据奥特迦·伽赛特的观点,宣称翻译不可能并不意味着否认其可能取得的辉煌。相反,正是翻译者所面临的任务的困难性和不可行性使他们的作品具有特殊的高贵性和意义。这种意义首先在于,通过揭示其他时代和民族的秘密,翻译克服了它们之间的敌对分歧,从而使人类团结起来。

这位西班牙哲学家指出,译作不是原创作品,而只是通往原创作品的途径。他强调说,每篇文章都可以有若干种译法,这取决于需要表达其哪些特征。不过,作者本人(此处指施莱尔马赫的论文)认为,"让读者贴近作者",即尽可能保留原作的固有特征,是最有成效的做法。在谈到古代经典的翻译问题时,奥特迦·伽赛特强烈拒绝以任何方式对古代经典进行现代化处理,并认为必须要强调其特殊的异域风情,即使这些风情会给阅读带来困难。奥特迦·伽赛特借用文章中的一个人物之口,建议他的同行们更多地使用母语来再现外语作家的作品:"总的来说,任何作家都不应忽视翻译工作,在翻译自己的作品的同时,也要翻译古代、中世纪和现代的作品。有必要重振这一职业的声望,将其视作一项一流的智力劳动。这样,翻译就会成为一门 sui generis② 学科,在不断改进的过程中形成自己的技巧,奇迹般地扩大我们的认知范围……无论我们选择哪个时代或民族,问题的本质都不会改变。最主要的是,在翻译过程中,我们应该努力超越自己的语言,接近其他语言,而不是像通常所做的那样反其道而行之。有时,尤其当我们面对的是当代作家时,译文除了作为翻译的优点之外,还可以具有一定的美学价值。"③

3. 西欧国家翻译理论的发展

20 世纪中叶,国外翻译研究可分为两方面。一方面,继续探讨外语文学作品在传统文学美学方面的翻译问题,另一方面,翻译被视为跨语言交际过程,其语言学理论迅速发展。同时,这两方面的代表人物所关注的领域在很多情况下

---

① Ортега-и-Гассет Х. Что такое философия? М. , 1991. С. 340. [《派里诺迪亚》(希腊语)——忏悔诗。]

② 拉丁语,指独特的。

③ Ортега-и-Гассет Х. Что такое философия? М. , 1991. С. 352.

是重叠的,基本原则之间的差异通常没有像 20 世纪 50—60 年代苏联作品中那样明显①。例如,西欧最著名的翻译专家之一埃德蒙·卡里于 1956 年在日内瓦出版了《当代翻译》(«Перевод в современном мире»)。该书从文学研究的角度出发,为这种方法的合理性进行辩护,后来他又指出了将文学原则与语言学原则结合起来的可能性。同年法国学者乔治·穆南在巴黎出版了专著《美而不忠的翻译》(«Неверные красавицы»),提出了语言修辞学的方法。同时,穆南强调,译者必须具备最广泛的语文学和文化史方面的综合素养:"翻译外国文本需要两个条件,而不是一个。这两个条件缺一不可,但二者本身都是不充分的:对语言的了解和对与该语言相关的文明的了解(即对以该语言为表达媒介的民族的生活、文化和历史的了解)。要做好翻译,仅仅学习语言是不够的,还必须学习与该语言相关的文化。这种研究不能是肤浅的或随意的,而必须是系统的和根本的……译者仅仅是一位优秀的语言学家是不够的,他还必须是一位优秀的人种志学家,这意味着他不仅要了解语言的一切,还要了解使用这种语言的人的一切。只有这样,他才能成为第八种艺术的大师、魔术师和巫师。"②

法国研究者对可译性概念进行了深入研究,根据要翻译的语言材料的特定性对其进行了区分,同时注重对翻译的"辩证"(即动态)理解,这要求考虑与历史变迁相关的因素,包括周围现实的发展、原语和译语的演变,以及二者之间的交流与互动过程:"研究从俄语翻译成法语的可译性问题,应该或者将会考虑到这两种语言(从纯粹的描述性语言学角度来看)的比较类型学;但是,必须考虑到这两种语言之间的整个交流历史:1960 年将俄语译成法语与 1760 年(甚至是1860 年)将俄语译成法语完全不同,当时还没有一部法俄词典(1786 年),那时的语言交流非常有限。从 18 世纪开始,每一个新的俄语译本、每一次旅行都会带来俄语和法语之间新的共通情境,每一次新的交流都有助于阐明后续的交流,直到最终屠格涅夫、托尔斯泰、陀思妥耶夫斯基在法国的受欢迎程度达到巅峰,覆盖了数百万法国读者,从而非共通情境(无论是语言内的还是语言外的)之间的差异程度每次都在降低。"③

---

① 参见 20 世纪俄罗斯翻译发展的主要趋势一节。

② Перевод — средство взаимного сближения народов. М. , 1987. С. 137, 141.(作者通过类比中世纪的"七种自由艺术"体系——语法、修辞学、辩证法、算术、几何学、天文学和音乐,将翻译定为第八种艺术。)

③ Федоров А. В. Основы общей теории перевода. М. , 1983. С. 118.

在英国作家的作品中,直到今天,可能最受欢迎的莫过于*萨沃里*在 20 世纪 60 年代创作的著作《翻译艺术》(«Искусство перевода»)。该书的作者提出了一些对于理论家来说相当不寻常的论断,这引起了人们的注意:"事实上,并不存在普遍适用的翻译原则,因为那些有资格提出这些原则的人不仅从来没有达成共识,相反,他们之间时常发生矛盾,以至于给我们留下了整整一卷相互排斥的思想——在任何其他文学领域都很难找到类似的现象。"①萨沃里将这些观点概括为以下对立体系:

1. 译文应传达原作的文字。

2. 译文应传达原作的思想。

3. 译文应该读起来像原作。

4. 译文应该读起来像译作。

5. 译文应反映原作的风格。

6. 译文应体现译者的风格。

7. 必须译成与原作同时代的作品。

8. 必须译成与译者同时代的作品。

9. 译者有权在原作中增减内容。

10. 译者无权增减任何内容。

11. 诗歌应翻译为散文体。

12. 诗歌应翻译为诗歌体。②

与此同时,作者认为,译者在着手翻译外语文本之前必须回答三个问题:

1)作者说的内容是什么?

2)作者说的是什么意思?

3)作者到底是怎么说的?

翻译的要求和评价标准将由这几个问题决定,因为不同种类的翻译会有不同的具体要求。需要指出的是,这本书具有相当广泛的事实材料,通俗易懂,不仅专家们觉得有趣,而且对更广泛的读者群也同样有吸引力。

与萨沃里的作品不同,在大约同一时期出版的*约翰·卡特福德*的《翻译的语言学理论》(«Лингвистическая теория перевода»)完全偏重于语言学问题,这

---

① Savory Th. The Art of Translation. London, 1968. P. 49-50.

② Savory Th. The Art of Translation. London, 1968. P. 49.

正如书名所示。该书将翻译定义为"用等效的译语(ПЯ)文本材料替换原语(ИЯ)文本材料"①。谈到等效性时,应区分文本等效性和形式对应性。在第一种情况下,译语的文本或部分文本在特定情况下被标记为原语文本的等效替代物;在第二种情况下,译语的任何单元在文本中所占的位置与原语相应单元在文本中所占的位置大致相同,即视为等同。然而,卡特福德同时也指出了这一概念的某种假定性:"既然每种语言最终都 sui generis②,那么它的范畴就只能由语言本身的内在关系来定义——显然,形式上的对应关系总是近似的。"③

对于德国的翻译研究,其最显著的特征之一是对翻译理论和实践历史方面的关注,尤其是在德国本土以及传统上被归类为"西方文明"的国家。在 20 世纪 60 年代,*汉斯·斯托里格*的《翻译问题》(《Проблема перевода»)(Das Problem des Übersetzens, Stuttgart, 1963 年)问世,这本书涵盖了从古代到 20 世纪中叶的各个时期(虽然主要是以德国作家为代表)。*理查德·克莱普夫*于 1967 年出版的《文学翻译理论》(«Теория литературного перевода»)一书,以及斯顿、威滕霍夫等人的著作,对研究翻译历史问题也起到了重要作用。在理论研究方面,*凯瑟琳娜·莱斯*在 20 世纪 70 年代初的著作《文本分类与翻译方法》(«Классификация текстов и методы перевода»)引起了人们(包括俄罗斯翻译专家)的关注,这是对苏联语言学派翻译理论奠基人费多罗夫提出的翻译材料体裁风格分类法的一种论战性回应。莱斯提出,根据德国语言学家比勒的理念,语言有三种功能——描述、表达和感召,因此应区分出相应的文本类型:

1)以内容为导向(科学、信息、商业等)的文本;

2)以形式为导向(文学作品)的文本;

3)以感召为导向(布道、广告、论战等)的文本。

除了前面提到的种类之外,还有第四种,即音频媒体文本。这种文本除了语言本身表达之外,还需要语言以外(技术、声学和光学)的表达形式——例如广播、电视等。若原始文本的类型不同,进行跨语言转换的方法也会有所不同。第一类文本必须从内容角度出发,即译文的评价取决于它在多大程度上保留了原作的内容和信息。作者认为最重要的原则是,译文的语言构成完全以译语为准,其规则和规律应该由译者来主导。第二类文本则相反,以形式为导向的前

---

① Вопросы теории перевода в современной зарубежной лингвистике. М., 1978. С. 91.

② 拉丁语,指固有的特性。

③ Вопросы теории перевода в современной зарубежной лингвистике. М., 1978. С. 198.

提是在译文中保留原始文本的形式,而语言构成已由原始语言确定。

第三类文本(以感召为导向)的翻译首先以保留原语文本的超语言学目的和超文学目的为前提,也就是说,在评价译文时,关键问题是译文是否包含相同的感召,是否能够产生与原作者相同的影响。在翻译第四种类型的文本时,"影响"因素(对听众的影响)也起着决定性作用。与前一类文本(即以感召为导向的文本)的翻译相比,第四类文本在形式和内容上与原作有更大的偏差。应该指出的是,这种分类法遭到了费多罗夫本人的反对,他指责分类法的创建者从根本上剥夺了内容与规范之间的联系。这位俄罗斯最著名的翻译理论家指出:"实际上,内容与形式构成一个整体,它们并不相互分离,只是以不同的方式相互联系,文本体裁和风格的独特性就在于这种关系的性质;假定可能存在不以内容为导向的文本,这也是不可接受的:后者在科技文献、文艺作品、社政文献以及新闻报道中都很重要。"①

20世纪70年代,荷兰和比利时的翻译理论问题开始受到关注,这两个国家涌现出一系列与我们感兴趣的领域相关的作品,作者来自不同的国家②。因此,*霍姆斯*提出的翻译类型分类法引起了一定的关注,他建议将翻译分为四种类型:

1)保留原作形式(尽管不可能完全一致)的翻译;

2)在目标文化中扮演与原文化相似功能的翻译(即形式相似、效果相同的翻译);

3)自由的翻译,以新的方式表达原语文本的思想;

4)准翻译文本,其功能与原作的功能完全不同,仅在某些方面与原作保持相似。

同时,作者拒绝对这些方法中的每一种(被认为是相互排斥的)进行评价,但他同时指出,每一种方法都会为译者提供某些可能性。

霍姆斯的同行*列斐伏尔*提出了另一种分类,主要针对诗歌文本:音韵翻译,突出显示同源词之间的关联,传达音韵但模糊了意义;直译,传达意义但降低了文本的艺术价值;等韵翻译,重新呈现了原作的音韵,但扭曲了句法结构和意义;散文翻译,保留了原作的意义但剥夺了诗意;韵脚翻译,歪曲了词义导致冗

---

① Федоров А. В. Основы общей теории перевода. М. , 1983. С. 206.

② 详见:Чайковский Р. Р. Реальности поэтического перевода. Магадан, 1997.

长和乏味;白话诗翻译,保留了内容和文学水平,但由于其特殊的格律,可能使文本变得冗长和笨拙;翻译-诠释,包括一些解释原作主题的译本和模仿,旨在使其更易于理解。

4. 东欧国家的翻译思想

在描述我们感兴趣的东欧国家相关领域的现状时,首先需要指出的是,在几乎四十年的时间里(从 20 世纪 40 年代末到 80 年代末),苏联的翻译理论和实践对这里的发展产生了重要影响(尽管不同时间和不同国家的影响程度可能有所不同)。与此同时,许多国家在本国传统的基础上,结合苏联和其他外国的经验,进行了原创性的研究。例如,捷克作家 *吉里·列维* 的著作《翻译艺术》(«Искусство перевода»),在作者去世后被翻译成了德语(1969 年)和俄语(1974 年),引起了广泛的关注。该书的作者倾向于在广泛的历史和文学背景下探讨翻译问题,而不仅仅局限于传统的"译作-原作"模式。吉里·列维认为,在分析某一翻译作品时,必须考虑它在接受文学中获得的反响,需完成的任务,然后基于这些因素确定选择该文本及其翻译方法的原因。与此同时,在解决一系列问题时,吉里·列维依赖于 20 世纪 20 至 30 年代世界语言学的主要趋势之一——布拉格语言学派的方法论指导,并强调:"我们这本书的翻译方法从根本上说是结构主义的。"[1]

作者将跨语言转换过程分为三个阶段:理解原作、解释原作以及最后的重新表达。"翻译工作的目的是理解、保留、表达原作(信息),而不是创造一个没有原型的新作品;翻译的目的是再现。在翻译过程中,一种语言素材被另一种语言素材所取代,由此可见,译者自己用母语重新创作了所有文艺作品;因此,在语言领域,翻译是一种真正的原创艺术。"[2]综上,可以说存在着两个准则:再现准则(忠实、理解的标准)和艺术性准则(美的标准),二者的具体关系取决于所译文本的特点。

因此,作者的目标主要在于从主要文本与次要文本之间功能对应的角度来考虑译法(提醒一下,对语言功能方面的高度关注正是布拉格语言学派的标

---

① Левый И. Искусство перевода. М., 1974. С. 48.

② Левый И. Искусство перевода. М., 1974. С. 90.

志)。吉里·列维指出:"我们是用语言学术语'功能性'还是用美学术语'现实主义'来称呼我们的基本立场,取决于我们赋予这些术语的内容。我们所要考虑的完全不是'作品本身',而是其对感知的价值(即作品要素的区分性功能或社会功能);我们不再坚持译作读者要与原作读者有相同的收获,而是要求译作和原作在原作读者和译作读者之间的文化历史关系体系中发挥相同的功能,我们将根据功能相似性或类型化的要求,从部分必须要服从于整体出发。"①

在吉里·列维的著作中,基于上述观点,对翻译的一般问题以及与特定文学体裁(如戏剧、诗歌等)相关的专业问题进行了详细分析,这使得这本书对翻译研究领域的专家和实践者都非常有用。

德意志民主共和国(1949—1989 年)②也对翻译问题进行了探讨,尤其是在其成立的最初十年,苏联翻译研究的影响尤为显著。1954 年,*阿尔弗雷德·库雷拉*在东德翻译家大会上发表了题为《翻译理论与实践》(«Теория и практика перевода»)的专题报告,他呼吁同行们借鉴苏联在翻译理论与实践方面的经验(以及德国新老翻译家的成就)。报告还着重强调了必须明确翻译在文学发展过程中的作用和地位。库雷拉认为:"翻译不是简单的复制,不是一种手艺,不是语言学的一部分,而是一种文学创作……译者是作家,是艺术家,也应该被视为作家和艺术家,并承担由此产生的一切后果。"③因此,在为翻译理论的文学方法辩护时,报告者提出了"内容高于形式"的原则,并提出了一个乍看之下有些自相矛盾的立场:"通常人们说,译者 1)必须懂外语,2)必须了解现实,3)必须能用自己的语言写作。但在库雷拉看来,事实恰恰相反——译者应该 1)流利并富有创造性地掌握母语,2)对现实有详细准确的了解,3)对所译文本的语言有深刻理解。译者在理论和实践上流利地掌握一门外语是非常可取的,但也可以通过各种途径补充自己的知识。因此,他认为了解外语只是译者工作的第三个条件。"④

与他的苏联同行、"现实主义翻译"理论的创始人卡什金相似,库雷拉认为,译者与原作者之间的联系是客观现实:"文学作品的素材、主题、情节、事件背后

---

① Левый И. Искусство перевода. М.,1974. С. 48.

② *译者注*:根据中华人民共和国外交部网站公布的信息,德国于 1990 年 10 月 3 日实现统一。因此,德意志民主共和国的存在时间应定为 1949 年至 1990 年。网址:http://bbs.fmprc. gov. cn/gjhdq_676201/gj_676203/oz_678770/1206_679086/1206x0_679088/.

③ Перевод — средство взаимного сближения народов. М.,1987. С. 109.

④ Перевод — средство взаимного сближения народов. М.,1987. С. 117.

的现实是原作及译作的基础。"①同时,他也提到了对原文可能有多种解释的问题:"我同意这样的观点,即同一个文学艺术文本可以用不同的方式翻译成同一种语言,尽管翻译都完全符合条件。这种不同翻译的可能性是无条件的:在同一城市、同一时间,可能会出现价值完全等同但又不尽相同的译本。"②然而,作者并未对这个问题进行详细讨论。

库雷拉关于翻译语言方面的观点与德国翻译传统的重要代表人物如洪堡和施莱尔马赫的论述有一定的连续性:"通常,对于翻译的最高评价是认为译文读起来不像翻译。我从未认为这样的赞美是最高的……译者不仅有权利,而且有责任考虑丰富本国语言的可能性……他必须遵守语法、词汇和句法的规范,但要将原作中所有能够再现而不破坏语言结构的内容转换到我们的语言中。这一原则适用于词汇和句法结构。"③

如果库雷拉的报告总体上是从传统文学研究的角度撰写的,那么他的同胞*奥托·卡德*的研究特点是希望从交际理论的角度,即主要从语言学的层面来考虑跨语言转换的问题。与此同时,他的作品倡导所谓的"宏观语言学"方法,即翻译作为一种特殊的言语活动,应考虑到它在语言和语言外(主要是社会)方面的相互作用。

在 20 世纪 70—80 年代,保加利亚的翻译研究变得异常活跃。首先,我们应该提到*锡德尔·弗洛林*和*谢尔盖·弗拉霍夫*的著作《翻译中的不可译》(«Непереводимое в переводе»),该书在苏联出版了两版。在这本书中,作者结合大量实际案例,研究了原语言中没有直接对应译文的单位(例如实词、短语等)的翻译问题。另外,弗洛林的畅销书《翻译的折磨》(«Муки переводческие»)以富有趣味性的方式,根据自己丰富的经验讲述了翻译工作的特点。在翻译研究方面,安娜·利洛娃的《普通翻译学导论》(«Введение в общую теорию перевода»)一书也值得关注。这本书受到了苏联翻译研究的影响,特别是受到了费多罗夫的著作中的翻译问题的影响。在谈到翻译理论作为一门学科的"部门"归属之争时,作者指出将文学方法与语言学方法对立起来是不合理的,同时坚持这一理论的独立地位:"任何将一种方法与另一种方法对立起来的答案都是片面且毫无根据的。翻译理论绝不是一门语言学或文学学科,

---

① Перевод — средство взаимного сближения народов. М. , 1987. С. 115.
② Перевод — средство взаимного сближения народов. М. , 1987. С. 119.
③ Перевод — средство взаимного сближения народов. М. , 1987. С. 124.

而是一门独立的科学学科……它必须独立或与其他学科合作研究翻译的方方面面,同时,如果它要发展,就必须找到自己的方法、自己的概念或分类工具以及自己的方法论工具。"[1]

因此,根据利洛娃的说法,在这种理论的研究对象方面,"它包括各种翻译所固有的一般规律,对翻译性质、本质、原则、目的和意义的系统研究;对翻译进展的研究;翻译理论的主题还包括将原作转换为另一种语言的等值性(等效性)问题;确定翻译在各民族和全人类发展中的历史作用;翻译与其他形式的精神活动的关系;对语言(双语)交际的分析。普通翻译理论的主题还包括将翻译作为一个统一的系统进行研究,并确定其各种形式、类型和体裁的基本原则。不可能存在只适用于一种翻译类型或体裁的、不考虑也不研究个别类型或体裁具体情况的普通翻译理论"[2]。在这一时期,其他东欧国家(如波兰、南斯拉夫等)也进行了翻译问题的研究,并出版了许多关于翻译及其他方面的著作。

5. 美国的翻译研究

在 20 世纪 50—60 年代,美国的翻译理论得到了积极发展,涌现出一系列专门探讨跨语言交流问题的专著、文集等。20 世纪最杰出的语言学家之一*罗曼·奥西波维奇·雅各布森*(1896—1982),强调了翻译在解决语言学中最关键问题上的重要性,并专门撰写了《论翻译的语言学问题》(«О лингвистических аспектах перевода»)一文,指出如果不将语言符号翻译为同一系统或其他系统的符号,语言科学就无法解释任何语言现象。他强调:"任何两种语言的比较都必须考虑它们之间的互译性。广泛的跨语言交流实践,尤其是翻译活动,必须受到语言科学的密切关注。"[3]雅各布森将意义本身定义为转化为另一种具有多种形式的符号:

1)语内翻译(再命名),即通过使用同一种语言的其他符号对语言符号进行解释;

2)语际翻译(纯翻译),即通过另一种语言的符号对语言符号进行解释;

3)符际翻译,或人工语间的翻译,即通过非语言符号系统对语言符号进

---

① Лилова А. Введение в общую теорию перевода. М. , 1985. С. 42.

② Лилова А. Введение в общую теорию перевода. М. , 1985. С. 43-44.

③ Якобсон Р.О. Избранные работы. М. , 1985. С. 363.

行解释。

这种分类方法(可能经过一些修改)几乎已经在大多数翻译研究中被广泛接受①。

在语言交际理论和实践的发展中,尤金·奈达及其同事在美国及其他地区的工作在这一时期扮演了重要角色。在这个背景下,研究者指出了影响翻译方法选择的三个主要因素:

1)信息的性质;

2)作者的意图以及由此产生的译者作为其代理人的任务;

3)受众的类型。

基于这些因素,奈达提出了他理念的核心观点:"自然翻译必须满足:

1)译语及其整体文化的要求;

2)特定信息的上下文;

3)译文的受众。"②

语言因素与文化因素之间缺乏直接的平行关系,因此我们可以区分以下几种情况:a.原语和译语与它们对应的文化相对接近(如希伯来语和阿拉伯语);b.文化虽然平行发展,但语言之间并无亲缘关系(如德语—匈牙利语,瑞典语—芬兰语);c.两者都不存在(如英语—祖鲁语);d.尽管存在语言亲缘关系,但文化差异仍然存在(如印地语和英语)。作者强调,"文化的差异比语言结构的差异所造成的困难要大得多"③。

据上述观点,奈达提出了将翻译任务区分为"旧"观点和"新"观点。根据这位美国语言学家的主张,第一种观点主要关注信息的形式,认为其主要目标是再现原作的文体特征,例如韵律、节奏、文字游戏和特殊结构。第二种观点则更注重受众的反应,并将其与熟悉原作文本的原受众的反应进行比较。因此,区分出了"形式"对等(以信息为导向)和"动态"对等(以感知者为导向)。这位美国研究者认为,在某些情况下,采用"形式"对等进行的翻译更有价值(例如专为语言学目标而翻译的语言文本),但他显然更倾向于"动态"对等。因为根据"动态"对等,对译文正确性问题的回答首先取决于译文受众的普通读者对译文的理解程度。这意味着,如果翻译满足了相应受众的需求,那么多种翻译的存

---

① 参见本书引言中"翻译的本质与种类"这一部分。

② *Вопросы теории перевода в современной зарубежной лингвистике*. M., 1978. C. 129.

③ *Вопросы теории перевода в современной зарубежной лингвистике*. M., 1978. C. 121.

在不仅是可以接受的,而且必须被视为"正确的"。基于这一前提,奈达坚持认为,为了保留信息的内容,必须改变信息的形式,而这种改变可能会对原语文本的性质产生非常大的影响。

在美国的翻译研究中,诗歌翻译的特殊问题也备受关注,柴可夫斯基的著作特别对此进行了详细论述。在这方面可以提及诗人兼翻译家*罗伯特·布莱*1991年出版的《翻译的八个阶段》(«Восемь ступеней перевода»)一书。该书试图确定译者从初识原作到用译语再现原作所经历的各个阶段(需要说明的是,实际上很难明确区分这八个阶段,因为它们相互交织在一起)。第一阶段是逐字逐句地编制译本副文本,在这一过程中不可避免地会失去诗歌文本的真正含义。第二阶段是对原作进行明晰,这意味着理解由原始语言和相关民族文化所决定的那些方面的内容。正是在这一阶段,最终确定是否进一步将原作翻译成译语。第三阶段是根据后者的要求对译本副文本进行处理,即对原作进行某种"真实意义的还原"。第四阶段是美国翻译文化的特殊阶段,包括将译文"美国化",使其具有原作固有的活力和生动性。第五阶段的主要任务是捕捉并再现原作的个性特征、意境和灵气,这需要高超的文体技巧。第六阶段是捕捉诗歌的音韵,为此建议背诵原作,并自诵或向他人朗诵,以便更充分地捕捉原作丰富的音韵和节奏。第七阶段(这一阶段给译者,尤其是初译者带来了很多挑战),译文由一位精通两种语言的读者来检查,他以原语言为母语,因此几乎总能发现译文中的错误和不准确之处。在最后阶段,即第八阶段,译者要重新审阅自己翻译的所有版本,避免遗漏任何已提出但未纳入最终文本的优点。在这一阶段,最好还能熟悉作品的其他现有译本及其注释(如果有的话),然后再创建自己的最终版译文。

更早之前,即1988年,拉斐尔(Б. Раффел)撰写了一本名为《译诗的艺术》(«Искусство перевода поэзии»)的专著,专门探讨了这个问题。作者指出,由于不可能存在两种完全相同的语言,因此,任何在一种语言中创作的信息都无法通过另一种语言的手段完整再现,因为译语中不会重现原语的语音、句法、词汇和韵律特征,以及那些受制于历史发展和使用该语言的民族文化的特征。然而,尽管跨语言的"无遗留"传达是不可能的,但创作出一个满足受众("好的")的翻译是完全可行的。在这方面,拉斐尔区分了四种主要类型的翻译:准确翻译、解释性翻译、自由翻译和模仿翻译。准确翻译通常由学者完成,对他们而言,最重要的是精确再现诗歌形式,使读者熟悉原作的思想、社会和哲学导向,以及其中包含的历史事实。但是,在这里,艺术性被牺牲掉了,取而代之的是忠实性。解释性翻译针对广泛的读者群,本质上是对原作的近似传达,允许缩减和省略。这种版本的创作者最初就认为完全传达原作是不可能的,因此读者得到的是译者对原作的理解。至于自由翻译,它是一种扩展性和解释性的翻译,对原作做了大幅改动(尽管作者认为采用这种方法的译者相对较少)。最后一种是模仿翻译,拉斐尔不倾向于将其视为严格意义上的翻译,因为这更像是原创作品,而不是翻译别人的作品。总的来说,该书作者认为译者的责任主要是保留被翻译文本的美学价值。

以上是关于国外翻译传统和翻译研究传统发展的要点。现在让我们来看看俄罗斯文化领域中的翻译情况。

俄罗斯的翻译家们处于相当有利的地位。俄罗斯的翻译文学非常丰富;我们国家文学的最富才华的代表人物都曾担任过翻译工作;俄罗斯文学以其众多的翻译作品而引以为傲。历史条件使我们对外国神话和生活产生了浓厚的兴趣,并且我们具备相对轻松地吸收外国语言文化的能力。

—— 阿列克谢耶夫院士

第二章 俄罗斯的翻译历史和理论

第 1 节 古俄罗斯文化与翻译艺术

1. 基辅罗斯的翻译活动

基辅罗斯通常被认为是一个东斯拉夫国家,兴起于 10 世纪至 11 世纪初,一直存在到蒙古-鞑靼入侵(13 世纪)之前。与中世纪欧洲的大多数其他国家一样,严格意义上的书面文学的出现与弗拉基米尔大公统治时期对基督教的接受有关(公元 988 年)。由于当时已经存在了大量译自希腊语的古斯拉夫语(教会斯拉夫语)文学作品,所以古罗斯就接受了其他斯拉夫国家,首先是保加利亚的现成的、成熟的翻译作品。这是因为,一方面,用教会斯拉夫语写成的书籍是表面上的外语书籍,由于与东斯拉夫人的语言相近,能够被东斯拉夫人所理解;另一方面,教会斯拉夫语在基辅罗斯的俄语抄本(异文)中被用作文学语言。有时,关于作品确切的翻译地点——在基辅罗斯还是在基辅罗斯之外——这一问题无法明确解决,特别是因为保加利亚抄写员可以在基辅罗斯工作。在这种情况下,我们能够谈论的是东正教世界中斯拉夫民族翻译文学的统一集合(就像中世纪西方的拉丁语译作一样)。

许多研究者一再指出斯拉夫语翻译传统的重要性。奥尔洛夫院士写道："……这些外国的译本对俄罗斯发挥了巨大作用,尤其是在俄罗斯文学的起步阶段,它们教会了俄罗斯斯拉夫文学语言,成为俄罗斯的叙事指南,为俄罗斯独立开展翻译活动提供了条件。外语新闻出现后不久,俄罗斯文士也开始检验自己的实力:一部分人将外国译本的叙事本土化,按照现代的要求对其进行修改,一部分人模仿外国的小说,从中提取情节、思想或诗意形象用于自己的著作中。"[1]正是由于翻译,许多以前不存在的宗教、哲学和科学的概念进入了包括古俄罗斯民族在内的各斯拉夫民族的意识中。最后也不应忘记,由于斯拉夫文学的主要源头是拜占庭,而绝大多数译本都是从希腊语翻译过来的,因此古俄罗斯的读者能够在一定程度上通过基督教的解释间接接触到古代遗产。

在基辅罗斯,翻译文学以其相当丰富的体裁多样性而著称。对于古俄罗斯文化的进一步发展,尤其是俄罗斯编年史的形成,拜占庭编年史的译本发挥了重要作用,尤其是《乔治·哈马托洛斯编年史》(«Хроники Георгия Амартола»)和《约翰·马拉拉斯编年史》(«Хроники Иоанна Малалы»)[2]。第一部作品以基督教精神阐述世界历史事件,着重介绍教会历史。相比之下,第二部的风格更为简洁,包含一些古代神话和罗马历史事件,主要涉及拜占庭的历史。除了这些,还有一些世俗化的文学作品,尽管其中穿插着宗教启示性教诲,叙述部分源自叙利亚的史料,以及基督教版本的佛陀传奇故事《智者阿基尔的故事》(«Повесть об Акире Премудром»)、《贝拉姆与约瑟伐特》(«Повесть о Варлааме и Иоасафе»)等。《狄吉尼斯的事迹》(«Девгениево деяние»)则是一部独特的骑士小说,是一部拜占庭史诗性的散文译本,讲述的是勇士狄吉尼斯·阿克里特的故事。在基辅罗斯,人们也熟知伪卡利斯提尼的《亚历山大传奇》(«Александрия»),该书被认为是亚历山大大帝的真实传记,而非虚构小说。最后,我们还有一些自然科学(按当时理解的标准)内容的文学作品——《牛理学家》(«Физиолог»)和《六日》(«Шестоднев»),提供了关于周围世界和人类自身的信息,尽管除了真实生物以外,还描述了一些虚构生物——独角兽、半人马

---

① Орлов А. С. Переводные повести феодальной Руси и Московского государства XII – XVII веков. Л., 1934. С. 3.

② 乔治·哈马托洛斯(亦称为罪人)是9世纪的拜占庭修士;他的《编年史》分为4卷,涵盖了自创世纪到9世纪初的事件。约翰·马拉拉斯是叙利亚人,生活在公元6世纪下半叶;他的《编年史》分为18卷,涵盖了从埃及的传奇历史到拜占庭帝国皇帝查士丁尼一世(483—565年)统治的最后几年。

等。拜占庭商人科斯马斯·印第科普洛夫的游记《基督教世界风土志》（«Христианская топография»）在基辅罗斯也广受欢迎。他在 6 世纪上半叶访问了东方国家——阿拉伯、埃及、埃塞俄比亚。此外，据研究人员称，上述大部分作品以及其他一些作品都是在基辅罗斯进行翻译的。

根据俄罗斯最早的编年史《往年纪事》（«Повесть временных лет»）的记载，基辅大公*智者雅罗斯拉夫*（于 1054 年逝世）在促进启蒙和翻译活动方面发挥了重要作用。他"召集了许多抄写员，将希腊语抄写成斯拉夫语……用文字播种忠诚人民的心田"①。

在专业文献中，关于斯拉夫译者的工作方法和他们翻译的质量并没有得到明确的解答。大多数研究者指出，古代书写者倾向于逐字逐句地翻译外语文本。在这里，我们需要考虑到作品的类型以及翻译的传统。一方面，神圣的作品，必须比世俗文学更严格地遵循原文②，另一方面，东斯拉夫译者的工作方法表明，他们可能比保加利亚的书写者更少受到原文本的限制。在这方面，特别值得注意的是基辅罗斯版本的《犹太战争》（«История иудейской войны»）。这部作品是由 1 世纪的犹太历史学家约瑟夫斯（约瑟夫·本·马塔提亚）用希腊语写成的。作者曾参与犹太人反对罗马统治的起义，后来又投降了罗马人，描述了起义的经过，以及罗马人如何攻占并摧毁了犹太圣城耶路撒冷。约瑟夫斯的作品具有许多文学上的优点，这给翻译带来了相当大的挑战。古俄罗斯的翻译者为了让读者更容易理解和阅读这个文本，在许多情况下改变了希腊语文本的语序，引入了一些日常生活元素，展开了对战斗情节的描写，并用对话形式取代了叙事性和间接性语言。他还大量使用了希腊语文本中没有的比喻手法（如隐喻、对比等），并采用了译语的成语性语词。译者的自然描写比作者本人的更为生动且丰富多彩，而且他还运用了对话式的语言组织方法、节奏-语句切分方法等。对其他一些古代文献也是如此，它们可以被删节，也可以通过插入其他作品进行补充等。

---

① Памятники литературы Древней Руси. XI – начало XII века. М. , 1978. С. 166.
② 当然，不能忽视的是，即使在同一部作品内，信息传达的方式也可能有所变化。例如，在翻译《约翰·马拉斯编年史》时，采用了逐词的、词素级的（为每个希腊词根选择了意义相对应的斯拉夫语词）和词根-词汇级的（每个原始词根通过单独的词传达）原则；但除此之外，译者也允许自己使用形成自由短语的等价词，这些短语不重复原文的结构和语法特点，而只是大致再现了其意思。

一方面是密集的翻译活动,另一方面①是对斯拉夫(主要是保加利亚)图书遗产的吸收,使得基辅罗斯成为斯拉夫书面文字的中心,首先是翻译作品的中心。有时,人们甚至会说*基辅罗斯的翻译*是斯拉夫书面文字的特殊存在。然而,与蒙古入侵相关的事件对斯拉夫书面文字的进一步发展(以及整个古俄罗斯文化)造成了极为不利的影响。

2. 13 至 15 世纪的翻译

13 世纪下半叶至 14 世纪上半叶,俄罗斯的翻译活动即使没有完全停止,也基本停止了。然而,由于与东正教南斯拉夫人区域的联系,俄罗斯接收了大量在保加利亚、塞尔维亚以及希腊、耶路撒冷和西奈的修道院创作的翻译文献。其中包括源于拜占庭的《印度王国的传说》(«Сказание об Индийском царстве»)和《罗马的马卡里》(«Повесть о Макарии Римском»),源于佛教的《沙汉希十二梦话》(«Слово о двенадцати снах Шаханши»),还有增加了一些反映当时流行的静修主义学说段落的《东正教秩序》(«Чин православия»),以及新修订版的《亚历山大传奇》和《特洛伊战争》(«Троянская война»)(寓言讽刺体裁版的所罗门和基托夫拉斯传说)。寓言集《斯特凡尼特与伊赫尼拉特》(«Стефанит и Ихнилат»)情节借鉴了印度的《潘恰坦特拉》(«Панчатантра»)。同样值得一提的是 14 世纪伪狄奥尼修斯·阿雷帕吉塔作品的译本,附有忏悔者马克西姆斯的注释。据一些学者推测,译者(修士*以赛亚*)是塞尔维亚人,后来成为"圣山"阿索斯山②的瓦托佩德修道院院长。他与 9 世纪的西方同行一样,都注意到希腊文本"转写的沉重感"。直译也常常导致这些作品意义模糊,有时甚至完全无法理解。以赛亚在翻译伪狄奥尼修斯著作序言中的讽刺短诗时所做的尝试非常有趣。

---

① "几乎没有其他民族能像俄罗斯人一样,"彼·阿·拉夫罗夫院士指出,"通过最初斯拉夫文字的丰富传统,从希腊人那里接受了基督教,并在保加利亚继续发扬光大,在如此程度上感受到基里尔和梅福季的遗产。"(Лавров П. А. Материалы по истории возникновения древнейшей славянской письменности // Труды славянской комиссии. Т. I. Л., 1930. С. II.)

② *译者注*:阿索斯山全称阿索斯山自治修道院州,是全球唯一的神权共和国,在政治上是希腊的一个自治州。自公元 10 世纪起,俄罗斯、罗马尼亚、保加利亚、塞尔维亚、希腊等国的东正教组织,先后在这里修建了数十座大小不等的修道院。阿索斯山有"修士之国""女人禁地"的称号。1927 年希腊宪法规定这里为僧侣共和国。1988 年,阿索斯山作为双重遗产(文化遗产和自然遗产)列入《世界遗产名录》。

在 14 世纪,基辅罗斯流传着另一种翻译,即菲利普·莫诺特罗普(隐士)的《迪奥普特拉》(《Диоптра》)(《灵魂之镜》《Душезрительное зеркало》)。这部作品描绘了灵魂和肉体的对话,以散文形式呈现,翻译几乎是直译的。

在提及其他由南斯拉夫人在此期间首次翻译的文献时(其中禁欲主义文学占据重要地位,这可归因于受上文提到的静修主义思想的影响),我们不妨回顾一下与牧首叶夫菲米和君士坦丁的康斯坦丁的活动相关的外语作品翻译技巧的变化。这一过程中,许多教会和文化名人为躲避奥斯曼帝国的入侵而从巴尔干半岛移民。自然地,这些因素也影响了基辅罗斯本土的翻译活动。从 14 世纪开始,被列为圣人的莫斯科都主教们便开始推动基辅罗斯的翻译工作——*阿列克谢*(13 世纪末—1378 年)将《新约》和被公认为"教父"的早期基督教神学家的作品从希腊语翻译到俄语。他的继任者*塞浦路斯*(1406 年去世),据史料记载,"将许多圣书从希腊语翻译成俄语"①。在 15 世纪,对外语文本的新翻译方法产生了深远影响,促使人们更加重视外语文本,并使它们变得古雅复古,因为南斯拉夫人区域的文人所进行的改革首先被看作是对语言形式的回归,即回到基里尔和梅福季时代的语言形式。因此,在此期间创作的译本对于未经充分训练的读者来说很难理解。俄语语言史的一位杰出专家拉林写道:"那个时代的译文文学,尤其是神学和科学作品的译本,即使对于专业读者来说也是极其复杂和晦涩难懂的。著名的外交家、莫斯科大公的书记官德米特里·格拉西莫夫是 15 世纪最杰出的翻译家之一。他首次将多纳图斯的拉丁语语法翻译成了莫斯科罗斯的文学语言……但我们不能说这是俄语的译本。译本的语言主要是教会斯拉夫语。阅读这本书是如此困难,以至于令人怀疑还有多少俄罗斯人能够学习拉丁语语法……一些拜占庭主要作家的神学著作的译文同样困难重重。"②

拉林的引文引人注目,主要是因为提及*德米特里·格拉西莫夫*(约 1465—1530)。格拉西莫夫出生于诺夫哥罗德,可能在利沃尼亚生活过几年。格拉西莫夫精通拉丁语和德语(可能还懂意大利语和古希腊语),后来成为公务员系统中的一名"翻译官"。在执行各种外交任务时,他经常需要到国外,包括天主教

---

① Лихачев Д. С. Великий путь. М. , 1987. С. 96—97.

② Ларин Б. А. Лекции по истории русского литературного языка (X – середина XVIII в.). М. , 1975. С. 250. (利乌斯·多纳图斯是公元 4 世纪罗马语文学家,他的语法在中世纪被用作拉丁语教材而备受欢迎。)

的中心罗马。他与来自冈佐夫贵族家庭的诺夫哥罗德大主教*根纳季*(1506年去世)的合作发挥了特别重要的作用。

在15—16世纪之交(有时被称为翻译文学发展的*诺夫哥罗德时期*),对西欧文学的翻译达到了前所未有的密集程度:在几乎完全没有希腊语译本的情况下,根纳季的同行们愿意使用拉丁语文献,在一定程度上也愿意使用德语文献。此处还应提及德米特里·格拉西莫夫和弗拉斯于1498—1500年创作的《诗篇》(«Псалтырь»);部分由布廖夫翻译的威廉·杜兰杜斯关于年鉴的论著;充满世界末日情绪的《生死之争》(«Прение живота со смертью»)(15世纪末译自德语);希腊人曼努埃尔·德米特里耶夫从拉丁语翻译的伪亚历山大的阿法纳西与阿里乌斯的辩论等。西方的影响还表现在《旧约》文本中添加了反映中世纪经院哲学传统的序言和注释。

在这一时期也有几部译自希伯来语的作品:《六翼》(«Шестокрыл»)、《神秘的至圣所》(«Тайная Тайных»)以及中世纪最伟大的犹太哲学家摩西·本·迈蒙尼德的《逻辑学》(«Логика»)①。

1504年,诺夫哥罗德大主教被罢免职务,翻译活动的中心转移到了莫斯科,根纳季的一些前助手也迁往了那里。

3. 16世纪的古俄罗斯翻译:马克西姆·格列克的活动

在描述根纳季衰落及其早逝后的时期时,有两种情况值得注意。一方面,新译本的数量急剧下降,这一时期甚至被称为"无译本时期"(布拉宁的术语)。出现这种情况的主要原因是,人们越来越怀疑希腊教会东正教的真实性,并拒绝诺夫哥罗德人固有的依赖拉丁语传统的愿望,因此教会斯拉夫语书籍被公认为真正信仰的最权威来源。另一方面,古俄罗斯翻译史和翻译思想史上最生动的一页都属于16世纪,它与马克西姆·格列克及其追随者的名字有关,他们的活动成为激烈争论的焦点。

关于后来被称为"*希腊人*"(Грек:格列克)的学者修士*马克西姆*,在俄罗斯的知名度始于1515年,当时莫斯科大公瓦西里三世(伊凡四世的父亲)给希腊"圣山"阿索斯山的瓦托佩德修道院院长和修士写了一封信。这封信请求派遣

---

① 对最后一本书的认同并非所有研究者都一致。

一名"书籍翻译",即来自瓦托佩德修道院的僧侣萨瓦。瓦托佩德修道院院长回信说,由于萨瓦年老且患病,无法满足莫斯科大公的请求,但将派遣另一名修士马克西姆代替他,他被描述为"熟练且适合解释和翻译任何教会书籍和希腊语书籍的人"。然而,包括马克西姆在内的使团直到1518年才抵达莫斯科。

莫斯科大公的宫廷中首次出现未来的"翻译者"和"校订者"(即译者和编辑)可能会引发对希腊同教者选择的成功性的怀疑,"因为根据当时的记录,马克西姆几乎不懂俄语"。他不懂教会斯拉夫语(他必须使用这种语言进行工作),也不懂斯拉夫语。这是可以理解的,因为在来到莫斯科之前,他几乎没有接触过斯拉夫世界。16世纪70年代出生的马克西姆·格列克来自一个相当有名望的希腊家族(据推测,在加入修道院之前,他的名字是*米哈伊尔·特里沃利斯*)。他年轻时接受了良好的教育,特别是利用了他叔叔德米特里的图书馆,其中不仅包括基督教文学作品,还有古代思想家如柏拉图、亚里士多德、普罗提诺斯的作品。随后,他在意大利的多个城市学习(因此,他不仅掌握了拉丁语,还可能掌握了意大利语)。对这位年轻的希腊人来说,佛罗伦萨之行尤为重要,在那里他与当地的人文主义者进行了交流,并聆听了萨沃纳罗拉的布道。萨沃纳罗拉去世后,他在多米尼克修道院入教,然后移居阿索斯山。马克西姆可能在意大利就开始从事希腊-拉丁语和拉丁-希腊语的翻译工作,然后在阿索斯山修道院继续这项活动。可能是因为他被誉为"图书翻译家",修道院领导层将他派往莫斯科,而不是萨瓦。他对教会斯拉夫语的无知并没有使他们感到不安——考虑到斯拉夫语与希腊语不同,是一种无序的语言,不需要专门学习其规律,修道院领导层相信马克西姆会"迅速掌握"。后来果真如此,但最初他不得不将希腊语翻译成拉丁语,而附属于他的根纳季小组前成员德米特里·格拉西莫夫和弗拉斯则"用声音和情感"向抄写员口述文本[《诗篇释义》(«Толковая псалтырь»)就是这样翻译的]。马克西姆在去世前不久,与谢尔盖圣三一修道院的修士尼尔·库尔利亚捷夫(马克西姆教过他希腊语)一起,再次翻译了《诗篇》,但没有"释义"(即注释)。最后,这位阿索斯山修士的一项重要工作是修正一些礼仪书籍,消除翻译和重写过程中出现的错误。

马克西姆坚信希腊语在文化上的优越性,这使得他在工作中主要以希腊语语法规则为指导。这位来自阿索斯山的修士声称,"我们希腊人有这种教义,但你们没有,"他坚持认为"你们俄罗斯人也是如此"①。在他看来,由于教会斯拉夫语仍然是一种混乱的语言,因此可以引入更具口语特点的形式(例如,将信条中的"чаяти"改为"ждати"——"等待死人复活"),莫斯科的文士们坚决反对这一歪曲的观点。16世纪的神学家和布道者齐诺维·奥坚斯基在与不明真相者的论战中说:"我认为应该纠正书本中的言论以适应民间的言论,而不应该用书本中的言论来玷污民间的言论。"②

马克西姆·格列克公开捍卫的原则、他对教会斯拉夫语书籍的"不敬"态度(从许多俄罗斯虔诚狂热者的角度来看),以及他在国家的教会生活和政治生活中各种场合的讲话,都很自然地引起了一些教会高层代表的强烈反感,并逐渐演变成公开的敌意。尽管他保证自己只是在剔除以前译者的错误,但反对革新的人声称:"在我们俄罗斯的土地上,你没有赞美过任何书籍,相反,你还指责并拒绝它们,还说俄罗斯根本没有书籍。"③

冲突结束于1525年,当时教会会议谴责马克西姆是异教徒,因为他诽谤俄罗斯神职人员,蔑视俄罗斯圣书,并试图对圣书进行"亵渎性"修改。阿索斯山长老(指马克西姆)的反对者们并不满足于这些指责,并指控他意图蛊惑大公,甚至为土耳其素丹从事间谍活动。尽管马克西姆悔过并请求赦免,但他还是被判处监禁在约瑟夫-沃洛科拉姆斯克修道院并被逐出教会,还被剥夺了读写的机会。1531年的议会确认了这一判决,并在之前的指控上增加了一项新的指控——他同情曾在佛罗伦萨大公会议上签字的莫斯科前都主教伊西多尔(顺便说一句,伊西多尔也是希腊人),尽管他在马克西姆出生前就去世了。然而,这位阿索斯山长老被转移到了特维尔奥特罗奇修道院,那里的监禁条件有所松动(尤其是允许他重新使用书籍和写作)。1551年,马克西姆获释后被转移到谢尔盖圣三一修道院,沙皇伊凡四世在那里探望过他,1556年,这位备受折磨的"博学多才之人"在该修道院去世。

谈到与神圣文学翻译相关的问题时,马克西姆·格列克反复强调,这需要"神启的智慧和最高的理性",而这些只有通过长期艰苦的努力才能获得。此

---

① Буланин Д. М. Древняя Русь // История русской переводной художественной литературы. Древняя Русь. XVIII век. Т. I. Проза. СПб. , 1995. С. 33.

② Буланин Д. М. Древняя Русь // История русской переводной художественной литературы. Древняя Русь. XVIII век. Т. I. Проза. СПб. , 1995. С. 33.

③ Буланин Д. М. Древняя Русь // История русской переводной художественной литературы. Древняя Русь. XVIII век. Т. I. Проза. СПб. , 1995. С. 34.

外,他还指出,原语言(希腊语)很复杂,"非常棘手",只有在经验丰富的导师指导下学习多年的人才能掌握。因此,马克西姆得出结论说,译者和"校订者"(编辑)只有"用语法艺术和修辞能力武装自己,不是靠自己,而是靠最娴熟的老师"①,才能完成他们所面临的任务。资料显示,马克西姆具有相当丰富的语文学知识。一方面,马克西姆为教授学生而做的笔记,他在准备《诗篇》第二译本时对现有希腊语译本的分析以及使用奥利金和其他权威评论家的解释都证明了这一点。此外,博学的希腊人(可能是出于教学目的)在希腊语文本中所做的注释也很有意义,这些注释可作为希腊-斯拉夫语词典的素材。

这位阿索斯山文士强调语法知识的重要性("无论谁写任何东西,或写书,或作诗,或讲故事,或寄书信,或任何这类东西,都将通过语法获得一切"②),这使人们有理由将"翻译的语法理论"(捷克研究者马特豪泽洛娃的术语)的创立与他的名字联系起来。值得注意的是,在对他的审判中,纯粹的语法讨论占据了重要位置:为了消除简单过去完成时形式中第二和第三人称单数的重合,马克西姆用复合过去完成时代替了简单过去完成时,在他的反对者看来,这否定了神性的永恒,因为他们认为复合过去完成时指的是受时间限制的行为(回忆一下,同样是在 16 世纪,法国的埃蒂安·多雷身上也发生过类似的事,不过后果更严重)。马克西姆本人断然拒绝了这种指责,他指出,两种时态的语法意义是同义的。

4. 16 世纪的其他译者

马克西姆·格列克在莫斯科并非只有对手。他周围聚集了一群志同道合的人,他们支持并宣扬这位老师的观点。其中包括特维尔修道院的负责人、谢尔盖圣三一修道院的修士 西卢安(又名西尔瓦诺斯)曾参与约翰·金口《对话录》的翻译工作,以及前文提到的尼尔·库尔利亚捷夫。西卢安强调在翻译时应该以原文意思为主导:"最需要追求的是理性,没有什么比它更为诚实……"③尼尔·库尔利亚捷夫则为马克西姆于 1552 年翻译的《诗篇》撰写了序言,他赞扬了马克西姆清晰明了的用语,同时责备了他的前辈们对俄语的无知

---

① Ковтун Л. С. Лексикография в Московской Руси XVI – начала XVII в. Л., 1975. С. 10.

② Прокофьев Н. И. Древняя русская литература: Хрестоматия. М., 1980. С. 211.

③ Ковтун Л. С. Лексикография в Московской Руси XVI – начала XVII в. Л., 1975. С. 10.

("他们无法将希腊语、斯拉夫语、塞尔维亚语和保加利亚语译本翻译成俄语"①)。然而,最杰出地继承了马克西姆·格列克事业的人,毫无疑问是著名的*安德烈·米哈伊洛维奇·库尔布斯基*(1528—1583)大公。他把这位阿索斯山文士视作自己的老师,并且在 1564 年逃往立陶宛后,积极推动在白俄罗斯和乌克兰的翻译活动。他投入了大量精力编写东正教"教父"作品的斯拉夫语修正本,并亲自积极参与了翻译工作,其中包括约翰·金口、大马士革的约翰、圣瓦西里、神学家格里高利、西梅翁·梅塔夫拉斯特的作品。库尔布斯基在他翻译作品的序言中经常将马克西姆称为不容置疑的权威,这也是西罗斯其他东正教文化活动家的典型特征。这是可以理解的,因为他们在天主教波兰-立陶宛国家的统治下,承受着越来越大的压力,除了莫斯科罗斯之外,他们还寻求加强与希腊教会的联系,并保持着活跃的联系。因此,在接下来的 17 世纪,乌克兰和白俄罗斯成为向莫斯科提供最有能力的希腊语翻译员,并充当着希腊人前往莫斯科的一种特殊翻译角色。为了成功地对抗天主教的传教活动,他们不得不求助于拉丁语的资料,借用教科书和神学文献。同时,在西南罗斯地区,用作译语的不仅仅是教会斯拉夫语,还有被称为"简单语"的语言,其基础是官方文书语,后来逐渐开始在非官方文本中使用。这导致了另一种语际交流形式:"……从 16 世纪开始,使用'简单语'的西罗斯文本被翻译成教会斯拉夫语;同时,莫斯科的书籍越来越多地被翻译成乌克兰人和白俄罗斯人更易理解的语言。"②在这方面,术语上的差异也很显著:在莫斯科罗斯,当涉及文学语言时,"俄语"一词指的是教会斯拉夫语(又称"斯拉夫语"或"斯拉夫罗斯语"),而在西南罗斯,它则指的是与教会斯拉夫语相对的"简单语"。

至于 16 世纪的其他翻译作品,通常是由根纳季小组的继承者完成的(尽管马克西姆·格列克与该小组成员共同工作,但对他们的态度相当谨慎)。例如,德米特里·格拉西莫夫在 1535 年应诺夫哥罗德主教马卡里的委托,翻译了维尔茨堡的布鲁农的《诗篇释义》。人们推测他还翻译了马克西米利安·特兰西瓦努斯的拉丁语著作《关于摩鹿加群岛的论述》[«О Молукитцких (т. е. Молукских) островах»],该作品可能是由根纳季小组前成员弗拉斯带到俄罗斯的。该作品以致信日耳曼民族神圣罗马帝国皇帝查理五世的形式撰写,讲述

---

① Ковтун Л. С. Лексикография в Московской Руси XVI – начала XVII в. Л., 1975. С. 68.

② Буланин Д. М. Древняя Русь // История русской переводной художественной литературы. Древняя Русь. XVIII век. Т. I. Проза. СПб., 1995. С. 48.

了麦哲伦的航行和航行期间的地理发现。有可能"根纳季人"也参与了《洛雷托圣母传说》(《Повесть о Лоретской Божьей Матери》)的翻译,尽管该作品的原作尚未被找到。此外,还可以提及一些德国学者受命翻译的作品,如医学手册《草药学家》(《Травник》),由大主教丹尼尔委托;还有一些从波兰语翻译的作品:15世纪下半叶的波兰诗歌《波利卡普大师与死亡的对话》(《Разговор магистра Поликарпа со Смертью》)的散文译本,原作是一部带有一定讽刺色彩的宗教教化作品,俄语版对其进行了实质性的删减和编辑,加强了教化的一面,消除了其讽刺幽默的特点;斯皮钦斯基的《医书》(《Лечебник》),彼得·克列斯岑齐的《训诫》(《Назидатель》),以及马尔金·别尔斯基的《世界纪事》(《Всемирная хроника》)。《世界纪事》包括了捷克文献。需要注意的是,到了16世纪末,又出现了另一版《世界纪事》,但这次是从"简单语"(即西南罗斯的译本)翻译而来。

值得注意的是,在翻译作品中几乎没有属于文学作品的代表。尽管之前提到,翻译不仅涵盖宗教内容的文本,还包括世俗内容的文本,但后者可以说是认知性和实用性的作品(如历史、地理、医学)。翻译的技巧可能会追求逐字逐句的准确性,也可能因译者或读者对原文实际情况的不熟悉而进行各种修改和删节。例如,在《关于摩鹿加群岛的论述》中,历史学家佩德罗·马蒂尔·德·安格勒里亚被译成了"彼得殉道者"(译者将"马蒂尔"误译为"殉道者"),"贝壳"一词被译成了常见的"龙虾"等。总的来说,俄罗斯的翻译工作(正如库尔布斯基所说,就像处于地狱堡垒中一样封闭)表明了该国强烈的文化封闭性,这种封闭性一直延续到了"混乱时期"。

5. 17世纪俄罗斯翻译发展的主要趋势

17世纪给国家生活带来了许多变化,这些变化在我们感兴趣的领域里得到了反映。首先,在这方面,我们注意到所谓的俄罗斯文化的"世俗化"进程,其结果是了解了各种艺术的独立审美和认知价值。其最显著的表现之一是文学的社会基础扩大了:除了以前在文士中几乎占据垄断地位的神职人员外,我们还可以看到其他阶层(从农民到男爵)的代表。作者的著作权也得到了加强:越来越多的署名作品,包括翻译作品出现了。图书业的专业化进程和不同体裁(娱乐小说、各知识领域的论文、教育手册等)的区分开始了,尽管它们仍在由同一批作家和译者创作的统一文字集合的框架内发展。原语言之间的关系也在发生变化：大多数译本来自拉丁语，拉丁语是当时欧洲国家的科学语言，因此被广泛使用。紧随其后的是波兰语，一方面是因为波兰语在俄罗斯译者中被广泛使用(一般来说，到 17 世纪末，懂波兰语在贵族中被认为是受过教育的标志)，另一方面是因为波兰在这一时期继续调解与西方的关系。译自德语和白俄罗斯语的作品相对较少。译自法语的作品也寥寥无几，更没有从意大利语或西班牙语翻译过来的作品。17 世纪上半叶，几乎没有从希腊语翻译过来的作品，除了由在外交事务衙门任职过的*费奥多尔·戈兹文斯基*翻译的《伊索寓言》[①]，以及几部宗教性质的作品(使徒雅各的礼仪和针对天主教徒的论战作品，这些作品的翻译没有流传下来或没有完成)。

然而，从 17 世纪中叶开始，情况开始发生变化。1649 年，一群基辅"学术长老"的到来在这方面发挥了重要作用，下文将对此进行讨论。后来在 1685 年，来自希腊的*利胡德兄弟——约安尼克*(世俗名为约翰，1633—1717)和*索弗罗尼*(世俗名为斯皮里顿，1652—1730)被派到莫斯科。应牧首约阿希姆的请求，他们来这里从事教学活动，对希腊教育的发展做出了显著贡献。17 世纪末，在宗主教的支持下，以丘多夫修道院为中心形成了所谓的"希腊派"。该派的代表在印刷厂和莫斯科神学院[②]担任要职，他们反对主要是波兰语化的"拉丁派"。希腊派的代表人物包括西梅翁·波洛茨基和他的学生西尔维斯特·梅德韦杰夫。希腊派不仅将希腊语翻译成斯拉夫语，还证明后者比拉丁语更适合翻译："如果将其从希腊语翻译成斯拉夫语，既方便、庄重又得体，正字法也完好无损。"[③]在丘多夫修道院甚至完成了从教会斯拉夫语到希腊语的翻译(由*阿索斯的科兹马*完成)。尼康牧首的教会改革旨在将俄罗斯的祈祷仪式与希腊的祈祷仪式相协调，并按照希腊语样式修订教会书籍，这也促进了希腊语翻译的复兴。

关于翻译作品本身的语言(当然，我们说的是世俗作品，主要是小说，因为

---

① 他还于 13 世纪翻译了罗马教皇英诺森三世(Innocent Ⅲ)的波兰语著作《观想者》(《Тропник》)。

② 这所学院(被称为斯拉夫-希腊-拉丁语学院)成立于 1687 年(其他资料显示成立于 1685 年)，是俄罗斯第一所普通高等教育机构；其成立计划由西梅翁·波洛茨基提出。学院的目的是为国家和教会培养有文化的人才；最初还打算委托它审查宗教书籍和审判背离正统的人。学院教授精神科学和世俗科学：斯拉夫语、希腊语、拉丁语、语法、"诗学"、修辞学、哲学和神学。印刷厂是莫斯科的第一家印刷厂，成立于 16 世纪，是俄罗斯的印刷中心。

③ Буланин Д. М. Древняя Русь // История русской переводной художественной литературы. Древняя Русь. XVIII век. Т. Ⅰ. Проза. СПб. , 1995. С. 37.

宗教文学本质上是以教会斯拉夫语为标准的），在专业文献中并没有一个明确的答案。也许在每个具体情况下，根据一系列客观和主观因素（文本的性质、译者的个性、译者的教育水平等），俄语或教会斯拉夫语元素可能会占主导地位，有时还会与波兰语、白俄罗斯语和乌克兰语元素相结合。

6. 翻译文学的主要体裁

17 世纪，骑士小说开始涌入俄罗斯。其中，最早的一部是关于博夫·科罗列维奇的小说，源自法国，融合了许多民间传说元素，成为俄罗斯的"民间书籍"。我们还可以提到来自捷克的有关布伦兹维克的小说，以及译自波兰语但同样源自法国的《金钥匙彼得的故事》（«Повесть о Петре Златых Ключей»），以及其他一些作品。虽然这些作品在文学和艺术上的价值相对较低，但与它们的接触标志着俄罗斯文化的一个重要里程碑，即出现了纯粹以娱乐为目的、不带有道德教化意义的作品。在翻译方法上并不存在统一的标准，例如，《金钥匙彼得的故事》几乎是逐字翻译原作（包括大量的波兰语和乌克兰语），但俄语版本与原作有着很大的差异：一些陌生的民俗词汇、次要人物和描写等都被省略了。这类作品的译本通常都是匿名的。

17 世纪还出现了一系列各种小说集的译本（同样是从波兰语翻译而来）。例如，在 30 年代出现了《七贤士的故事》（«Повесть о семи мудрецах»），随后又出现了《罗马事迹》（«Римские деяния»）、《滑稽小说》（«Фацеции»）、《格言集》（«Апофегматы»）和《大镜子》（«Великое зерцало»）。

《七贤士的故事》可追溯到译自希伯来语的拉丁语译本，创作于 12 至 13 世纪的法国。它源自印度，历经阿拉伯语、波斯语、叙利亚语和希腊语译本。俄语译本是根据 16 世纪的波兰语译本改编的，更像是一种转述。

《罗马事迹》（大概是 13 世纪在被诺曼征服的英国用拉丁语创作的）是伪历史故事；俄语译本与波兰语译本非常接近。

波兰的《滑稽小说》由从拉丁语和德语资料中收集的短篇小说组成。在这些作品中，我们可以看到情节简单的风俗场景、伪历史轶事以及某些名人的箴言。在翻译成俄语时，对原作的字面遵从与自由加工相结合。《格言集》也与《滑稽小说》很接近，莫斯科读者最晚在 17 世纪后三分之一时期了解了《格言集》。

《大镜子》的来源是一本在荷兰编纂的拉丁语书籍,主要包含宗教和说教内容。这本书(以及《罗马事迹》)最初的目的是为传教士提供说明材料,但这个目的经常被忽视,这两部作品都被视为小说。《大镜子》有两种译本(与《格言集》和《罗马事迹》类似)。第一种译本是 1677 年根据沙皇阿列克谢·米哈伊洛维奇的命令,由五位来自外交事务衙门的译者:谢苗·拉夫烈茨基、加夫里尔·多罗费耶夫、格里戈里·库尔奇茨基、伊万·古丹斯基和伊万·瓦休京斯基完成的,每人获得一百支蜡烛作为工作奖励。在编辑过程中,一些短篇小说被删除,天主教色彩被消除,一些细节被省略或更改,引入了一些具有俄罗斯生活特色的细节,但这并没有改变译本总体上的直译特征。在第二种译本中(据推测,该译本不再是根据命令而作,而是自主创作),这种适应俄罗斯现实的倾向表现得更加明显。

在 17 世纪的翻译文学中,古代的遗产几乎没有被充分呈现。除了上述戈兹文斯基翻译的《伊索寓言》(后来又出现了两个版本,创作者分别是安德烈·维尼乌斯和彼得·卡申斯基),我们只能提到几个作品,其中大部分并不属于真正的小说(尽管"文学"和"非文学"之间的界限在这里相当模糊)。这些作品包括希腊历史学家修昔底德的《历史》和小普林尼为纪念罗马皇帝特拉扬而写的《颂词》(«Панегирик»)的部分内容(由埃皮法尼·斯拉维涅茨基翻译)、奥古斯都时代的罗马历史学家庞培·特洛古斯的《菲利比史》(«История Филиппа»)、卡里翁·伊斯托明翻译的弗朗蒂关于战争艺术的著作,以及亚里士多德《物理学》(«Физика»)的未完成译本。有时,也会将从奥特芬的瓦莱里安的波兰语诗歌版本翻译的奥维德《变形记》(«Метаморфозы»)列入其中,但许多学者认为将其归入 18 世纪更为合适。

最后,谈到 17 世纪的翻译文学,不能不提及诗歌翻译的诞生。最早的尝试之一——译自乌克兰语——是伊·安·赫沃罗斯季宁大公,具有反异端的倾向。后来又翻译了各种体裁的诗歌,主要是译自波兰语(巴尔托什·帕普罗茨基、安德烈·别洛勃茨基、扬·科哈诺夫斯基等人的作品)。诗歌甚至被用来翻译医学书籍《健康管理》(«Управление здравия»)和散文作品中的诗歌插页。俄罗斯戏剧也是从德语的诗歌翻译开始的——剧本《阿尔塔薛西斯行动》(«Артаксерксово действо»),作者是牧师约翰·格列高利。

在结束讨论 17 世纪翻译文学的主要体裁之前,有必要先介绍一下实用科学性作品(军事、地理、几何、天文、经济、医学、解剖学等方面的论著)。出现了第一批词典(拉丁语-希腊语-斯拉夫语词典、俄语-拉丁语-瑞典语词典、波兰语-斯拉夫语词典等)。

关于宗教文学的翻译,在这一时期不仅占据了相当重要的地位,而且在质量上甚至超越了之前时代的遗产。然而,现在宗教内容的书籍虽已成为文学的一个特殊领域,但并不涵盖文学的全部内容。在他们对翻译的理论探讨中,这一时代的作者正是考虑到了这些书籍的跨语言传递问题,下一节将对这些论述进行讨论。

7. 17 世纪的翻译家与翻译思想的发展

如果我们剔除许多"偶然"或"一次性"(按照索博列夫斯基院士的说法)的译者,以及少数高级沙皇亲信(比如安德烈·马特维耶夫、波格丹诺夫、克罗波特金王公)——对于他们来说,翻译(主要是从波兰语翻译)是一种爱好,我们就能够讨论以下代表俄罗斯翻译传统的人物。

首先是来自外交事务衙门的翻译人员,他们承担了大部分外语作品的翻译任务。传统上,他们的工作成果在很多情况下都受到后来研究者相当负面的评价。例如,索博列夫斯基指出,其中相当一部分人"来自俄罗斯南部和西部、波兰、德国、荷兰等地,几乎没有受过教育,也没有接受过文学训练",并对他们的表现做出了如下描述:"他们中的大多数人根本不了解莫斯科罗斯的文学语言——教会斯拉夫语,许多人甚至对当时的俄语也知之甚少。因此,有些人翻译的作品不过是用俄语字母重新书写的波兰原文;还有些人翻译的是所谓的白俄罗斯语,或者是教会斯拉夫语、大俄罗斯语、白俄罗斯语和波兰语的滑稽混合;还有一些人的俄语翻译使得读者不得不费尽心思才能推断出外文原作的含义。"[①]

外交事务衙门的译者几乎没有任何主题专业分工,这必然影响了翻译的质量:他们今天可能翻译一本马术手册,明天又可能转而翻译一本关于军事的著作。然而,低估外交事务衙门职员对国家文化发展所做的贡献是极不公平的。"外交事务衙门职员在几乎所有文学领域都留下了足迹,尤其是在翻译方面:除

---

① Соболевский А. И. Западное влияние на литературу Московской Руси XV–XVII веков. СПб., 1899. C. 12–13.

了提供信息摘要(例如《钟声报》),他们还负责翻译专业的科学研究报告,编纂词典,编写肯定莫斯科帝国和统治王朝正当性的汇编,为皇室成员准备教材,翻译教育和娱乐性文学作品,还参与了俄罗斯戏剧的首次创作。"[1]正是在他们的工作环境中形成了一种独特的翻译语言,在 18 世纪早期这种语言得到了彼得一世的认可,他在一份给翻译家费奥多尔·波利卡尔波夫的命令中写道:"不必使用任何高级斯拉夫语词汇,而应使用外交事务衙门的词汇。"[2]

然而,尽管这批译者的活动多种多样(其中一些人的名字已在上一节中提及),但有一种翻译文学体裁——宗教内容的作品——实际上不在他们的职责范围之内。这类作品通常由神职人员(自身便是专家)处理。

首先要提及的是一群于 1649 年受邀前往莫斯科的乌克兰"学术长老",他们的任务是从事教会文学工作并教授希腊语和拉丁语。在这群人中,无疑最重要的人物是*埃皮法尼·斯拉维涅茨基*(1675 年逝世)。他除了精通希腊语和拉丁语外,据称还懂得古希伯来语。埃皮法尼最初定居在安德烈耶夫斯基修道院,后来转移到丘多夫修道院,在那里担任了 26 年的修士司祭,并同时从事教学和翻译工作。他的翻译范围非常广泛。除了应莫斯科当局的要求翻译各种内容的书籍(包括宇宙学、解剖学、地理学等著作)外,埃皮法尼还编纂了希腊语-斯拉夫语和拉丁语-斯拉夫语词典,并翻译和编辑了宗教文学作品(包括礼仪书籍、圣徒传记等)。在翻译过程中,他非常重视对文本的语言学研究,这一点在 1665 年出版的教父作品集中尤为明显。该作品集旨在取代编纂者认为不够完善的古代译本。

在讨论埃皮法尼翻译外语文本的方法时,后续研究着重关注了其字面直译,这常常使得人们难以理解和领会他的译文。这种直译的立场基于上述斯拉夫语与希腊语相似的观点,在埃皮法尼的学生和追随者——丘多夫修道院的修士*叶夫菲米*的作品中表现得尤为明显。叶夫菲米翻译了 3 世纪基督教作家亚历山大的狄奥尼修斯的作品和其他宗教作品。为了尽可能贴近希腊原作,叶夫菲米甚至使用了带有斯拉夫语法元素的希腊词语,部分保留了原作的字形。他还为这种原则提供了理论依据:"直译、抄写都是正确的,而且从一种语言翻译

---

① Буланин Д. М. Древняя Русь // История русской переводной художественной литературы. Древняя Русь. XVIII век. Т. I. Проза. СПб. , 1995. С. 71.

② Буланин Д. М. Древняя Русь // История русской переводной художественной литературы. Древняя Русь. XVIII век. Т. I. Проза. СПб. , 1995. С. 51.

到另一种语言也是正确的,就像古代的圣父们用希腊方言书写一样……"①这种极端立场引发了丘多夫修道院修士同辈的不满,其中一位已被提及的费奥多尔·波利卡尔波夫早在 18 世纪就对叶夫菲米的译本发表了看法,他评论道:"格里高利·纳齐安岑的书籍及其他相关内容被翻译成了一种非同寻常的斯拉夫语,更像是带有希腊化风格,这让许多人感到困惑,不知所措。"②与此同时,叶夫菲米和埃皮法尼一样,非常重视对文本的语言学研究,查阅了许多参考资料,仔细编辑了自己的译文,并为译文提供了目录和索引等参考工具。

在尼康改革的积极参与者中,*阿尔塞尼·格列柯*的形象引人注目。他于 1649 年抵达俄罗斯(几乎与基辅的长老们同时抵达),并在那里创立了一所教授拉丁语和希腊语的学校。1650 年,他因被指控背叛东正教而被流放到索洛维茨基修道院。两年后,他根据宗主教的命令返回莫斯科,后者委托他负责"校对工作"(校对员的职责包括翻译希腊语、核对译文与斯拉夫语文本以及使用古希腊语和斯拉夫语手稿进行编辑)。尼康倒台后,阿尔塞尼不得不再次在索洛维茨基修道院度过了几年时光。

西梅翁·波洛茨基(塞缪尔·埃米利扬诺维奇·彼得罗夫斯基-西特尼亚诺维奇,1629—1680)在"拉丁派"阵营中的活跃显得尤为突出。作为基辅莫吉拉学院的学生,他从 1664 年开始在莫斯科生活,并得到了阿列克谢·米哈伊洛维奇的信任(1667 年,他被任命为沙皇子女的家庭教师)。西梅翁留下的翻译作品数量相对较少,包括教皇格里高利大帝关于牧师职责的书、彼得·阿方尼和博韦的文森特的作品片段。特别值得注意的是他翻译的《韵律诗篇》(«Псалтырь рифмотворная»),这是从扬·科哈诺夫斯基的波兰语作品翻译而来,但更像是将外语模式移植到俄罗斯的产物。然而,他在翻译理论问题上的贡献更为重要。在他的论辩性著作《规则之杖》(«Жезл правления»)中,他提出了如下基本原则:"形象与其原型或最初形态非常相似,后者在各个方面都是形象的典范。讲述者或译者是可靠的,不仅能准确传达思想和言辞,而且一字不漏地转译……我们将他们所有的书籍翻译成我们自己的语言,不增加或删减任何内容,以完全模仿他们。如果古代译文中有遗漏、误解或疏忽的地方,现在

---

① Тарковский Р. Б. О системе пословного перевода в России XVII в. // Труды отдела древней русской литературы. Т. 29. М. , 1974. С. 246.

② Буланин Д. М. Древняя Русь // История русской переводной художественной литературы. Древняя Русь. XVIII век. Т. I. Проза. СПб. , 1995. С. 22.

可以通过附注进行修正。"①

因此,两个阵营——"希腊派"和"拉丁派"的最杰出代表都对跨语言传递的原则做出了自己的阐述。正如捷克研究员斯维特拉·玛特乌德洛娃所指出的,如果叶夫菲米·丘多夫斯基强调"言语和理性"不应改变,那么西梅翁·波洛茨基则要求将它们翻译出来,并且不能有任何遗漏。

因而,"逐字"的翻译概念再次与揭示原语与译语系统之间语法关联的目标相对立,这一目标也将马克西姆·格列克的思想在一个新的阶段得到复兴②。

同时,专业文献指出,所谓的"希腊派"和"拉丁派"之间的对立在很大程度上是相对的。例如,希腊派的主要代表人物,包括丘多夫的大马士革执事、叶夫菲米和利胡德兄弟,也使用拉丁语资料。在他们中间有很多人被大马士革称为"杂牌军",即持摇摆态度的人。

在这方面,我们可以提到*卡里翁·伊斯托明*(1650—1717)。一方面,作为丘多夫修道院的修士和"希腊派"的支持者,他在印刷厂做校对员的时候无疑与"希腊派"的很多立场相符。另一方面,在诗歌领域,卡里翁·伊斯托明是西梅翁·波洛茨基的继承者,他翻译的作品中包括拉丁语作品——如弗朗蒂的有关战争艺术的著作和伪奥古斯丁的《基督的幻象之书》(«Книга о видении Христа»),这使得他更接近于"拉丁派"。

这些都是 18 世纪俄罗斯翻译传统的成果,它开启了俄罗斯生活的新阶段,对翻译和翻译思想的进一步发展产生了深远影响。

第 2 节　18 世纪的俄罗斯翻译:基本特点与特征

1. 彼得大帝时代的翻译文学

在 17 世纪,俄罗斯最杰出的历史学家索洛维约夫谈及彼得大帝的改革活

---

①　Буланин Д. М. Древняя Русь // История русской переводной художественной литературы. Древняя Русь. XVIII век. Т. I. Проза. СПб. , 1995. С. 34-35.

②　马特豪泽洛娃建议将西梅翁·波洛茨基的概念称为"综合性的",认为它统一(综合)了以前的所有理论。布拉宁则倾向于将其称为"语法"翻译理论的进一步发展阶段,17 世纪该理论的代表人物是马克西姆·格列克。

动以及启蒙臣民的愿望时,特别强调:"为了学校教育和向好奇的成年人传播知识,我们需要俄语的书籍,尤其是教科书。显然,有必要将这些书籍从外语翻译成俄语:可以理解的是,书籍翻译工作是最重要和最艰巨的任务之一……我们早就应该预料到,彼得会刻苦从事这项工作:他不仅指出了应该翻译哪些书籍,还要求将译本呈交给他,他亲自校对这些书籍,教导应该如何翻译……他一直关注着这项工作,直到去世。"①

这些努力的独特成果体现在 1724 年 1 月 23 日,即沙皇去世前不久颁布的一项法令中,其中指出:"翻译书籍,尤其是翻译艺术书籍②,需要专业的翻译人员,因为不了解所要翻译的艺术是无法胜任的;因此,有必要提前做好准备:那些懂语言但不懂艺术的人应该被派去学习相关艺术,而那些懂艺术但不懂语言的人则应该被派去学习语言。而且,无论是俄罗斯人还是外国人,他们都应该是在这里出生或在年幼时就来到这里,并且对我们的语言像对本土语言一样了解得很好,因为将内容翻译成自己的语言总是比从自己的语言翻译成其他语言更容易。这些艺术包括数学、机械工程、外科手术、建筑学(民用建筑)、解剖学、植物学、军事学等等。"③

因此,根据国家的需求,首先必须翻译具有实用性的专业文献(根据后来研究人员的统计,我们所理解的艺术作品在当时的印刷品中仅占不到 4%)。不过,还应该加上历史学、法学、政治学等方面的作品,但这些作品也是根据"社会效益"的原则进行选择的(如雨果·格劳秀斯、塞缪尔·普芬多夫、尤斯图斯·利普修斯、提图斯·利维乌斯、昆图斯·库尔提乌斯等人的著作)。

值得注意的是,宗教文学作品并没有被列入沙皇所制定的清单。在某次寄来的一本包含两篇论文——《论个人与公民的责任》和《论基督教信仰》——的书籍时,彼得本人要求只翻译第一篇,"因为我不认为翻译另一篇是有用的"④。

2. 彼得大帝时代外语文本翻译的特征

功利主义对翻译的态度产生了一系列后果。首先,遵守从原著进行翻译的

---

① Соловьев С. М. Чтения и рассказы по истории России. М. , 1989.
② Соловьев С. М. Чтения и рассказы по истории России. М. , 1989. С. 529, 578.
③ 这里的"艺术"指的是各种知识领域,主要是应用性质的。
④ Пекарский П. П. Наука и литература в России при Петре Великом. Т. 1. СПб. , 1862. С. 213.

原则似乎不再那么重要,而"二手"("三手"等)的翻译变得相当普遍:约翰·洛克关于国家的论著是从拉丁语翻译过来的,托马斯·肯皮斯的著作是从法语翻译过来的,保罗·利科关于土耳其君主制的书被认为译自波兰语,实际上是将英语原著的法语译本翻译成了意大利语,再从意大利语翻译过来的。这种现象也延伸到了小说领域——奥维德的《变形记》译自波兰语,萨迪的《古利斯坦》(«Гюлистан»)译自德语。"一旦进入俄罗斯,外国书籍似乎就失去了它们的民族特色。"①

其次,选择"有用"的原则不仅允许,而且往往明确规定不照搬原作的全部内容,而是对原作进行摘要和缩减,舍弃似乎不太重要或多余的内容。彼得本人就是本着这种精神来指导译者的。他在一次指导译者翻译关于农业的著作时特别强调:"因为德国人习惯于在他们的书中填充大量无用的故事,只是为了让它们显得宏大,因此,我特意送去了一本关于农业的著作,以纠正它,删去那些无用的故事。这样翻译出来的书籍就不会包含多余的故事了,因为这些故事只会浪费时间,并且让读者失去兴趣。"②顺便说一句,费奥凡·普罗科波维奇就是这样做的。他在翻译拉丁语著作之前给沙皇写了一封信,报告说经沙皇同意,他缩短和删除了读者不感兴趣的部分内容。然而,彼得对试图删节译文的做法持强烈的否定态度,这并非出于商业目的,而是出于主观和偏见。1714年,彼得大帝时代最杰出的翻译家之一*加夫列尔·布仁斯基*(Гавриил Бужинский)③(1680—1731)翻译了普芬多夫的历史著作,译文中省略了作者关于俄罗斯的陈述,这些陈述对俄罗斯的民族自尊心来说并不是十分引以为荣,沙皇用相当激烈的措辞表达了他的不满,并下令准确翻译原作中的相应内容。

最后,对实际需求的关注也决定了翻译的方法,用现代的话来说,就是以信息接收者为导向。在这一点上,沙皇的明确指示再次得到了遵守:"没有必要一字一句地翻译,但要在准确理解之后,以最容易理解的方式用自己的语言写出来。"④

---

① Николаев С. И. Первая четверть XVIII века:Эпоха Петра I // История русской переводной художественной литературы. Древняя Русь XVIII век. Т. I. Проза. СПб. , 1995. C. 76.

② Соловьев С. М. Чтения и рассказы по истории России. М. , 1989. C. 578.

③ 加夫列尔·布仁斯基出生于乌克兰,毕业于基辅莫吉拉学院,曾在莫斯科神学院任教并担任院长。1714年,他被彼得召到圣彼得堡,担任过各种教会职务,从事过科学和教育事务,拥有学校副校长和印刷厂副厂长的头衔。1726年至去世前,他一直担任梁赞主教。

④ Соколов С. М. Чтения и рассказы по истории России. М. , 1989. C. 529.

　　然而,在达到沙皇要求的"明白易懂"的道路上,译者们面临着相当多主客观层面的困难。

　　首先,需要确定翻译所用的语言,考虑到教会斯拉夫语和俄语的双语存在。用我们之前多次引述的索洛维约夫的话说:"懂外语的学者和翻译家们通常习惯于书面语,而民间的活语言在他们眼中就是下流人的语言。"①然而,创造一种基于俄语本身的新文学语言成为文化发展中的一项重要任务。翻译文学在这一任务的实现中起着巨大作用,因为它向俄罗斯读者介绍的新内容需要新的表达方式。彼得在上一节中指示费奥多尔·波利卡尔波夫在翻译时避免使用"高级斯拉夫语词汇",而优先使用"外交事务衙门"的词汇,这是对将教会斯拉夫语限制在相当狭窄的祈祷祭祀领域的一种官方认可,而其外在表现形式则是引入了民用文字。

　　此外,当所翻译的文学作品在性质上与传统的"斯拉夫-俄罗斯"文学大相径庭,而且往往讲述不熟悉甚至完全陌生的题材时,译者就会在感知所译作品的过程中遇到巨大的困难。抱怨原文本"晦涩"和"隐秘"——尤其是在涉及抽象作品时——在彼得大帝时代译者的言论中是一种"老生常谈"。费奥凡·普罗科波维奇坦言,在翻译西班牙外交官迭戈·德·萨维德拉·法哈多的拉丁语著作《基督教政治统治者的形象》(《Изображение христианско-политического властелина》)时,尽管做了种种努力,但他始终未能"消除翻译中的所有晦涩难懂之处"。他的一位同事回忆说,由于某部作品内容的"微妙性"和"狂乱的德语风格",他用自己的语言重新创作了整整一天,也就只翻译了不超过十行的原作。科学院注释(于彼得一世逝世后不久出版)的出版商指出,译者的资质是一个特别值得关注的问题["每个译者都有这样的论文(论述)要翻译,人们知道他最了解这个事物,译文自身在所有译者面前被阅读和见证"],而对于后一句"他们注重确保译文既能够使人理解,又能够受到喜爱",他们认为有必要提醒读者的是,"如果译文不通顺或不美观,也不要抱怨,因为你应该了解,要翻译好是一件非常困难的事情,你不仅要对译入译出的两种语言了如指掌,而且还要清楚地理解所译的内容"②。最后,即使对原作有了很好的理解,在语际传递的过程中也不可避免地会遇到困难——尤其是在涉及专业文献时——因为实际

---

　　①　Соколов С. М. Чтения и рассказы по истории России. М. , 1989. C. 529.

　　②　Пекарский П. П. История Императорской академии наук в Петербурге. Т. 2. СПб. , 1873. C. 17.

缺乏适当的术语(在这方面,索洛维约夫谈到了"在一个没有科学的民族的语言中传达科学概念极其困难")①。彼得大帝宫廷中的一位外国外交官讲述了一位译者的悲惨命运。这位译者受沙皇委托,要从法语翻译一本内容广泛的园艺学著作,但由于无法找到与原作技术表达相匹配的适当术语,他最终绝望地自杀了。

以上几点决定了彼得大帝时代的绝大多数译者事实上放弃了再现原作风格特征的任务。在这方面,他们也得到了沙皇本人的明确指示:"一切翻译都要采用我们的风格,不要追随他们的风格。"②因此,16世纪荷兰语言学家尤斯图斯·利普修斯的拉丁语政治论著的译者 *西蒙·科哈诺夫斯基*(Симон Кохановский)修士指出,他允许自己与原作有相当大的偏差,并进行各种删减和增补,甚至删除作者的某些例子,代之以从罗马历史学家提图斯·利维乌斯那里借鉴的其他例子。用他自己的话说,他"并不是处处照搬尤斯图斯·利普修斯的拉丁语词句,而是从历史的力量出发,使俄语译本的历史真实、清晰,让每个人都能理解……应该让善意的读者们知道,我在对那位作者进行翻译时并未受其风格的限制,而是专心服务于真理,以确保历史的力量和真相没有被削弱。因此,在即将到来的故事中,我提前预告,以免让人感到惊讶,这些翻译并非逐字逐句,但我努力确保最真实的历史力量保持不变"③。

虽然这种理念(主要用于科学和专业文献的传播,但也反映在小说作品的翻译中)在一定程度上模糊了译作与原作之间的界限,但在彼得大帝时代,一种特殊的翻译伦理思想开始形成,它排除了对作者的完全任意性(当然,我们谈论的是散文文本)。正如上文所述,费奥凡·普罗科波维奇在沙皇的授权下对原作进行了相当大的改动,并像他的许多同事一样,用作者在许多晦涩难懂之处来解释这些改动,但他同时也指出不能偏离原作太多,并坚持某种"中庸之道"的必要性:"……如果有人试图以这样一种方式来翻译它,使其方言的痕迹不复存在,那将是一种根本无法理解、粗暴而残忍的东西。但是,如果有人想用不同于他的文字的任何方式来解释它,并且与它相去甚远,那就不是翻译它,而是写

---

① Соловьев С. М. Чтения и рассказы по истории России. М. , 1989. С. 529.

② Пекарский П. П. Наука и литература в России при Петре Великом. Т. 1. СПб. , 1862. С. 157.

③ Пекарский П. П. Наука и литература в России при Петре Великом. Т. 1. СПб. , 1862. С. 219.

出他自己的新东西。我们努力在这两者之间寻找一种平衡……"①加夫列尔·
布仁斯基的观点更为尖锐,他强调必须尊重原作,而且与后来的一些研究者认
为 18 世纪的俄罗斯没有剽窃概念的观点相反——他直接将过度的自由等同于
文学盗窃:"让我们把这本书原封不动地呈现在读者面前,不做任何改动,不添
加任何东西,这样我们就可以颂扬他人的作品(正如许多人所做的)。"②

3. 术语的翻译问题

正如前所述,彼得大帝时代的译者主要从事科技和专业文献的翻译工作,
他们面临的一个特殊困难是如何翻译俄语中所没有的特殊术语。这个问题在
后续的几十年中仍然保持着其重要性,使得发展自己的术语体系成为一个亟待
解决的议题。为了解决这个问题,人们提出了不同的方法,在此可以指出两种
趋势的表现:从欧洲语言中借用缺失的单词,以及尝试选择或创造与之对应的
俄语对等词。然而,严格按照这些方法进行翻译(甚至在同一文本中)可以说是
非常困难的,因此,我们经常可以看到不同方法的奇特组合。例如,一篇科学论
著的译者在序言中宣称,他故意保留了希腊语和拉丁语术语,以便"更好地理解
知识"(即不扭曲文本内容),但同时他也意识到这种原则在许多情况下会使译
文缺乏可读性,因此不得不放弃这一原则,在括号中提供俄语翻译或交替使用
自己的词汇和外来词汇[例如,"ангуль"—"угол"(角),"экватор"—
"уравнитель"(平衡器)等]。然而,创造俄语术语的尝试并不总是成功的。例
如,瓦·基·特列季亚科夫斯基提出的"对等词",如新词"безместие"[法语 *ab-
surdite* 的翻译—"абсурд"(悖论)]、"недействие"[法语 *inertie* 的翻译—
"инерция"(惯性)]、"назнаменование"[法语 *embleme* 的翻译—"эмблема"(符
号)]等。此外,特列季亚科夫斯基还采用了与外语单词相近的俄语词汇来翻译
[例如,用"всенародный"翻译 *epidimeque*—"эпидимеческий"(流行病的),
"внезапный"翻译 *panique*—"панический"(恐慌的),"учение"翻译 *erudition*—
"эрудиция"(博学)],以及采用词组进行描述性翻译,例如:"предверженная

---

① Пекарский П. П. Наука и литература в России при Петре Великом. Т. 1. СПб., 1862. С.
215-216.

② Пекарский П. П. Наука и литература в России при Петре Великом. Т. 1. СПб., 1862. С.
330.

вещь"[*object* —"объект"（客体）]、"сила капелек"[*essence* — "эссенция"（精华）]、"жар исступления"[*entousiasme*—"энтузиазм"（热情）]、"телесное мановение"[*geste*—"жест"（手势）]、"урочный округ"[*periode*—"период"（时期）]等。值得注意的是,特列季亚科夫斯基试图通过引用教会斯拉夫语传统来为自己创造术语的行为辩护。他在 1752 年回应德国学者格·弗·穆勒的批评时,有些讽刺地说:"作为一个外国人,评定员①也许会对这些术语表示怀疑,但这些术语得到了我们所有教会书籍的认可,我也是从这些书籍中摘录的。"②

不过,特列季亚科夫斯基在这一领域还有更接近的前辈。首先是 *安齐奥赫·德米特里耶维奇·康捷米尔*(1708—1744)。

康捷米尔是摩尔达维亚公爵的儿子,摩尔达维亚公爵与彼得一世结盟,在对土耳其的普鲁特战役③失败后被迫移居俄国。康捷米尔接受了杰出且全面的教育,是俄国古典主义的发起人、政治家和外交家,著有大量讽刺诗和寓言。他翻译的法国思想家伯·丰特奈尔的著作《关于宇宙多样化的对话》(«Разговоры о множестве миров»)是哲学、自然科学和小说的奇特结合。康捷米尔认为必须给自己的作品附上注释,对所使用的外来词进行解释,"他被迫使用这些词语,因为俄语中没有与之等效的词汇",他还对使用了新含义的俄语词汇进行了解释。这种注释的需要也体现在他翻译小说和历史作品(阿那克里翁、尤斯丁、科尔奈利乌斯·奈波斯等人的作品)上。他在贺拉斯《书信集》[«Послания»(«Письма»)]译本的序言中提到:"在许多地方,我宁愿逐字逐句地翻译贺拉斯,尽管我自己觉得必须采用一些对于没有拉丁语经验的读者来说不能完全理解的新词或新词组。我为这一行为道歉,因为我进行这一翻译不仅是为了那些不懂拉丁语而只满足于阅读俄语版贺拉斯《书信集》的人,也是为了那些正在学习拉丁语并希望完全理解原作的人。如果这些新词和新词组变得司空见惯,我们还将从中受益匪浅,因为我们的语言因此而变得更加丰富,而这一点不应在书籍翻译结束时被遗忘。

---

① 其职级根据《官阶表》确定。

② Винокур Г. О. Избранные работы по русскому языку. М., 1959. С. 131.

③ *译者注*:1710—1711 年俄土战争期间俄军对土军发起的一次战役。1711 年,俄军为摆脱困境,准备向受土耳其控制的巴尔干地区进击,并决定抢在土军之前到达多瑙河,占领渡口。6 月 18 日,土军先期渡过多瑙河,在普鲁特河左岸与克里木汗军会合。彼得一世亲率俄军主力沿普鲁特河右岸向前推进,被渡河作战的土军击退。旋即,土军和鞑靼军向俄军发起进攻,因伤亡惨重败退。俄军粮秣严重不足,处境危急。迫于形势双方同意议和。7 月 23 日,签订《普鲁特和约》。

此外,我非常希望,我所介绍的这些新词和新词组并不违背俄语的亲和力,我也没有忽视在附加的注释中详细解释它们,这样每个人都能理解;假以时日,这些新词也许会被人们所接受,不需要任何解释。"①

在评估康捷米尔和特列季亚科夫斯基(以及他们较不知名的同行)的工作成果时,人们通常会注意到一个事实:尽管他们的实际成就相对较为不足,特别是由于他们创造的大多数术语存在不准确和笨拙的特点,但18世纪上半叶在这一领域的翻译工作具有重要的意义,为西欧科学术语的掌握奠定了基础,直到卡拉姆津著名的改革出现,而卡拉姆津也没有忽视这个问题。

然而,在罗蒙诺索夫的著作中,或许以最清晰的形式(和最丰硕的成果)体现了创建自己的科技术语体系的过程。他坚决主张,与他同时代的俄语已经融合了"西班牙语的辉煌、法语的活力、德语的力量、意大利语的温柔,以及希腊语和拉丁语在表达方面的丰富和简洁",足以正确、准确地表达最复杂的外语文本:"西塞罗的雄辩、维吉尔的华丽、奥维德的活力,在俄语中都不失其尊严。最微妙的哲学想象和推理、各种自然属性以及在世界和人类行为的可见结构中发生的变化,我们都有体面而富有表现力的表达。如果我们不能准确地描绘某件事物,就不能把它归咎于我们的语言,而是归咎于不能使自己满意的艺术。"罗蒙诺索夫同时补充说明,在科学性质的翻译中,他"被迫……寻找词语来命名一些物理工具、行为和自然事物,虽然一开始会显得有些陌生,但希望随着时间的推移,通过使用它们会变得更加熟悉"②。同时,这位学者还指出,在基督教传入的时代就已经出现了这种现象,基督教也带来了许多以前不熟悉的概念:"从希腊语中,我们可以找到大量俄语和斯洛文尼亚语的词汇,这些词汇最初是为了翻译书籍而使用的,后来就用习惯了,好像这些词汇一开始就是在俄语中诞生的一样……虽然不能说最初将希腊语翻译成斯拉夫语的人不可避免地在翻译时采用了对斯拉夫语来说陌生的希腊语特性,但经过很长一段时间后,听斯拉夫语不再反感,而是习惯了它们。因此,对我们的先辈来说似乎难以理解的东西,现在对我们来说却变得愉快有用了。"③

---

① Русские писатели о переводе XVIII–XX вв. Л. , 1960. С. 30.

② Русские писатели о переводе XVIII–XX вв. Л. , 1960. С. 48,50.

③ Русские писатели о переводе XVIII–XX вв. Л. , 1960. С. 49.

4. 后彼得大帝时代翻译的发展

在整个 18 世纪以及之后,科技文献的翻译问题一直保持着其现实性(让我们回顾一下普希金关于"科学、政治和哲学尚未用俄语表达"的著名言论)[①]。然而,从 18 世纪中后期开始,与翻译优秀文学作品相关的其他问题逐渐凸显出来。1830 年,由学生瓦西里·特列季亚科夫斯基翻译的法国作家保尔·塔尔曼的寓言小说《爱岛之旅》(«Езда в остров любви»)问世,开启了叙事散文翻译的历史,并很快大受读者欢迎。早在 18 世纪下半叶,俄罗斯的一家讽刺杂志注意到了对娱乐文学日益增长的需求,并指出,在过去的几十年里可以听到许多关于缺乏有益文学作品的抱怨,而现在的情况却截然不同:尽管从外语翻译的"好书"很多,但却远不如一些小说(在古典主义美学中被视为一种"低级体裁")受欢迎。

这一进程在伊丽莎白·彼得罗夫娜女皇(1741—1761 年在位)统治时期就已开始显现,当时简易读物的译著出版数量开始明显增加。女皇本人也为此做出了贡献,她颁布了一项法令,要求科学院组织翻译并出版各种内容的俄语书籍,"在这些书籍中,实用性和娱乐性将与符合世俗生活的道德教育相结合"。另一方面,读者需求的提高也增加了对译者的需求。1748 年,《圣彼得堡日报》学术办公室刊登了一则广告,邀请愿意尝试翻译的人加入。如果应聘者的水平令人满意,他们就会接到翻译某本书的订单,在完成工作并付印后,还可获得 100 册印数的酬劳(译者必须自行销售)。

但在 1762 至 1796 年,叶卡捷琳娜二世统治时期,文艺作品的翻译变得尤为普遍。这一时期被翻译家称为"翻译的黄金时代"。从古代到 18 世纪最重要的世界文学作品都是在那时首次以俄语出现的,其中许多作品直到 20 世纪都只有叶卡捷琳娜时代的版本。翻译本身变得越来越受尊重,译者中不乏来自社会各阶层的人士。一位女译者甚至请求读者原谅她可能出现的错误,因为她只有十岁。18 世纪的许多杰出作家也从事过翻译工作:博洛托夫、波格丹诺维奇、冯维辛等,更不用说特列季亚科夫斯基、苏马罗科夫和罗蒙诺索夫了,下文将讨论他们的作品。女皇本人也树立了榜样,她与 1767 年陪同她沿伏尔加河旅行

---

① Пушкин А. С. Собр. соч. : В 10 т. Т. 6. М. , 1962. С. 259.

的廷臣一起翻译了法国作家马蒙泰尔的小说《韦利扎里》(«Велизарий»)。值得一提的是,这部小说在法国因政治原因被禁。

翻译活动的发展提出了赋予其适当组织形式的需求。早在 1735 年,根据特列季亚科夫斯基的倡议,俄罗斯协会就已成立,旨在为学术译者提供聚会和讨论工作成果的平台。然而,三十多年后,这一领域发生了一件特别重要的事,即 1768 年 10 月 8 日《圣彼得堡日报》刊登了如下报道:"我们仁慈的女皇陛下时刻关心人民的福祉,在第三天,根据从她的宝座上倾泻而下的丰厚恩惠,在智慧的守护下,为了传播科学,她首次同意每年拨款五千卢布用于俄语翻译优秀外文书籍,并委托弗拉基米尔·格里戈里耶维奇·奥尔洛夫伯爵、安德烈·彼得罗维奇·舒瓦洛夫伯爵以及学院顾问格里高利·科济茨基监督这笔资金的使用,以造福社会并奖励那些愿意从事翻译工作的人。"①

这标志着著名的"努力将外国书籍翻译成俄语文集"的开端。该文集一直存在到 1783 年,注定成为俄罗斯翻译文学发展中最重要的要素之一。

女皇对新组织领导人的选择也具有一定的特点。如果科学院院长奥尔洛夫和创作法国诗歌的舒瓦洛夫(顺便说一句,他本人还与包括伏尔泰在内的许多法国作家有密切联系)关系密切,那么*格里高利·瓦西里耶维奇·科济茨基*(约 1724—1775)与俄罗斯文学生活的联系最为直接。科济茨基接受了基辅神学院的教育,在莱比锡大学完成了学业,曾担任女皇的秘书,负责处理诉求事务,精通古今语言,并以才华横溢的翻译家而著称(尤其是他翻译的萨福和卢康的作品),他是领导这一类型组织的最合适人选。

在参与人数和完成工作量方面,该协会在俄语(或许不仅限于俄语)翻译史上都占据着独特的地位。在其存在期间,超过 110 人参与了该协会的活动,其中包括拉吉舍夫。该协会共出版了 112 部作品,共计 173 卷;需要注意的是,实际的翻译数量远远超过了这个数字,但其中一部分作品仍然以手稿形式存在,而另一部分则是在 1783 年该协会停止活动后出版的。

被选中进行翻译的文学作品很有特点。协会刚开始活跃时,人们热衷于启蒙哲学(女皇本人对启蒙哲学也给予了极大的支持)。因此,在最初的几年里,伏尔泰、孟德斯鸠、梅伯利的作品,以及阿拉梅尔与狄德罗著名的《百科全书》

---

① Семенников В. П. Собрание, старающееся о переводе иностранных книг, учрежденное Екатериной II. Историко-литературное исследование. СПб. , 1913. С. 7-8.

(《Энциклопедия》)中的文章成为关注的焦点,尽管它们在俄语中面临着一定的审查困难,首先是来自教会当局的阻力。欧洲的文艺作品也没有被遗忘:斯威夫特、塔索、科尔内耶、盖勒特、哥尔多尼等人的作品相继出版。然而,古代遗产逐渐开始受到重视,科学院的代表们长期以来一直主张对其进行翻译。叶卡捷琳娜对俄罗斯译者在这方面的工作尤为自豪。她在 1770 年写信给伏尔泰说,她自己很快就要在大学里学习希腊语了,但与此同时,荷马的作品正在被翻译成俄语,这具有一定的意义,尤其是对初学者来说。最后,围绕在协会周围的译者们非常关注科学文献,主要是历史和地理著作。数学、物理、自然科学方面的著作,甚至教科书也得到了翻译。因此,从某种意义上可以说协会延续了彼得大帝时代的传统。

原语言以法语、德语、古希腊语和拉丁语为要。也有从意大利语甚至汉语翻译过来的作品。诚然,由于缺乏熟悉这些语言的译者,有些译本仍是从二手甚至三手译本翻译过来的(例如,菲尔丁的小说就是从英语原作的德语版法语译本翻译过来的)。然而,直接从原作进行翻译被认为是标准做法(特别是当涉及古代文学作品时)。此外,协会甚至以其名义发布了一则特别公告,即如果某部古代作家的作品迄今为止都是以其他语言的译本出版,而向协会提交的译本译自原作,那么协会将欣然接受这样的作品,并给予作者相应的奖励。除少数例外情况,法语和德语书籍也都是从原作翻译过来。

协会的活动得到了许多同时代人的高度赞赏,其中包括著名启蒙家*尼古拉·伊万诺维奇·诺维科夫*(Николай Иванович Новиков)(1744—1818)。他曾说过这样一句话:"在这个协会监督下翻译的书籍带来了多少益处?公正并热爱祖国的读者,你们是知道的。"[1]此外,一直致力于出版翻译文学作品的诺维科夫本人也与协会有着直接的联系。1773 年,他组织了"图书印刷协会",该协会与翻译家组织的活动相辅相成;此外,他提交给学术办公室出版的大部分手稿都是俄罗斯协会成员的译作。

俄罗斯协会的活动一直顺利进行到 1775 年;然而,科济茨基去世后,奥尔洛夫被多马什涅夫取代,协会逐渐衰落。在 1783 年被撤销之后,翻译事务成为当时俄罗斯科学院的主要任务。该院的主要目标是俄语语言和文学的发展。

---

① Семенников В. П. Собрание, старающееся о переводе иностранных книг, учрежденное Екатериной II. Историко-литературное исследование. СПб. , 1913. С. 26.

1790 年,由著名的*叶卡捷琳娜·罗曼诺夫娜·达什科娃*(Екатерина Романовна Дашкова)(1743—1810)公爵夫人提议,科学院成立了翻译部门,由普罗塔索夫教授领导,"其主要任务是将各种有益的外文书籍翻译成我们的母语,通过翻译,我们的学生和译者将在各种知识和母语方面都有所提高"[①]。然而,这个新机构主要从事科学文献的翻译,涉及地理学、历史学、建筑学等领域,因此其活动实际上并未超出狭窄的学术范围。

5. 文艺翻译的问题

上述将翻译活动的重心从专业文献转向文艺作品的过程要求对后者的原则和方法进行深入研究。首先(科技文本的语际传达也是如此),鉴于当时俄罗斯文学语言的性质,必须解决一些相当复杂的词汇和文体问题。"毫无疑问,古俄罗斯文学拥有足够成熟的文体学:神学体、年鉴体、叙事学体、修辞学体(即更确切地说,是演讲和书信体散文的文体学)……以及同样成熟的民间诗歌文体学。然而,缺乏以新的要求和目标为导向的世俗的、'尘世'诗歌语言……*思想*与不符合其文化水平的*词语*之间的冲突是我们 18 世纪的一个突出特点。"[②] 当然,这种冲突在翻译作品中表现得最为明显,因为翻译作品中存在着大量缺乏俄语对应词的词汇和成语。除上述情况外,我们还应指出参考书的严重匮乏,首先是缺乏词汇学工具书,尤其是翻译词典,这对于任何语际转换都是非常必要的。例如,第一部法俄词典直到 1768 年才出版,在此之前,译者在遇到困难时几乎只能依靠自己的直觉和智慧。翻译小说中充斥着"至高无上的卓越"(杰作)、"悦耳的啁啾"(和谐)以及类似的"珍珠",小说主人公"用自己的小神像抱着他们的爱人或心上人"(这可能是法语 *idole de mon ame*"我灵魂的偶像")也就不足为奇了。

在诗歌翻译方面存在一个特殊问题。与散文翻译相比,在诗歌翻译中,译作与原作之间的区别要小得多,而且意识到这一点的时间也晚得多(回忆一下上述加夫列尔·布仁斯基的声明)。这既与客观原因(诗歌文本的特点决定了

---

① Семенников В. П. Собрание, старающееся о переводе иностранных книг, учрежденное Екатериной II. Историко-литературное исследование. СПб. , 1913. С. 31.

② Вильмонт Н. Предисловие к кн. : Зарубежная поэзия в русских переводах. От Ломоносова до наших дней. М. , 1968. С. 9, 13.

从一种语言翻译到另一种语言时,对原作的处理有更大的自由度),也与将诗歌视为比散文更高级的文学形式的观念有关。因此,缩写、延伸和对原作的其他改动不仅被认为是允许的,而且被视作一种准则。在很大程度上,这种做法与18 世纪 30 年代古典主义原则的确立有关,其内在的愿望与其说是传达某部作品,不如说是传达作品背后的理想,译者必须追求这种理想(正如欧洲古典主义传统一样,在追求理想的道路上原则上允许译者超越作者)。这种态度刺激了18 世纪固有的另一种现象,即所谓的翻译比赛,也就是将同一文本提供给多位译者(最著名的例子是特列季亚科夫斯基、罗蒙诺索夫和苏马罗科夫之间的比赛,他们分别提交了 145 份诗篇,以确定哪种诗格更能表达其内容)。应该指出的是,问题不在于彰显这个或那个"竞争者"创造才能和个人技能,而是在于所创作的译本与理想的接近程度,无论译文作者(以及原作作者)生活和工作的时代和具体条件如何,理想都应该以不变的形式客观存在。因此,可以依靠前人,而且可以直接将前人的工作成果移植到自己的文本中,这一文本被认为与所理解的理想相一致。这种借鉴(后来被视为单纯的剽窃)不仅被认为是古典主义译者的权利,也是他们的义务。

另一方面,无论乍看起来多么自相矛盾,人们一方面希望找到接近理想的途径,另一方面又拒绝用诗句翻译诗歌作品,因为后者的强制性并非总能实现。与特列季亚科夫斯基的活动有关的一个典型事件是,他将布瓦洛的诗歌译本和贺拉斯的散文译本放在一起,解释了其翻译方式的区别,他指出:"这样做的原因……只是我的武断:贺拉斯的译本也可以用诗歌来翻译,两者也都可以用散文来翻译。"[1]

在 18 世纪末,以散文形式翻译诗歌文本的做法变得相对普遍。德语诗歌的大量出版就是通过这种方式实现的;英国文学也有类似情况。除了当时阿列克谢耶夫院士指出的内部因素外(原语和译语的语言体系和韵律体系之间的不匹配,当时这种不匹配程度比后来更加显著;缺乏稳定的翻译传统;建立"诗歌对等"原则不成熟等),外部因素也发挥了作用。首先是受法国散文翻译的影响,古代诗歌、"新欧洲"诗歌在这一时期传播开来。此外,由于上述原因,当俄罗斯读者接触其他诗歌传统,尤其是英语诗歌时,法语译本往往成为原语文本。

---

[1] Левин Ю. Д. Об исторической эволюции принципов перевода // Международные связи русской литературы. М. ; Л. , 1963. С. 15.

然而,也存在相反的情况,即原作的散文文本采用了诗歌形式,这将在下文中讨论。

最后,还可以提及一些尝试在诗歌翻译中使用白体诗的努力,就像康捷米尔在翻译贺拉斯《书信集》①中所做的那样。然而,他认为有必要特别提醒读者,并通过再次引用国外经验来为自己的做法辩解:"我将这些信件译成了无韵诗,以更贴近原意,而避免了韵律的需要,这往往会迫使我偏离原意。我知道,对于某些人来说,这种诗歌似乎并不像诗歌那样,但如果他们仔细阅读,就会发现其中有一种和谐和一种愉悦的韵律,我希望这足以证明,我们创作诗歌时也可以不用韵律。

在这一点上,许多国家娴熟的诗人都是我们的领路人和榜样。意大利的作家几乎将所有拉丁语和希腊语(作家)的作品翻译成了这种无韵诗[他们称之为versi sciolti(即白体诗)]……他们的新作也是用这种诗句创作的……在英国,我们不能忘记弥尔顿光辉灿烂的《失乐园》。如果我不担心讲得太多,我还可以提到许多其他作品。"②

足够丰富的文艺翻译*实践*自然会促进文艺翻译的*理论研究*。*瓦西里·叶夫多基莫维奇·阿多杜罗夫*(1709—1780)大概以最一般的形式提出了这些问题。他是俄语语法的作者,曾在科学院办公室担任德语和拉丁语翻译,后来又担任过多个政府要职,他对翻译提出了以下要求:

1)译作必须与原文完全一致;

2)表达清晰,无语法错误;

3)不违反语言规范,不会在阅读时造成困扰,也不会让人轻易猜出原文使用的是哪种语言(即不具有"外来语"的痕迹)。

一般而言,很少有人会反对这些原则;但是,与当时西欧的情况一样,不同作家对于"与原文一致"和"阅读无困扰"这些理念的理解可能存在差异。此外,即使是同一作家,对于翻译的本质和任务也经常存在着模糊的理解,这在许多俄罗斯古典主义的重要代表人物的作品中都有所体现。

---

① 提醒一下,古代律诗是不使用押韵的。

② Русские писатели о переводе XVIII–XX вв. Л., 1960. С. 30–31.

6. 特列季亚科夫斯基的翻译活动

在我们之前的叙述中已经多次提及的*瓦西里·基里洛维奇·特列季亚科夫斯基*(1703—1769),被认为是这一时代俄罗斯翻译界最杰出的代表之一(尽管并非所有人都持相同看法)。他是阿斯特拉罕一位牧师的儿子,在莫斯科斯拉夫-希腊-拉丁语学院接受教育,随后在索邦神学院学习,并在科学院担任过翻译和秘书等职务。他是第一个获得拉丁语和俄语雄辩学教授头衔的人,也是多部语言学作品的作者和俄罗斯诗歌改革的倡导者。特列季亚科夫斯基以其翻译作品而闻名,包括贺拉斯、布瓦洛、塔尔曼(尤其是从后者的寓言小说《爱岛之旅》的翻译开始,开启了 18 世纪翻译叙事散文的历史)、巴尔克利的政治小说《阿尔戈尼达》(«Аргенида»)、费奈隆的启蒙小说《特勒马科斯纪》(«Похождения Телемака»),以及历史学家罗林等人的多卷本历史著作。此外,他还是一位杰出的理论家,致力于阐明"最重要的标准,即优秀译本的明显标志"(当然,这是指古典主义对优秀译本的理解)。在描述特列季亚科夫斯基的观点及其作品时,有必要考虑到其演变因素,主要是对译作语言产生影响的因素。在塔尔曼小说的序言中,他强调了摒弃使用教会斯拉夫语元素的决定,并从当代读者的角度指出这种语言的"晦涩"和"刺耳",而在他最新的译本之一——克雷维尔的《罗马皇帝史》(«История о римских императорах»)中,我们可以清楚地看到他希望创造一种以这些教会斯拉夫语元素为基础的书面体裁(这与他对俄罗斯文学语言性质的总体看法的变化有关)。

总体而言,谈及特列季亚科夫斯基在翻译领域的理论立场,其与众不同之处在于与古典主义原则的联系。首先是对属于"贵族"(即受过教育的人)的读者的定位,以及读者品位的考量——因为正如这位"拉丁语和俄语雄辩学教授"自己所指出的,他的译文"不会被愚昧时期诺夫哥罗德的马尔法人阅读,它是为当代彬彬有礼、褪去稚嫩的人而作"[1]。根据这个考量,特列季亚科夫斯基在将拉丁语版《阿尔戈尼达》翻译成俄语时,按照拉丁语的规范,当提到一个人时总是使用代词 tu(你),但在符合他同时代礼仪规范的情况下,他会用"вы"(您)来替代。他在塔尔曼小说的序言中表达了一个常被引用的说法:"……译者与创

---

[1]　Русские писатели о переводе XVIII-XX вв. Л., 1960. C. 37.

作者只是在名称上有所不同。我还要告诉你,如果创作者令人费解,那么译者就必须更加令人费解。"①尽管后来的研究者对这句话有不同的解释(例如从高度评价翻译作品的角度),但它在客观上也论证了对文本的"创造性"(古典主义意义上的)态度。

这种比原作者"更加复杂"的愿望中,我们可以看到与这一流派代表人物所译作品特点的联系。这种特点已经多次提到——不是传达原作本身,而是传达原作背后的理想。因此,费奈隆的小说《尤利西斯之子特勒马科斯历险记》(《Похождения Телемака, сына Улисса》)是用散文写成的,它是用所谓的古代素材写成的现代性寓言,仿佛是荷马史诗的延续。特列季亚科夫斯基用俄语六音步扬抑抑格重现了这部作品,在他看来,这代表着"回归……秩序,再次追求希腊那最初的、独一无二的、完美无缺并超越一切相称的境界"。他之所以做出这样的决定,是因为这种韵律最适合作品的主题,因此能更好地再现作品的理想,而由于原语言的特殊性,作者无法接近这种理想:"然而,作者确实用他的法语自由吟唱了这首诗歌:但这是用散文吟唱的,因为法语不适用于希腊-拉丁语英雄主义诗歌。至于我们的语言,它在双韵律诗中,以及在希腊语和罗马语中都是如此精彩……大自然赋予了它希腊语所有的丰富和甜美以及拉丁语所有的重要性和尊严。我们拥有斯拉夫欧洲语言的一切财富和空间,为什么还要自愿忍受法语的匮乏和狭隘呢。"②

诚然,在许多情况下,特列季亚科夫斯基都强调要尽可能忠实地传达译者的作品,以便"理性和构思的底色……不被破坏"③[例如,罗马剧作家泰伦提乌斯的喜剧《阉奴》(《Евнух》)就是这种情况]。这里的"忠实性"纯粹是以古典主义的方式来理解的:除了由于客观原因(韵律和节奏)而对文本进行的改动之外,用他自己的话说,特列季亚科夫斯基认为还可以"根据当前戏剧的习惯,对文本进行一些最简单的、只有内行人才能感觉到的改动"④(尽管他规定译文不是为了舞台演出,而只是为了阅读)。然而,从当今读者的角度来看,所做的"改动"似乎并不那么"小":结构被改动了(分成了若干事件),前言没有译成俄语,因为译者认为它与剧作内容没有直接关系,是罗马喜剧作家与评论家的论战,

---

① Русские писатели о переводе XVIII—XX вв. Л. , 1960. С. 36.
② Русские писатели о переводе XVIII—XX вв. Л. , 1960. С. 42.
③ Русские писатели о переводе XVIII—XX вв. Л. , 1960. С. 42-43.
④ Русские писатели о переводе XVIII—XX вв. Л. , 1960. С. 43.

特列季亚科夫斯基的同时代人对此兴趣不大。最后,根据良好品位的准则,这位"雄辩学教授"采取了措施,"删去了那些可能令人反感的丑恶之处"①。显然,这样做的结果一定是合理的。

特列季亚科夫斯基在其翻译的法国古典主义理论家布瓦洛的论著俄语版序言中提出,对诗歌翻译的要求也值得关注。该论著以《用诗歌翻译布瓦洛-德普列奥夫法语诗歌的诗体科学与诗意科学》(«Наука о стихосложении и поэзии с французских стихов Боало-Депреовых стихами же»)为题出版:

"1)译者要尽力描绘每行诗句中所包含的全部思想;

2)保留每行诗句中的力量;

3)在译作中呈现与原作相同的情节;

4)以相同的清晰度和能力创作;

5)言语应该贴近思想;

6)确保译文不会被指责为野蛮;

7)语法结构要合理,没有语病(солецисм)②,观点之间和词与词之间不使用插入语;

8)诗句结构要正确,没有所谓的生硬或空洞的补充;

9)全文通顺;

10)若必须自由翻译,要尽量减少自由翻译的部分;

11)尽量让丰富的韵脚占据一半,不损其意;

12)任何其他能增强亲切感的翻译也要注意。"③

乍一看,所引用的声明(除了语言有点过时)与当前许多诗歌翻译理论家的声明相当一致。但是,在对允许"少量"自由翻译这种相对谨慎的论述后,他又进行了更果断的澄清:"并非总是需要译文与原文相同且字数相等;这很难,而且几乎总是超出人的能力范围;只需要与思想准确一致即可。"④

① Русские писатели о переводе XVIII—XX вв. Л., 1960. С. 43.

② солецисм 在特列季亚科夫斯基的作品中意思为句法错误。

③ Левин Ю. Д. Об исторической эволюции принципов перевода // Международные связи русской литературы. М.; Л., 1963. С. 14. См. также: Русские писатели о переводе XVIII—XX вв. Л., 1960. С. 39—40.

④ Левин Ю. Д. Об исторической эволюции принципов перевода // Международные связи русской литературы. М.; Л., 1963. С. 14. См. также: Русские писатели о переводе XVIII—XX вв. Л., 1960. С. 39—40.

在前面已经讨论了古典主义理解中思想的"忠实性",特别是特列季亚科夫斯基的理解。至于"一致性",在上述《阉奴》的译本中,主要任务是贴近原作,原作中的六音节诗句被译为抑扬格五音步,用特列季亚科夫斯基自己的话说,这在译者看来"似乎"是"最相似的韵律"。

更值得注意的是,特列季亚科夫斯基对俄罗斯翻译传统的贡献已经得到了与他同时代许多人的认可。穆勒院士经常与他发生冲突并否认其诗歌才华,但他不得不在一篇评论中指出:"特列季亚科夫斯基先生以其不可否认的勤奋,逐渐成为一位令人满意的翻译家。"[1]一个多世纪后,当特列季亚科夫斯基的作品早已失去现实意义时,科学院历史学家佩卡尔斯基认为有必要特别强调,在阅读他的译作时,"我们不能不注意到那个时代罕见的美德……那就是译者努力忠实、准确地表达原作的意思。只要将上世纪初的第一部译作与……特列季亚科夫斯基的作品进行比较,就足以看出他在这方面如何超越了同时代的译者"[2]。

7. 特列季亚科夫斯基的同时代人

在俄罗斯文化中,除了其他一些在某种程度上涉及翻译问题的代表人物外,我们不能不提及最杰出的代表人物 *米哈伊尔·瓦西里耶维奇·罗蒙诺索夫*(Михаил Васильевич Ломоносов)(1711—1765)的工作。这位伟大的俄罗斯学者投入了大量时间来从事翻译和编辑工作,同时,他将翻译视为一种材料,通过对外语样本的重新加工和重新思考,丰富了俄罗斯文学的主题和形式。与此相关的是,他警告人们不要过度沉迷于外语而损害原创作品,这让人联想到几个世纪前杜贝莱的观点:"现在不应该接受外来事物,以免陷入野蛮状态……接受外来事物之前是有益的,之后则是有害的。"[3]同时,罗蒙诺索夫认为翻译应该尽可能忠实于原作,但又不能违背俄语的规范,俄语规范的发展对他来说是一项重要任务。因此,他对跨语言传达提出了这样的要求,"不要失去文体的尊

---

① Пекарский П. П. История Императорской академии наук в Петербурге. Т. 2. СПб. , 1873. С. 24.

② Пекарский П. П. История Императорской академии наук в Петербурге. Т. 2. СПб. , 1873. С. 22.

③ Ломоносов М. В. Полн. собр. соч. Т. VII. М. ; Л. , 1952. С. 763.

严"①（尽管在古典主义翻译中再现作者的个人风格还不能被视为*主要任务*）。因此，罗蒙诺索夫对"法国人……通常的翻译方式，即只取原作的意思，而自己添加一些词、随意减少和丢弃一些词持批评态度，这导致译作与原作不相似"②。

俄罗斯古典主义的第三位杰出人物、诗人兼剧作家*亚历山大·彼得洛维奇·苏马罗科夫*（Александр Петрович Сумароков）（1717—1777）也关注了翻译问题。苏马罗科夫出身贵族，曾就读于陆军贵族学校，拥有准将军衔，并担任俄罗斯剧院的院长。他对翻译持有双重立场。一方面，他坚持认为小说是一种"空洞无益"的体裁，而翻译小说，尤其是长篇小说数量的不断增长引起了他的强烈抗议："译著正在丰富社会；但这些书籍在后世几乎都将消失，它们不会给我们的时代带来荣耀。"③另一方面，苏马罗科夫本人也翻译和改编了许多外国作家的作品（包括萨福、贺拉斯、伏尔泰、洛克等）。在他出版的《勤劳的蜜蜂》（«Трудолюбивая пчела»）杂志上，翻译作品也占据了重要位置。

古科夫斯基曾经借用苏马罗科夫的翻译活动来阐释这样一个观点，即当译者认为文本已经达到绝对完美并且接近理想的程度，以至于不可能"超越"它时，对待它的态度就要尽可能（或努力做到）谨慎。因此，在翻译法国古典主义最杰出的代表人物之一拉辛的部分作品时，译者逐句再现，保留了诗句的数量和韵律系统，苏马罗科夫认为这完全符合上述要求。因此，从*形式上看*，这是一个将外语文本译成俄语的确切例子，尽管从整体上看，这部作品的艺术体系与其说与拉辛相似，不如说与苏马罗科夫本人相似。对于德国诗人保罗·弗莱明的三首十四行诗也是如此，苏马罗科夫也是严格按照形式翻译的。

但是，当涉及莎士比亚的《哈姆雷特》这部作品时，这完全不符合古典主义伦理规范及其"品位"观念。苏马罗科夫（就像伏尔泰一样，将这位英国剧作家视为"野蛮的天才"）采取了不同的态度。特列季亚科夫斯基尖锐地指出，苏马罗科夫在翻译这部著名的戏剧时，并非直接翻译原作，而是根据散文进行改编的（正如一些亲历者所明确指出的那样，《哈姆雷特》的译文是从英语散文翻译

---

① Ломоносов М. В. Полн. собр. соч. Т. VII. М.；Л., 1952. С. 763.

② Пекарский П. П. История Императорской академии наук в Петербурге. Т. 2. СПб., 1873. С. 487.

③ Фитерман А. Сумароков-переводчик и современная ему литература // Тетради переводчика. М., 1963. С. 14.

而来,然后我们尊敬的作者用诗歌重新翻译了它①)。正如莱温所说,特列季亚科夫斯基说他*翻译*了莎士比亚的悲剧时,苏马罗科夫甚至感到不悦……苏马罗科夫作为一名古典主义者,并不试图用自己的语言翻译外语作品,而是试图创作一部接近理想的新作品……苏马罗科夫认为莎士比亚是"英国的悲剧演员和喜剧演员,其中有很多地方很糟糕,也有很多地方非常出色"。因此,这位俄罗斯剧作家认为自己有权按照自己的理解将这种"糟糕"的作品改编成"出色"的作品②。

也许,正是苏马罗科夫在他的《俄语书简》(«Эпистола о русском языке»)中以诗歌的形式最为全面、清晰地描绘了古典主义翻译的原则:

> 每国音节各有异,
>
> 法文中之佳句,在俄文或许潦草;
>
> 造物者赋思维,未必予以词,
>
> 不可悉研其词序,须以词彩装点自身。
>
> 如何跟随其途径?
>
> 须走自我心智之领域。
>
> 与其相提并论,因你非以著述见长。
>
> 即使词汇库丰富,莫以为其大有裨益。
>
> 若意与言语颠倒,
>
> 翻译将成永远之谜;
>
> 你将词语准确排列,白费心机何?
>
> 欲翻译无瑕之作,
>
> 发现创作者之精神与力量,未必如实显现。③

弗拉基米尔·伊格纳季耶维奇·卢金(Владимир Игнатьевич Лукин)(1737—1794)在俄罗斯翻译史上独具一格。他是宫廷男仆的儿子,后来担任内

---

① Фитерман А. Сумароков-переводчик и современная ему литература // Тетради переводчика. М., 1963. С. 17.

② Левин Ю. Д. Об исторической эволюции принципов перевода // Международные связи русской литературы. М.; Л., 1963. С. 6–7.

③ Русские писатели о переводе XVIII–XX вв. Л., 1960. С. 52.

阁总理叶拉金的秘书,在其领导下开展工作。卢金被誉为俄罗斯国家剧院的奠基者之一。然而,他撰写的绝大多数剧本都是对 17 至 18 世纪法国作家作品的改编。与此同时,他的做法完全符合古典主义传统处理原作的方式①,尽管有一些偏离。他力图通过将异国生活特征替换为本土特征,将名字改为俄文名字等方式,提高原作对俄罗斯读者的思想和审美价值。他认为外国元素使作品难以理解,甚至有时会导致国内观众对其失去兴趣。卢金曾写道:"我总是感到,在这类作品中听到外国的语言很不舒服,这些作品应该描绘我们的风俗,纠正的是我们民族的特色,而不是全世界的通病……实话告诉你,任何未经精心打磨的样本,即在戏剧中没有符合该民族道德的样本,在剧院中只会变成一种混合物——有时是俄罗斯的,有时是法国的,有时两者兼有。"②

8. 18 世纪末的俄语翻译

18 世纪的最后几十年,翻译作品的数量急剧增加,翻译在当时文化体系中的作用显著提升。小说翻译的发展尤为迅猛。尽管"社会效益"仍然是选择外语作品的主要标准,但人们开始关注其他因素:新颖性、"敏感性"、"优雅性"和"柔美的文体"。一种新的文学思潮——感伤主义的出现在很大程度上促成了这一点。俄罗斯读者熟悉理查逊、斯特恩、卢梭、早期的歌德以及这一思潮的其他代表人物的作品。人们对小说体裁的态度也发生了变化:如果说在古典主义占统治地位的时代,小说被认为是一种"低级"文学的话,那么现在,博洛托夫和卡拉姆津(后者甚至声称"愚蠢的人才不读小说"③)等俄罗斯文化的杰出人物都在谈论小说的认知价值和道德价值。与此同时,翻译文学的性质开始越来越多地受到商业因素的影响,以读者需求为导向,尽管不乏完全无私奉献甚至自费出版其劳动成果的译者。"18 世纪最后十五年的翻译活动的活跃化是俄罗斯翻译活动在深度和广度上的发展过程。一方面,翻译技能水平得到了提高,对翻译书籍的选择越来越慎重,另一方面,不仅在莫斯科和圣彼得堡,而且在俄

---

① 然而,类似的改编例子早在古代就有,比如罗马喜剧作家对其希腊原作的态度。
② Русские писатели о переводе XVIII—XX вв. Л. , 1960. C. 54-55.
③ Русские писатели о переводе XVIII—XX вв. Л. , 1960. C. 257.

罗斯各省也越来越多地开展翻译活动,逐渐形成了独立的文化群。"①

感伤主义希望从每个人身上找到其与众不同之处,因此开始提出传达作者个人风格的问题,甚至包括传达其固有缺陷。*米哈伊尔·尼基蒂奇·穆拉维约夫*(1757—1807)说:"翻译就像在一面纯净的镜子中一样,不仅要看到美的地方,还要看到错误之处。"②同时,"新文体"的拥护者常将"准确性"(即再现所译作品的形式与风格特征)与"清晰性"(即当时所理解的艺术方面)对立起来。《俄语文体简明教程》(«Сокращенный курс российского слога»)的作者*瓦西里·谢尔盖耶维奇·波德希瓦洛夫*(1765—1813)是这一时期的著名作家之一。他在书中专门有一节讨论了从外语翻译成俄语的问题,其中有如下规定:"应尽可能保留原文中的所有愉悦性、生动性或婉约性、文体、准确性和严密性,以便译文作者总能被看到和认出。但这并不妨碍有时为了更加清晰易懂,将大段大段的句子分割开来,因为在俄语中,这些句子会显得沉闷晦涩⋯⋯因此,翻译中要求的清晰性和保留原作的重要性往往与所提到的准确性背道而驰。"③

此外,还需注意到,除了纯形式方面,感伤主义译者还可能根据自己的品位和世界观改变原作的其他方面。例如,他们对歌德作品的处理就属于这种情况。一方面,歌德的抒情诗和小说《少年维特之烦恼》中的感伤内容引起了人们的关注,与卡拉姆津学派代表人物的情感相一致;另一方面,对这些作品本身的理解也存在一定的主观偏见(如果我可以这样说的话)。日尔蒙斯基在谈到18世纪末《维特》(«Вертер»)俄译本的特点时指出:"如果说《维特》中感伤的篇章在译者的感知及其文体技巧中找到了一些对应物,那么'狂飙突进'时代所特有的,表现激情澎湃的、表现对生活非理性认识的和表现天才个人主义的地方⋯⋯仍然超出了译者的语言能力⋯⋯存在着⋯⋯对德语原作的一种奇特的文体变义和简化。"④

在所翻译的语种中,法语依然是当时俄罗斯知识分子社会中最为普遍的语

① Кочеткова Н. Д. Сентиментализм // История русской переводной художественной литературы. Древняя Русь. XVIII век. Т. I. Проза. СПб., 1995. С. 215.

② Кочеткова Н. Д. Сентиментализм // История русской переводной художественной литературы. Древняя Русь. XVIII век. Т. I. Проза. СПб., 1995. С. 225.

③ Серман И. З. Русская литература VIII века и перевод // Мастерство перевода. 1962. М., 1963. С. 364.

④ Жирмунский В. М. Гёте в русской литературе. Л., 1982. С. 38. ("狂飙突进"——德国文学和社会运动,发生在18世纪70至80年代,是青年作家对周围现实的一种独特反抗,具有反封建特点。)

言,仍占主导地位,法国文学一直是关注的焦点。法语(以及德语)也在俄罗斯读者接触其他文学作品时起到了中介的作用。与此同时,到了 18 世纪末,人们对英国文学的兴趣也在增加。上文提到的感伤主义作家的作品在这方面发挥了重要作用。由于俄罗斯人对英语了解较少,二手译本(通常译自法语或德语)占据了主导地位,但到了 18 世纪末,直接从原作翻译的版本开始出现。一些译者还开始翻译其他语言(如意大利语、西班牙语、波兰语等)的书籍。

尽管"翻译是一项'有利且光荣的事业'"这一观念开始在俄罗斯社会的教育界越来越广泛地传播,译者们也认为他们的工作是启蒙祖国并向欧洲文化介绍祖国的一种手段,但翻译文学与原创文学之间的根本区别意识并没有立即形成。一方面,译作往往没有作者姓名,因为"重要的是作品的内容而不是作者"这一观念已经存在了很长时间。另一方面,将翻译材料与自己的创作相结合被认为是可以接受的[伊·安·克雷洛夫的《精灵邮报》(«Почта духов»)是最明显的例子,其中包含了阿让松侯爵小说的情节]。然而,人们已经开始有原则性地进行区分,卡拉姆津的活动在这方面发挥了重要作用。

9. 卡拉姆津与俄语翻译的发展

俄罗斯感伤主义最杰出的代表、俄罗斯文学语言改革者、作家、诗人、政论家和历史学家*尼古拉·米哈伊洛维奇·卡拉姆津*(Николай Михайлович Карамзин)(1766—1826)在我们感兴趣的领域留下了深远的影响。在他职业生涯的早期,即 18 世纪末,他翻译了大量作品,包括莎士比亚的《尤利乌斯·恺撒》(«Юлий Цезарь»)、莱辛的《艾米莉亚·迦洛蒂》(«Эмилия Галлотти»),以及斯特恩、汤姆森、马蒙泰尔等人的作品。与此同时,卡拉姆津还是一位翻译评论家,在期刊出版物和私人信件中对翻译作品给予了极大关注。他高度评价翻译文化,认为这是语言和文学发展的重要因素。

正如前文所述,卡拉姆津认为有必要清晰地区分翻译作品和原创作品,将它们混淆视为根本上不可接受的现象。他说:"我们一些作家、文学家或翻译家(或者随便怎么称呼他们)采取的做法更加不可原谅。他们将不同语言的作品呈现给公众,却没有说明这些作品是从外语翻译而来的。善良的读者会将其视为俄罗斯的作品,但常常感到惊讶,认为一个思维能力如此强大的作者,怎么会表达得如此拙劣且错误百出呢?作为公民,诚实要求我们不要将外来之物据为己有：不以行为，不以言辞，更不以沉默。"①

卡拉姆津对于将"二手"译本（即通过法语或德语这一媒介）直接冒充译自原作的译本的做法持否定态度。在评论一本名为《瑞士当前自然、民事和政治状况的经验，或威廉·考克斯的书信》（《Опыт нынешнего естественного, гражданского и политического состояния Швейцарии, или письма Вильгельма Кокса》）的书时，他不无讽刺地写道："应该指出这本书是从哪种语言翻译过来的。似乎可以笃定地说，它是从法语翻译过来的；但为什么要让读者去猜呢？"②同样，托马斯·莫尔的《乌托邦》标注为译自英语（尽管原作是用拉丁语写的），在回应这本书的出版并谈及"从这本俄语译本非常晦涩的政治小说中可以学到什么"时，卡拉姆津指出："……文体中的许多法语语风证明，这本书不是从英语翻译过来的，而是从法语翻译过来的。"同时补充说，译者"法语水平不高，俄语水平也不高"。

但是，卡拉姆津对这种对待翻译工作的态度表现得尤为鲜明，尤其体现在他对理查逊的小说《克拉丽莎·哈洛》（《Кларисса Гарлоу》）的评论中。这部小说在欧洲读者中享有很高的声誉，而他对它的评价也很高。他写道："翻译小说更加困难，因为文体通常是小说的主要优点之一，但什么困难会让俄罗斯人害怕呢？他拿起自己的神笔，然后《克拉丽莎》的第一部分就被翻译好了。

这第一部分是从法语翻译过来的（我从前几行就可以肯定），但译者（奥西波夫和基尔）不想告诉我们这一点，想让我们这些可怜的读者以为他是从英语原作翻译过来的。"卡拉姆津还列举了许多从法语译过来的与俄语规范相抵触的仿造词语，并得出结论："这种错误是不可原谅的，谁这样翻译，谁就破坏、毁坏了语言，就不值得批评家给予任何奖励。"③

上述尖锐的评价不仅是，甚至不完全是出于翻译方面的考虑（与原作一致或不一致），更多的是因为他希望使译作与原作一起成为俄语改革的工具，对俄语规范的偏离会使作品因缺乏"正确性""纯洁性"和"悦耳性"而受到指责。这位"新文体"的创造者除了法语之外，还非常不喜欢古斯拉夫语，这绝非偶然（他

---

① Кочеткова Н. Д. Сентиментализм // История русской переводной художественной литературы. Древняя Русь. XVIII век. Т. I. Проза. СПб. , 1995. С. 217.

② Кочеткова Н. Д. Сентиментализм // История русской переводной художественной литературы. Древняя Русь. XVIII век. Т. I. Проза. СПб. , 1995. С. 217.

③ Перевод — средство взаимного сближения народов. М. , 1987. С. 218-219.

对《克拉丽莎·哈洛》的译者说了一段尖刻的话:"一个有品位的女孩在信中既不会说也不会写 *колико*。"①）。1847 年,卡拉姆津将莎士比亚的悲剧《尤利乌斯·恺撒》译为散文(1794 年该译本被禁),在序言中可以清楚地看到类似的态度:"至于译文,我已尽最大努力忠实翻译,同时尽量避免使用与我们的语言相悖的表达。不过,还是让那些能够公正推理的人来评判吧。我没有在任何地方改变作者的思想,因为我认为这是译者所不允许的。"②

作为已经成名的作家,创作了《可怜的丽莎》(《Бедная Лиза》)、《一个俄罗斯旅行者的来信》(《Письма русского путешественника》)和其他许多著名作品的卡拉姆津,并没有停止他的翻译活动。更重要的是,到了 18 世纪末,他在这一领域创作了一部独特的总结性作品——《外国文学万神殿》(《Пантеон иностранной словесности》)(1798 年)。关于这部作品,他在写给诗人和寓言作家伊·伊·德米特里耶夫的信中提到:"我也在忙着工作,翻译古代和现代外国作家的佳作;*思想和风格都各不相同*(着重强调——*作者注*)。希腊人、罗马人、法国人、德国人、英国人、意大利人:这些都是我探索的宝库,每天早上我都花三个小时在其中寻找! 甚至东方文学也包含在其中。"③

因此,正如我们前面所看到的,卡拉姆津对东方的兴趣与许多他同时代的欧洲文化活动家一样强烈,这在他对印度伟大剧作家卡利达萨的著名戏剧《莎昆塔拉》(《Шакунтала》)的评价中表现得尤为明显。他强调"创造精神并不仅仅存在于欧洲;它是*宇宙的公民*",并指出在这部作品的几乎每一页都能找到"最高级的诗意之美,最微妙的感情,温和、杰出、难以言喻的柔情,就像五月静谧的夜晚——最纯净、无与伦比的自然和最伟大的艺术"。卡拉姆津告诉他的读者:"为了自己的乐趣,我翻译了《莎昆塔拉》的一些场景,然后决定将它们印刷出来……希望这些亚洲文学的芬芳之花能够让许多有品位、热爱真正诗意的读者感到愉悦。"④

这位俄罗斯感伤主义最伟大的代表人物作品中与翻译问题相关的其他方面包括他对俄罗斯科学和政治术语发展产生的兴趣,这在他对布丰《自然史》

---

① Кочеткова Н. Д. Сентиментализм // История русской переводной художественной литературы. Древняя Русь. XVIII век. Т. I. Проза. СПб. , 1995. С. 261.

② Карамзин Н. М. Избранные статьи и письма. М. , 1982. С. 30.

③ Русские писатели о переводе XVIII–XX вв. Л. , 1960. С. 71.

④ Русские писатели о переводе XVIII–XX вв. Л. , 1960. С. 70.

(《Естественная история》)译本的评论和写给维亚泽姆斯基的信中都有所体现。在这些文献中,他分析了维亚泽姆斯基对亚历山大一世在波兰议会开幕式上的法语演讲的翻译。

卡拉姆津的翻译活动在几十年后得到了俄罗斯最伟大的评论家别林斯基的高度评价,他认为:"卡拉姆津的翻译为俄罗斯社会提供的重要服务与他自己的小说所提供的一样。它的意义恰恰是让俄罗斯社会了解世界上受教育程度最高的社会的情感、思维方式以及表达方式。"①与此同时,卡拉姆津本人在完善18世纪翻译传统的同时,也清楚地认识到其不可避免的历史局限性。他在20世纪90年代初指出:"当我们接近完美时,完美就会从我们眼前消失——这就要求在道德、艺术和翻译技巧上都要追求真理。"②新世纪即将到来,新世纪的代表人物必须制定自己的外语文本翻译原则,既要依靠前人,又要在很大程度上背离前人。

第3节　俄罗斯翻译史上的19世纪上半叶

1. 文艺翻译在19世纪上半叶文化生活中的地位

19世纪初俄罗斯文学,特别是诗歌的繁荣,无疑会对翻译领域产生深远影响。事实上,那个时代的所有重要作家都或多或少涉足翻译,并就此发表了各种理论观点。茹科夫斯基,通常被视为俄罗斯19世纪文学的开端,以他诗歌翻译的方式而闻名,将外国作家的作品引入俄罗斯文学并使之成为俄罗斯文学不可或缺的一部分。与此同时,一些人物(如弗龙琴科、斯特鲁戈夫什科夫、古别尔等)的原创作品可能并不具有显著的艺术价值,但他们的翻译作品却成为当时文化生活中引人注目的现象。在这一时期,阿列克谢耶夫曾经描述道:"自19世纪初卡拉姆津对俄罗斯文学语言进行改革以来,俄罗斯翻译艺术史进入了第三个阶段:这可以称为*创造性时期*。这一时期的共同特征是翻译的自信和技

---

① Белинский В. Г. Полн. собр. соч. Т. 7. М. , 1955. С. 134.

② Кочеткова Н. Д. Сентиментализм // История русской переводной художественной литературы. Древняя Русь. XVIII век. Т. I. Проза. СПб. , 1995. С. 226.

巧。在这一时期,一些翻译达到了相当高的水平,相当准确地再现了原作,我们甚至在这一时期看到了真正的翻译艺术杰作:尽管翻译原则可能多次变化,但关于优秀翻译的标准在出版物上引发了激烈的讨论,对个别翻译进行了深入的批评分析,总之,翻译技术在不断提高。"[1]

这些观点也反映在当时的期刊中。文学期刊上发表了大量关于已经出版的翻译作品的反响和评论;与此同时,译者本人也努力在序言或专文中阐明自己的观点,并回答评论家可能提出的反对意见。讨论的主题往往是如何理解翻译的忠实性,如何再现原作的民族色彩、艺术形式等,讨论十分激烈。总体来说,研究翻译问题通常并非孤立进行,而是置于当时整体文化语境中。

这种情况在"新旧文体"拥护者(即卡拉姆津改革的支持者和反对者)之间的著名论战中已经有所体现,这或许是19世纪初俄罗斯文学生活中最引人注目的现象。如上所述,一方面,"革新派"在其领袖的领导下,试图利用翻译来完成他们在语言发展领域的任务;另一方面,"守旧派"在著名海军上将希什科夫的领导下,与他们的反对者进行论战,指责他们忽视了母语的特点,并将外来的语义和措辞强加于本土语言。而"一种语言的同一个词在不同的言语组成中有时用这种词表达,有时用另一种语言的另一个词表达","一种语言的组成与另一种语言的组成并不相似……每个民族都有自己的言语组成和概念耦合"[2]。

卡拉姆津一再谴责"二手"翻译的做法,而他的理论对手,也就是上述引文的作者,却根据蒲柏的译本翻译了《伊利亚特》第十四卷。蒲柏告诉读者,"这样做的原因如下:有一位学识渊博、德高望重的尊者问我是否阅读过《荷马史诗》。当我回答他我读过法语译本时,他对我说:'这说明你不了解《荷马史诗》。你必须读一读原作或波皮耶夫的英语译本。'我回答说我做不到这一点,因为我对希腊语根本一窍不通(真的!),也几乎不懂英语。然而,这段对话激起了我的好奇心,于是我请求我尊敬的朋友读一读蒲柏的作品。我们坐下来,打开书籍,随意地开始朗读第十四卷。我听着他的讲解;我们读了几段。然后,我们的谈话转向了我们斯拉夫-俄语的华丽、有力和铿锵之处。如果有一支娴熟而勤奋的笔来书写它们,也许荷马的美文在斯拉夫-俄语中就不会失去其优点……之后,我尊敬的朋友开始劝说我试着将我们所读的内容翻译成我们的语言,这与其说是

---

[1] Алексеев М. П. Проблема художественного перевода // Сборник трудов Иркутского государственного университета. Т. 18. Вып. 1. Иркутск, 1931. С. 175.

[2] Чуковский К. И. Высокое искусство. Собр. соч. : В 6 т. Т. 3. М. , 1966. С. 301, 303, 306.

出于对我的能力的信任,不如说是出于对我的好感。我只尝试了一次,并没有打算继续翻译。在将这段开头与英语译文进行比较之后,我的朋友劝我继续下去。就这样,一点一点地向前推进,这部伟大的作品被翻译了出来"①。

1809年出版了一篇关于翻译的匿名论著,1811年以增订版的形式被翻译成法语重新出版,算是对这一颇为奇怪的声明(以及"卡拉姆津派"和"希什科夫派"之间的整个争论)的一种回应。然而,作者的身份——*鲍里斯·弗拉基米罗维奇·戈利岑公爵*——对于他的同代人来说是相当知名的。作为一个世袭贵族,他接受了严格的法国教育,以17—18世纪法国古典主义文学为基准,他的法语比母语(俄语)更为流利②。然而,尤其是在"十二年战争"③期间,他希望感受到自己对俄罗斯文化的归属感,因此积极参加了1812年卫国战争,并于1813年在博罗季诺战场上因战斗受伤而去世。

戈利岑公爵的某种"超然"态度和透过"法国眼镜"看问题的观点(尽管这并不妨碍他讽刺性地提到一些法国准译者,比如我们所熟知的乌达尔·德·拉莫特),可能导致他远离了俄罗斯文学界两大相互对立的阵营。正如诗人巴丘什科夫所说,"他既批评了卡拉姆津,也批评了希什科夫"。

值得注意的是,他首先责备了卡拉姆津的支持者,指责他们经常不是直接从原作翻译,而是"从与他们自己的译本一样——不充分也不完善的译本(即从法语译本)翻译,这一点很独特"④。在谈到希什科夫时,他讽刺地指出:"还有什么比一个人的自白更无辜的呢,他说他是从英语翻译《荷马史诗》的,但他甚至都不懂英语……因此……他们想用这种方式来介绍《荷马史诗》,给出整部史诗的译文。"⑤

戈利岑本人对翻译提出了极高的要求,指出如果人们意识到这项艰巨的工作需要多方才能融会贯通,那么很少有人会愿意从事。在对译者素质的要求

---

① Егунов А. Н. Гомер в русских переводах XVIII-XIX веков. М.; Л., 1964. С. 134.

② 参见列夫·托尔斯泰的《战争与和平》中提及的:"戈利岑公爵雇了一位老师,开始学习俄语。"

③ *译者注*:即拿破仑战争,指1803年—1815年法国与其他国家爆发的各场战争的总和,是自1789年法国大革命所引发的战争的延续。它促使了欧洲的军队和炮兵战术发生重大变革,特别是军事制度,因为实施全民征兵制,使得战争规模庞大、史无前例。法国国势迅速崛起,雄霸欧洲;但在1812年侵俄惨败后,国势一落千丈。拿破仑建立的帝国最终战败,让波旁王朝得于1814年和1815年两度复辟。随着拿破仑在滑铁卢败北,各交战国签订巴黎条约后,拿破仑战争于1815年11月20日结束。

④ Левин Ю. Д. Об исторической эволюции принципов перевода // Международные связи русской литературы. М.; Л., 1963. С. 23.

⑤ Егунов А. Н. Гомер в русских переводах XVIII-XIX веков. М.; Л., 1964. С. 144-145.

中,他强调了对两种语言(即原语和译语)的透彻了解,对所译作者的仔细研究,以及再现原作精神的艺术。

戈利岑特别关注最后一点,他认为这种"所有文体色彩都消失了"的译本不能令人满意,最后读者发现只有"一个简单、相似、赤裸裸的思想"①。此外,他还提到,译者有必要比较(用他的话说是"权衡")几种可能的译法,以便选择最为合适的。因此,保留作者个人风格的问题凸显了出来——古典主义美学的代表人物和卡拉姆津学派的追随者都没有真正提出过这个问题。

19 世纪初期,俄罗斯文学出现了一种新的思潮——浪漫主义。在这一时期,当然首先需要关注茹科夫斯基的活动,他成为俄罗斯浪漫主义的象征。他从普希金那里获得了当之无愧的"翻译天才"称号,尽管这个称号有些模棱两可。

2. 作为翻译理论家的瓦西里·安德烈耶维奇·茹科夫斯基

毫不夸张地说,*瓦西里·安德烈耶维奇·茹科夫斯基*(1783—1852)在我们所关注的领域中具有真正独一无二的地位,这不仅是因为他留下的丰富遗产,还因为他的绝大多数同时代人,甚至是他的后辈,在处理外语文学(当然主要是诗歌)的翻译问题时,首先要确定他们对茹科夫斯基在其作品中所遵循的原则的态度。他们或者接受或者努力发展这些原则,或者拒绝(有时相当尖锐)并试图反驳这些原则,但不可能置之不理。

茹科夫斯基的传记在其主要内容上已经广为人知,因此无须多加赘述。然而,在直接探讨他在俄罗斯翻译史上的作用之前,引用俄罗斯语文学最伟大的代表人物维谢洛夫斯基院士关于诗人文学、美学观点演变的论述似乎是有必要的:"茹科夫斯基是从*伪古典学派*中走出来的,而伪古典学派很快就屈服于*感伤学派*的影响;前者在他的风格中留下了很长时间的痕迹……*感伤主义诗歌*为他的情感提供了形式,但他的情感希望在不确定中更精确地表达自己,在单调中更富多样性。他在寻找新的表达方式;德国抒情诗为他指明了道路。对于将来

---

① Левин Ю. Д. Об исторической эволюции принципов перевода // Международные связи русской литературы. М. ; Л. , 1963. С. 23.

研究茹科夫斯基风格的人来说,他的译作将为他们提供丰富的素材,尽管这些素材远非千篇一律。这些译作塑造了他的名声,现在依然如此。与*浪漫主义者*的比较是不言而喻的。"①(着重强调——*作者注*)

因此,如果同意引文的说法,那么就得承认,在茹科夫斯基的作品中,18世纪末至19世纪初的三种主要思潮:古典主义、感伤主义和浪漫主义都得到了呼应。自然而然地,一个问题浮现出来,即它们是如何在我们感兴趣的领域中体现的。

通常被认为是古典主义的,是那些属于作家早期创作阶段的表述,这些表述是对法国作者思想的再现,并与俄国作家持相同立场。这些表述包括有关"最令人愉悦的翻译当然也是最忠实的翻译"的言论;为了"和谐",甚至可以在准确性和力量之间做出妥协,正如在音乐中"声音的忠实性必须让位于其悦耳性"②,等等。1804年,茹科夫斯基完全按照古典主义的方式根据弗洛里安的法语译本翻译了塞万提斯的《堂吉诃德》,并毫无保留地照搬了法语译本的序言。序言中谈到了从小说中剔除"恶趣味"特征的权宜之计,弱化了"过于强烈的表达",删去了重复的内容,并用自己的"美"取代了原作中的许多"美"。

茹科夫斯基的翻译观点如何受到感伤主义的影响,这个问题要复杂一些。1802年,他翻译的托马斯·格雷的《墓园挽歌》(«Сельское кладбище»)在《欧洲先驱》(«Вестник Европы»)杂志上发表,标志着这一流派在俄罗斯文学中的特殊主张,发展并最终形成了卡拉姆津及其同僚创作中呈现出的趋势。此外,在将茹科夫斯基的版本与原作进行比较时,人们常常会注意到茹科夫斯基的版本甚至加强了感伤主义的固有特征(忧郁的情绪、敏感等)。几十年后的1839年,诗人重新回到这部作品,并给出了一个全新的译本,这使得一些研究者认为,在他的整个创作过程中,感伤主义特征与浪漫主义特征相结合,"这两种元素在他身上融合在一起,形成了一种独创的综合体"③。然而,就茹科夫斯基以及这一流派的其他代表人物而言,提出特殊的"感伤主义翻译理论"问题并不可取,因为据我们所知,感伤主义并没有在俄罗斯或国外创造出自己具有鲜明特

---

① Веселовский А. Н. В. А. Жуковский. Поэзия чувства и «сердечного воображения». СПб., 1904. С. 485, 491.

② Веселовский А. Н. В. А. Жуковский. Поэзия чувства и «сердечного воображения». СПб., 1904. С. 492.

③ Каплинский В. Жуковский как переводчик баллад // Журнал Министерства народного просвещения. № 1. 1915. С. 1.

点的独特翻译概念,尽管正如我们在卡拉姆津的例子中已经看到的那样,感伤主义者很可能具有某些独特的翻译观点。

至于浪漫主义(其奠基人在俄罗斯通常被认为是茹科夫斯基),考虑到翻译在浪漫主义者的美学体系中所扮演的重要角色,以及茹科夫斯基作品中用俄语再现外语诗歌的重要性,人们原本期望浪漫主义在其最伟大的代表人物的判断和言论中能够得到最完整的体现。但在这一点上,我们却面临着一种矛盾。首先,茹科夫斯基关于翻译理论问题的绝大多数思想都属于他早期活动(1809—1810),这就产生了一个问题:将这些思想延伸到诗人晚年的活动是否合理。其次,如果考虑到在这些思想产生前不久(参见上述《堂吉诃德》的翻译原则),他是站在古典主义的立场上发言的,那么在这些思想中又存在着将浪漫主义与古典主义"分离"的问题[维亚泽姆斯基在评价1809年发表的《论克雷洛夫的寓言和寓言故事》(《О басне и баснях Крылова》)一文时,批评该文作者"过于无条件地遵从法国文学的规则,过于迎合法国学派"]①。最后,不能忽略的是,尽管这种说法似乎有些奇怪,但茹科夫斯基已经是一个彻底的浪漫主义者,他能够传达那些乍听之下完全像古典主义的观点。至少可以回忆一下这个著名的论断:"一个模仿者-诗人,即使没有写出任何自己的作品,也可以是*原作的作者*……原作诗人被他想象中的原作所激励;模仿者-诗人同样受到他的原作的激励,而后者代替了他自己的理想;因此,译者在尊重原作的同时,必须具有几乎相同的想象力、相同的文体艺术、相同的思想和情感力量。我还要说:模仿者虽然不能完全是创造者,但必须在某种程度上是创造者。美好的东西很少能在从一种语言翻译到另一种语言时不失去一些完美,那么译者应该怎么做呢?②在他的想象中找到可以*替代的美*,从而创造出他*自己同样出色的美*:这难道不意味着是一个创造者吗?难道不需要具备原作者的天赋吗?"③在其他地方,茹科夫斯基强调译者"仍然是他必须创造表达方式的创造者",并得出结论说:"只有当他在所翻译的诗人的作品中充满了他所看到的理想时,他才能创造出这些作品;只有当他在原作者的指导下,从头到尾重复他的天才之作时,他才能创造出

---

① Левин Ю. Д. Русские переводчики XIX века и развитие художественного перевода. Л., 1985. С. 13.(提醒一下,在我们感兴趣的领域,"法国翻译学派"在18世纪末至19世纪初被视为古典主义流派的同义词。)

② 请注意,"模仿者"和"译者"这两个术语在这里被视为可互相替代的同义词。

③ Русские писатели о переводе XVIII–XX вв. Л., 1960. С. 86–87.

这些作品——但这种以同样的创造天才行事的能力本身不就已经是一种创造能力了吗?"①

这种对特定作品背后理想的重塑立场,实际上是两种相对立的思潮所共有的,但它们在*理解*理想本身上存在分歧(古典主义是理性-客观的理想,浪漫主义是直觉-主观的理想)。同样,解读茹科夫斯基的著名格言"*散文中*的译者是奴隶,*诗歌中*的译者是对手"②也会遇到类似的困难。按照字面理解(也是最普遍的理解),这句话被解释为承认诗歌比散文更高级,是对散文的一种低估——这样一来,茹科夫斯基的思想就相当符合古典主义美学的传统。然而,在专业文献中,有人提出了另一种解释,赋予了茹科夫斯基的话以明显的浪漫色彩:"'Переводчик в прозе'对茹科夫斯基来说绝不是散文译者。俄罗斯诗人不太可能把将塞万提斯的小说《堂吉诃德》出色地译成德语的蒂克称为奴隶。对浪漫主义者而言,散文中的翻译是诺瓦利斯分类中的非小说的'语法'翻译……对浪漫主义者而言,诗歌中的翻译是一种神话般具有创造性的'自由翻译',此时译者在理解理想方面与作者竞争。"③

这两种情况下,我们都清楚地看到,茹科夫斯基的理论观点引导译者自由处理原文,除非他认为原文已经完美地体现了所追求的理想。现在,让我们来看看他的翻译实践是如何反映这一方法的。

3. 西欧和东方诗歌的翻译

传统上,对俄罗斯浪漫主义奠基人的翻译作品进行描述通常从他1847年写给果戈理的一封信中的自我评价开始:"我经常觉察到,我的头脑在需要即兴表达或补充他人思想时最为清晰。我的思维像是一块打火石,必须敲击才能迸发出火花。这是我创作的典型特征:我几乎所有的创作都源自外部,或者是在外部触发下完成的,但最终都具有我的个人风格。"④

事实上,茹科夫斯基将"外来的"转化为"自己的"形式和方法非常多样化,

---

① Русские писатели о переводе XVIII–XX вв. Л., 1960. С. 79.

② Русские писатели о переводе XVIII–XX вв. Л., 1960. С. 145.

③ Микушевич В. Поэтический мотив и контекст // Вопросы теории художественного перевода. М., 1971. С. 45–46.(有关诺瓦利斯的概念,请参见上文关于德国浪漫主义的章节。)

④ Жуковский В. А. Собр. соч. Т. 4. М.; Л., 1960. С. 544.

正如莱温指出的那样,其中有些类似于他的前辈们在18世纪传播外语作品的形式和方法。例如,德国诗人毕尔格的作品中女主角莱诺勒的名字在茹科夫斯基的翻译中经历了几次变化:首先(1808年版)改为"柳德米拉",并相应地用俄语取代了原作的民族色彩,然后根据情节改为"斯维特拉娜"(1808—1812),仅保留了原作中与逝去未婚夫会面的情节,而且是在梦中,最后,1831年又改回为"莱诺勒",并将情节设定在他熟悉的18世纪德国。拉莫特-富凯的《水妖》(«Ундина»)原作为散文,在1837年的俄语版中被改编成了诗歌形式,这种形式让人想起了特列季亚科夫斯基改编《特勒马科斯》(«Тилемахида»)的经历。如果我们考虑到,茹科夫斯基的译本还附有副标题"拉莫特-富凯男爵用散文叙述的古老故事,茹科夫斯基用俄语写成诗歌",那么这种相似性就更加强烈了。因此,莱温认为,"这进一步强调了两位作家在某种'原始资料'面前的相似性"[1]。

《地牢里的审判》(«Суд в подземелье»)这一片段被用来进行"翻译"的做法是有争议的。尽管它源自沃尔特·司各特的史诗《马米翁》(«Мармион»)的第二章,但作品的情节和主角修女康斯坦丝·德·贝弗利(在茹科夫斯基的作品中是玛蒂尔达)逃逸的形象都经历了重大改变,等等。茹科夫斯基对待被翻译作品的态度往往被解释为,除了席勒、歌德、拜伦等欧洲重要诗人的作品之外,他还经常转向甚至是在国内也鲜为人知的次要作家的作品。这一点在雷列耶夫写给普希金的信中特别批评了茹科夫斯基,而普希金本人也对朋友的"无所不包"持否定态度:"……塔索、阿里奥斯托和荷马是一回事,马特松的歌曲和摩尔的荒谬小说又是另一回事。"[2]然而,从茹科夫斯基自己的角度来看,这种"无所不包"是完全合理的:对他而言,重要的不是某个外国作家在文学界的地位,而是能够利用他们的作品来表达自己的情感并解决自己的问题——在这方面,次要诗人往往比经典作家更受欢迎,因为对待他们的态度可以更加自由。

茹科夫斯基在他创作的俄语版东方经典作品中表现出的"独立性"更加明显。例如,在谈到"印度"故事《纳尔和达玛扬蒂》(«Наль и Дамаянти»)时,他指出这个故事选自古印度史诗《摩诃婆罗多》(«Махабхарата»),他是通过德国译者吕克特的德语译本了解到这一史诗的。茹科夫斯基认为必须强调:"由于不了解原作,我无法向俄罗斯读者介绍它,我只是想用俄语向他们讲述吕克特

---

① Левин Ю. Д. Русские переводчики XIX века и развитие художественного перевода. Л. , 1985. С. 18.

② Пушкин А. С. Собр. соч. : В 10 т. Т. 9. М. , 1962. С. 42.

故事中吸引我的故事,我想亲自欣赏这部诗歌作品。"①

在处理菲尔多西的《王书》(《Шахнаме》)中的一段情节时,诗人通过吕克特再次做了类似的描述:"我的译本不仅是自由的,而且是随意的:我摒弃了很多内容,也增加了很多内容。"②

可以补充一点,即这种处理原作的方式,除了"古典主义的残余"和浪漫主义美学的特征之外,还在很大程度上归因于译者本人的个性——"沉静、奔放、绚丽、多愁善感而又忧郁"③,这是楚科夫斯基著名但略显怪诞的描述。这尤其解释了为什么要系统地剔除原作中的感性元素[最著名的例子是席勒的《胜利者的喜悦》(《Торжество победителей》)译本,与原作相比,墨涅拉奥斯国王再次找到了美丽的海伦,却没有表现出任何婚姻激情],加强宗教主题,避免使用略显粗俗(从茹科夫斯基的角度来看)的词汇和表达。最后,据茹科夫斯基的朋友兼传记作家塞德利茨说,在他的译文中,"许多地方……似乎是直接描写诗人自己的生活环境……茹科夫斯基在原作中加入了许多自己的东西,他显然是在影射自己"④。

茹科夫斯基译作的这一特点或多或少地被他同时代的绝大多数人所注意,他们站在不同的立场上,有时甚至是截然相反的立场上(屈谢尔贝克尔、别斯图热夫、格涅季奇、果戈理、波列伏依等)。也许别林斯基以最完整的形式表达了这一观点。他强调:"茹科夫斯基不是席勒或德国和英国其他诗人的俄语译者:不,茹科夫斯基是中世纪浪漫主义在19世纪初由德国和英国诗人(主要是席勒)复兴的俄语译者。"19世纪俄罗斯最伟大的评论家总结道:"这就是茹科夫斯基及其作品在俄罗斯文学中的意义:茹科夫斯基是诗人,不是翻译家;他是再创造,而不是翻译,他从德国人和英国人那里只获取自己的东西,而他们的东西则原封不动地保留下来,因此,他的所谓翻译作为译文是很不完美的,但作为他自己的创作却是出色的……他从所有诗人那里汲取灵感,或用自己的旋律演奏他们的主题,从他们那里获取内容,并用自己的精神进行翻译,将其转化为自己

---

① Левин Ю. Д. Русские переводчики XIX века и развитие художественного перевода. Л. , 1985. С. 18.

② Жуковский В. А. Сочинения. М. , 1954. С. 545.

③ Чуковский К. И. Собр. соч. : В 6 т. Т. 3. М. , 1966. С. 264.

④ Зейдлиц К. К. Жизнь и поэзия В. А. Жуковского. 1783–1852: По неизданным источникам и личным воспоминаниям. СПб. , 1883. С. 157, 163.

的财产。"①

确实，专业文献一再指出，随着时间的推移，茹科夫斯基逐渐朝着更准确地再现原作的方向发展。事实上，晚年时，他有时会重新审视他曾经翻译过的原作，并提供新的译本。例如，格雷的《墓园挽歌》（据诗人自己说，在将近四十年后，他决定翻译得尽可能接近原作）和前面提到的毕尔格的《莱诺勒》就是这种情况。不过，需要注意的是，这种"接近"本身可能是相当自由的（格雷的诗在第二个译本中被翻译为了六音步长短短格，而在原文中则是五音步抑扬格）。此外，正如莱温所指出的，茹科夫斯基对同一文本进行了两次翻译，"在他的诗集中，每个译本都印有两个版本，后一个版本并没有取消前一个版本，因为前一个版本更准确地再现了原作：这是他和茹科夫斯基的区别"②。一位外国记者请求茹科夫斯基寄送自己的德译本诗歌，茹科夫斯基在回应这一请求时并非偶然地提出了一个形式上幽默但实质上相当严肃的建议，即重读由茹科夫斯基翻译的德语经典原作，并将其想象为茹科夫斯基所写的俄语译本。

当然，在茹科夫斯基的遗产中，我们可以找到对过于自由的译本的讽刺，这些译本"完全可以被称为*再创作品*，因为它们与原作完全没有相似之处"③，还可以找到关于如何用俄语再现《伊戈尔远征记》（«Слово о полку Игореве»）的说明。顺便提一下，该故事可以追溯到 1817—1819 年："在这类翻译中，有一点是必需的：字面忠实，因为我们要准确理解原作；任何改变原作的东西对我们都没有任何价值，因为这些东西已经是新的了。"④在这方面，最能说明问题的是茹科夫斯基在处理《奥德赛》时的态度。

4. 茹科夫斯基译本中的荷马

茹科夫斯基首次接触《荷马史诗》可以追溯到 19 世纪 20 年代，当时他借助

---

① Левин Ю. Д. Русские переводчики XIX века и развитие художественного перевода. Л., 1985. С. 15−16, 19−20.

② Левин Ю. Д. Русские переводчики XIX века и развитие художественного перевода. Л., 1985. С. 17.

③ Зейдлиц К. К. Жизнь и поэзия В. А. Жуковского. 1783−1852: По неизданным источникам и личным воспоминаниям. СПб., 1883. С. 43.

④ Гугник А. А. От составителя // Зарубежная поэзия в переводах В. А. Жуковского. Т. I. М., 1985. С. 13.

沃斯和施托尔贝格的德语译本以及蒲柏的英语译本,用俄语重新创作了《伊利亚特》中的几个片段,并将它们组合成了一首小诗,于1829年发表(这时格涅季奇也在翻译《荷马史诗》)。二十年后,当完成《奥德赛》(茹科夫斯基认为这部作品比《伊利亚特》更具吸引力)后,他才再次转向《伊利亚特》。

正如人们一再指出的那样,茹科夫斯基将他对《奥德赛》的最后一次创作与他之前的所有作品进行了对比。他首先认为有必要将其与沃斯的版本对比,而不是与之前的蒲柏的译本相比,这并非偶然。正如我们之前所看到的,歌德当时也对沃斯的版本给予了高度评价。"由于我不懂荷马的语言,我只能接受蒲柏的版本,虽然粗糙,但忠实;在翻译沃斯的译本时,我看着蒲柏,惊讶于他的诗歌天赋怎么会如此难以感受到原作无与伦比的质朴,而他那矫揉造作的译本完全破坏了原作的朴素之美。"①在制定他自己的翻译原则时,茹科夫斯基强调他的努力是为了保持原作的质朴,表现出对原作的奴隶般忠实,仅受语言要求的限制:"我尽可能逐字逐句地翻译,而不对语言施以暴力(因为奴隶般的忠实往往会演变成奴隶般的背叛),追随每一个字,特别是努力保持一些词汇*在诗句中的位置*,因为这些词汇在这个位置上会产生特殊的诗意效果。"②由于茹科夫斯基承认自己对古希腊语并不熟悉,为了实现他的计划,他委托德国的希腊学家格拉斯哥夫教授为他准备了一份特殊的注释,其中每个希腊单词下面都有相应的德语对照词,而每个德语单词下则是原词的语法解释。茹科夫斯基将这份注释与他所熟悉的德语、法语、英语和俄语译本进行了核对。他希望通过这种方式创作出一种"客观的"(莱温的说法)译本,其中只有荷马本人的风采,而没有译者的痕迹。茹科夫斯基认为,他的版本保留了荷马的形象以及古希腊史诗的"古老与质朴",因此,他对果戈理对他工作的评价感到满意:"译者的行事方式使人感觉不到他的存在;他就像变成了一块透明的玻璃,仿佛根本没有玻璃一样。"③

茹科夫斯基打算将他在创作《奥德赛》时制定的翻译原则和方法应用到《伊利亚特》的文本中。他于1850年重新创作了《伊利亚特》的第一首诗歌。在这里,他也使用了费申格教授编纂的德语脚注集,打算将后者与格涅季奇已经出版的译本进行核对。为了与客观翻译的立场保持一致,他甚至表示打算使用所

---

① Русские писатели о переводе XVIII–XX вв. Л. , 1960. С. 88.
② Русские писатели о переводе XVIII–XX вв. Л. , 1960. С. 89–90.
③ Русские писатели о переводе XVIII–XX вв. Л. , 1960. С. 191.

有他认为比格涅季奇翻译得更好的诗句。

茹科夫斯基的许多同代人，包括那些对他的创作成就非常赞赏的人，都注意到对荷马的翻译并不"客观"。他们特别指出，在俄罗斯浪漫主义者的笔下，《奥德赛》获得了一些浪漫主义哀歌的元素，这是由于引入了译者本人的个性。这一因素使文本中出现了一些忧郁和哀伤的情感，甚至反映了基督教道德，这与原作完全格格不入。茹科夫斯基的译本还对《荷马史诗》进行了"润色"，引入了自己的诗学定义、复杂的隐喻、歇后语、插入语等。茹科夫斯基在赋予文本高度庄严感的同时（为此他使用了来自教会斯拉夫语的古老用语），还试图"拉近"荷马与现代读者的距离，某种程度上，他也同样"倾向于我们的习俗"：古俄罗斯宗法制度的特征（"大公""安葬死者的仪式"）、日常生活的细节（"仆人""病房""睡袋"）、东正教宗教用语（"牧羊人""法衣""亵渎"）等都出现在古希腊语中。另一方面，译本还包含了俄罗斯民间口头创作中固有的表达和短语："我们的光，女皇！""冷水"等。

因此，尽管茹科夫斯基宣称要创作一部"客观"的译本，其意图也毋庸置疑，但他笔下的《奥德赛》却与他重新创作的其他作品一样主观。他的一位同时代人评论道："茹科夫斯基的译本不是为那些研究古代文学的人准备的，而是为那些想用母语聆听《荷马史诗》的人准备的。他将听到它……并享受它。"①

早在20世纪，"俄罗斯荷马"研究者叶古诺夫就尖锐地批评了《奥德赛》的译本。他强调指出，茹科夫斯基关于翻译的观点缺乏逻辑，而且不一致。他对这位俄罗斯浪漫主义奠基人的译本做出了以下描述："……这个译本属于自由和'美化过'的译本，诗人–中介人的创作个性对其影响深远，他几乎掩盖了荷马的存在，读者必须忽略茹科夫斯基的影响才能理解荷马：保留下来的是'奥德赛'的情节、故事的顺序、所有的情景、人物，而不是这些元素的语言表达……对于研究茹科夫斯基作品的人来说，研究'奥德赛'的译本比研究荷马的翻译问题更有意义。'奥德赛'的译文以《茹科夫斯基的新诗》为题刊登在报刊上，确实如此：我们看到的是一首出色的俄语新诗，但不是翻译艺术的新作品。茹科夫斯基的翻译才华掩盖了译文的不足。'他的诗句充满魅力和甜美'，令读者陶醉，但这样译文的认知价值与其崇高的文学价值不相称。茹科夫斯基的《奥德

---

① Савельева О. М. Комментарии // Зарубежная поэзия в переводах В. А. Жуковского. Т. I. М. , 1985. С. 530.

赛》充满了抒情色彩,很浪漫,但没有英雄气概和男子气概。"①二十多年后,阿韦林采夫也表达了大致相同的观点(尽管他对俄语《奥德赛》译本的创作者更为赞赏),他指出:"茹科夫斯基为我们提供了他可以而且应该提供的东西——充满浪漫色彩的《奥德赛》。"②然而,正是这个版本的《荷马史诗》(与格涅季奇的《伊利亚特》一并)成为一种经典文本,后世的俄罗斯读者通过它熟悉了(并将继续熟悉)这部伟大的古希腊史诗。《世界文学图书馆》(«Библиотека всемирной литературы»)的编纂者当时正是选择了这一版本作为《荷马史诗》的专卷。

5. 寻找新的翻译原则(卡捷宁、格涅季奇)

在俄罗斯诗歌翻译史上,关于茹科夫斯基在其中的地位和作用的问题,或许是持续了一个半世纪以来俄罗斯翻译研究中最尖锐的问题之一。一方面,即便在相对较新的文学作品中,我们也常常听到一些关于这位俄罗斯浪漫主义奠基人的原则与现代等值翻译概念极为接近的说法,同时将现实主义翻译的"精神血统"归功于他(还有普希金)。莱温曾在其著作中对此提出了尖锐的抗议,认为这种说法是对后来翻译原则的操之过急。另一方面,茹科夫斯基的创作方法在他的同时代中引起了许多负面反响。首当其冲的是*彼得·安德烈耶维奇·卡捷宁*(1792—1853),他是一位与十二月党人关系密切的诗人、评论家和剧作家。卡捷宁在文学观点上被称为"守旧派",即卡拉姆津主义的反对者。在茹科夫斯基的《柳德米拉》(«Людмила»)问世后,卡捷宁发表了自己对应的《莱诺勒》——《奥尔加》(«Ольга»),将其与茹科夫斯基"迷人而不准确"(普希金的措辞)的模仿形成了鲜明的对比。到了1816年,这两个版本成为格涅季奇和格里博耶多夫之间激烈争论的焦点。前者支持茹科夫斯基,后者则维护卡捷宁的立场。然而,争论的焦点并不在于哪种改写更接近且更准确地反映原作(因为他们都将情节搬到了俄罗斯的土地上)而是谁的作品更符合俄罗斯叙事诗体裁的要求。在这方面,卡捷宁作品的另一个特点是将"外来的"与"自己的"相结合:在翻译古法语作品时,涌现出"雄伟的基辅"、弗拉基米尔大公、勇士多布雷

---

① Егунов А. Н. Гомер в русских переводах XVIII-XIX веков. М. ; Л. , 1964. С. 335, 373-374.

② Аверинцев С. С. Размышления над переводами Жуковского // Зарубежная поэзия в переводах В. А Жуковского. Т. 2. М. , 1985. С. 555.

尼亚等元素,副标题为"来自歌德"的诗歌《歌手》(«Певец»)与《伊戈尔远征记》的主题相呼应,等等,这种俄罗斯化进行得非常果断(卡捷宁本人更喜欢谈论自己的"改写"和"自由翻译"并非偶然)。但是,除了上述"自由"(从表面上看很容易让人联想到臭名昭著的"向我们的道德倾斜")之外,卡捷宁的特点还在于他希望一丝不苟地传承原作的形式和韵律。"骑士奥吉尔可能会变成多布雷尼亚,勇敢的理查德可能会变成弗拉基米尔大公,但韵律是经过深思熟虑的精确再现,主题发展的各个阶段都精确地按照在原作章节中的给定位置来安排……在这里,与卡拉姆津派相反,译者并不随意。"①在1831年出现了新版的《莱诺勒》后,卡捷宁对他的对手做了如下评论:"……译本糟糕透了,它只有一个优点,那就是完全保留了原文的韵律。"②然而,对于准确性的追求(即再现"外来"的特征)和上述的"自由"表现都是为了同一个目的:掌握新的诗歌形式,并将其应用于俄罗斯的主题,尤其是应用于古代民间文学的情节和形象上,这在十二月党人和接近十二月党人的圈子中备受推崇。这种"同化"新形式的倾向成为19世纪20年代初期引起广泛关注的"八行诗争论"的基础,该争论存在于卡捷宁本人与作家、评论家*奥雷斯特·米哈伊洛维奇·索莫夫*(1793—1833)之间。争论的主题是《奥尔加》的作者提出的立场,即在翻译意大利诗歌时,有必要使用相同的诗体韵律(八行诗),而这在俄罗斯诗歌中从未使用过。他的反对者对此提出异议,并引用俄语和诗歌结构的特性,称这会阻碍诗体韵律的应用。随后,卡捷宁关于翻译原作形式的重要性的观点在别林斯基和米哈伊洛夫的言论中得到了发展。

这一时期提出的问题也反映在俄罗斯文学的其他代表作中,这些问题往往导致某些人的观点发生重大变化。也许最引人注目的是*尼古拉·伊万诺维奇·格涅季奇*(Николай Иванович Гнедич)(1784—1833)的作品,他凭借俄语版《伊利亚特》进入了俄罗斯文化史。在与卡捷宁的辩论中,他捍卫了"愉悦的翻译"原则,这使得他被格里博耶多夫讽刺性地称为"毫不妥协的质朴之敌"。后来,格涅季奇深信译者最重要的责任"是与自己的精神、内在力量进行持续的斗争,他必须不断地抑制自己的自由",他用下面的话阐述了自己对古希腊史诗文本的处理原则:"不管怎样,自由翻译对译者比对原作更有利。我更喜欢荷马

①　Холмская О. Пушкин и переводческие дискуссии пушкинской поры // Мастерство перевода. М. , 1959. С. 326.

②　Русские писатели о переводе XVIII-XX вв. Л. , 1960. С. 126.

带来的好处,而不是我自己带来的好处,我决定尽可能忠实地翻译……带着对翻译优点的这种理解,我忠实于荷马;而且,*应当遵循一句智慧格言:既要翻译风俗,也要翻译语言*,我没有省略任何东西,没有改变任何东西……在将希腊语的表达方式译为俄语时,应该努力确保不将俄罗斯思想强加于荷马,更重要的是——不要粉饰原作。用我们的调色板给荷马的诗句上色是非常容易的,这样会显得更潇洒、更华美、更符合我们的口味;但要保持《荷马史诗》的原汁原味,不变坏也不变好,这是非常困难的。这就是译者的职责所在,而经历过这种劳动的人都知道,这项工作并不容易。昆体良对此有所领悟:Facilius est plus facere, quam idem——*做更多的事比做同样的事容易。*"①

格涅季奇的翻译在当时得到了同时代人不同的评价,顺便说一下,这一点也反映在普希金的言论中。他称《伊利亚特》译者的工作是"伟大的壮举",并为他献上了一首辩护诗《你与荷马单独交谈了很长时间》(《С Гомером долго ты беседовал один》)和一首颂词二行诗:

> "我听到了神圣的希腊语言的沉默之声,
> 感受到了伟大长者的影子,心灵感到不安。"

同时,普希金还用一句颇为尖刻的讽刺短诗来评论他:

> "格涅季奇是一位诗人,是盲人荷马的译者。他的译文也与原作相似。"

人们尤其指责格涅季奇的译本过于复杂、高高在上,是"华而不实的斯拉夫主义",并指出原作是一部"简单朴实"的民间文学作品,需要适当的翻译方式。著名新闻工作者森科夫斯基(他刻意表现出的惺惺相惜的态度引起了轰动一时的文学丑闻)②、语文学家奥尔登斯基(他在 19 世纪中叶提到了自己创作的《荷马史诗》散文译本)等人都曾提议以更"平民"的方式来诠释《伊利亚特》。然而,尽管后来有人试图用俄语再现《荷马史诗》(包括作家韦列萨耶夫的一个相

---

① Русские писатели о переводе XVIII–XX вв. Л. , 1960. С. 96.
② 更多相关内容,请参阅 Чуковский К. И. 的《崇高的艺术》一书。

当著名的版本),格涅季奇译本的权威性仍然没有动摇。

6. 字面直译倾向

对译者努力将所译作品服务于原作者,以及更贴近和准确地传达原著的愿景,逐渐普及开来。有时人们称,俄国翻译和翻译思想的发展在 19 世纪 20 年代后期进入了一个新的阶段(莱温)。在这里,诗人、记者和文学评论家,普希金最亲密的朋友之一,*彼得·安德烈耶维奇·维亚泽姆斯基*(1792—1878)的角色尤为突出。他曾是《阿尔扎马斯社》(《Арзамас》)中最活跃的成员之一,也是茹科夫斯基翻译原则的支持者。在 1827 年翻译亚当·密茨凯维奇的《克里米亚十四行诗》(《Крымские сонеты》)时,他强调自己希望"尽可能按照字面意思翻译",并用独特的推理证明了这一原则的正确性:"……贴近原作的翻译,尤其是散文翻译,译者应更多考虑自己而非原作的翻译。等待译者的回报是:做好事的平静喜悦和读者的感激,而不是许多人认为的平等分享作者的荣耀。当然,并不是每个读者都能够或愿意付出自己的劳动,从一份杂乱无章的清单中辨别出原作的优点,但艺术家们会更正确地理解原作,而不会被自恋的译者不着边际的努力所取悦。一个建筑爱好者不会满足于一座杰出建筑的美丽画像:他热爱自己的科学,会更看重赤裸裸的、但忠实而详细的图画,这图画也逐字地向他传达着建筑师的所有手段、思想和指令。"①

19 世纪 30 年代初维亚泽姆斯基在翻译散文作品——法国作家本杰明·贡斯当的小说《阿道尔夫》(《Адольф》)时也表达了类似的想法:"有两种翻译方法:一种是独立的,另一种是从属的。按照第一种方法,译者饱含原作的意义和精神,并将其融入自己的形式中;按照另一种方法,译者试图保留形式本身,当然,要与手头的语言元素相协调。第一种方法更为出色,第二种方法更为不利;在这两种方法中,我选择了后者。在我看来,偏离作者的表达方式往往是偏离词语的对称性,是对作者思想不自然的改变……此外……我还有一个目标:研究、感受我们的语言,对它进行实验(如果对我来说不那么痛苦的话),并找出它能在多大程度上接近外语……独立翻译,即重构,将灵魂从外语移入俄语,已经有了可以实现的杰出例子:卡拉姆津和茹科夫斯基就是这样翻译的。他们的翻

---

① Русские писатели о переводе XVIII–XX вв. Л., 1960. С. 130–131.

译并不符合他们祖国的土壤和气候。但我恰恰相反,我想试一试是否有可能……在翻译过程中保留异乡的气息、异乡的回声,保留一些地域性的表达。"①

与此同时,维亚泽姆斯基警告说,这种方法必须避免"肢解,避免被钉死在普鲁斯特主义的床上",并制定了如下标准,用以指导他在译文中引入受法语(法语语风)影响而产生的单词和短语:"我避免句法词汇或名词词汇的法语语风,但允许思辨概念的法语语风,因为它们已经是'欧化语言'了。"②

维亚泽姆斯基的创新得到了同时代人以及后来的研究者们褒贬不一的评价。《阿道尔夫》这本译作是献给普希金的,普希金曾有机会阅读过上文所引的前言,并在他的《文学报》(«Литературная газета»)上专门发表了一篇赞赏性的评论,对即将付梓的这本译作做出回应:"我们急切期待着这本书的问世。好奇地想要看一看,维亚泽姆斯基公爵那经验丰富、生动活泼的笔触是如何克服文学语言的困难的,因为文学语言总是严谨的、世俗的,而且往往充满灵感。在这方面,该译本将是真正的创作,也是我国文学史上的一个重要事件。"③然而,由于译本所面向的读者绝大多数是会法俄两种语言的人,因此在俄语中经常使用法语语风[可以回想列夫·托尔斯泰的《战争与和平》(«Война и мир»)],这在很大程度上弱化了人们对译本的理解,淡化了译本的异国情调。后来,到了20世纪,在与翻译中的所谓"形式学派"的斗争中,对维亚泽姆斯基所宣称的翻译原则(以及相应的翻译实践)的评价更加尖锐④,尽管也有人提出在研究维亚泽姆斯基的翻译活动时需要遵守历史主义原则(霍尔姆斯卡娅,莱温)。特别是,有人指出,由于缺乏表达原作民族特征和个人特点的成熟手段,人们不可避免地试图从字面上复制原作的相关内容,并试图借此来传达原作固有的特征。米哈伊尔·巴甫洛维奇·弗龙琴科(1801或1802—1855)的作品证明了维亚泽姆斯基的观点并非孤例。弗龙琴科并非职业翻译家(他的职业是军事地形测量员,并晋升为少将),但他大量从事拜伦、密茨凯维奇、歌德、莎士比亚和其他作

---

① Русские писатели о переводе XVIII-XX вв. Л., 1960. С. 131.

② Русские писатели о переводе XVIII-XX вв. Л., 1960. С. 131.

③ Пушкин А. С. Собр. соч.: В 10 т. Т. 6. М., 1962. С. 32.

④ 例如,请参见费多罗夫一部著作中的描述:"维亚泽姆斯基的翻译方法和原则——他对原文意义和句法的形式化、字面化的坚持,他对俄语的实验,他不断偏离俄语的文体规范,只遵守强制性的语法要求——并没有对俄罗斯翻译的进一步发展产生影响,也没有受到普遍欢迎。俄罗斯文学语言的主要发展方式不同,它独立于其他语言,形成了自己的规范。"(Федоров А. В. Искусство перевода и жизнь литературы. Л., 1983. С. 47.)

家的翻译工作。其中尤为重要的是他在 19 世纪 20 年代后期翻译的《哈姆雷特》,这是用俄语原汁原味再现这部作品的第一次尝试,没有任意删减或添加。译文前有一篇序言,阐述了弗龙琴科在用俄语再现莎士比亚悲剧时所坚持的原则:

"1)以诗译诗,以散文译散文,要尽可能贴近原文(既不改变思想,也不改变顺序),即使考虑到俄语诗句的流畅性……

2)表达要准确,但不得失于礼貌和得体……

3)即使其中的思想毫无意义,也要传达其中的文字游戏,即使这样可能会损失思想的忠实性……

4)在模糊不清和有疑问的地方,请参考所有注释者的意见,并遵循最可能的解释……

5)在注释中加入任何有助于澄清文本的内容。

我几乎总是逐字逐句翻译,允许使用一些不常用的表达方式,我努力为我的同胞们提供尽可能准确的莎士比亚《哈姆雷特》的副本,但为了达到这个目的,就必须要保留几乎无可比拟的优美之处——在这一点上,是不能够百分之百保证的。"①

弗龙琴科在给波列伏依的信中对上述情况做了评论,他指出:"我……一般来说是逐句翻译,在语言相近的情况下,甚至经常逐字翻译,但不追求表达的准确性,减少对我们这个世纪来说过于刺眼的色彩。当然,在这样翻译的时候,我并不认为诗句的流畅性是最重要的,我使用了一些不太体面但忠实表达作者精神的措辞;我并不认为自己有权纠正不恰当的思想。"②

译者对"诗句的流畅性",即他所创作的俄语文本的美学方面的担心并非没有根据。许多对他持赞成态度的评论家在承认弗龙琴科优点的同时,也倾向于同意普希金的观点,即他"在每句诗中都悬浮着一个重物"。甚至屈谢尔贝克尔也在自己翻译的《麦克白》(«Макбет»)的序言中指出,他自己的观点与弗龙琴科的原则很接近,但几年后他又指责后者"强奸"了俄语。尽管弗龙琴科试图考虑批评意见,努力使译文语言更加自然,但随着时间的推移,其缺点越来越明

---

① Левин Ю. Д. Русские переводчики XIX века и развитие художественного перевода. Л. , 1985. С. 38—39.

② Левин Ю. Д. Русские переводчики XIX века и развитие художественного перевода. Л. , 1985. С. 39.

显。他的最后一部作品是歌德的《浮士德》译本,这引起了屠格涅夫一番颇具特色的评论。屠格涅夫指出,尽管弗龙琴科天生兢兢业业、勤勤恳恳,但他"不是一位诗人……甚至不是一位诗歌创作者;他无法获得构成诗歌秘密和谐的东西"。屠格涅夫总结道:"我们在作者和译者之间感受不到单一的深刻的共同纽带,但我们发现了许多连接点,就像线一样,俄语版《浮士德》的每个词都是通过这些线与相应的德语词缝合在一起的。"①别林斯基(他总体上高度赞赏弗龙琴科的作品)在更早的时候也表达过类似的指责,他强调"对翻译相近性和俄语文体的错误认识使他无法在他如此热爱的领域取得成功"②。

7. 普希金与莱蒙托夫作品中的翻译问题

普希金在这一时代俄罗斯翻译理论与实践发展中的地位和作用问题在翻译文学中一直受到特别密切的关注,鉴于这位伟大诗人对俄罗斯文化的重要性,这是完全可以理解的。这一问题在研究者的著作中得到了各种各样的解释,并且出现了两种截然相反的处理方法。

一些学者(如弗拉基米尔斯基、霍尔姆斯卡娅等),引用普希金在其创作遗产中涉及的多部作品源自古典到当代外国作品的事实,认为普希金在翻译观念方面有一套严谨的体系(当然,对于当时来说是最为前卫的),既不赞成逐字逐句,也不支持过度的自由,而是极其贴近 20 世纪中叶形成的对翻译外文原作任务和方法的理解。这种观点的核心可以概括为"伟大的诗人同时也是伟大的译者",这一论断在 20 世纪 50 年代由卡什金最为生动地表达出来。他回顾了俄罗斯翻译传统的发展历程,勾勒出了以下场景:"这是 19 世纪初期。自由浪漫主义翻译的拥护者有巴丘什科夫③和茹科夫斯基。与他们同时期的还有卡捷宁,他是准确性的狂热追求者。一些十二月党人诗人进行了现实主义的猜想,

---

① Левин Ю. Д. Русские переводчики XIX века и развитие художественного перевода. Л., 1985. С. 49.

② Левин Ю. Д. Русские переводчики XIX века и развитие художественного перевода. Л., 1985. С. 44.

③ 在诗人康斯坦丁·尼古拉耶维奇·巴丘什科夫(1787—1855 年)的创作中,法国诗人埃·德·帕尔尼的译作占据了特殊的地位,维·格·别林斯基对此评论道:"他不仅翻译了帕尔尼,还模仿了他,但在这两种情况下都保持了自己的风格。"(Белинский В. Г. Полн. собр. соч. Т. 7. М., 1955. С. 232.)关于巴丘什科夫的翻译活动,详见:Эткинд Е. Г. Русские поэты-переводчики от Тредиаковского до Пушкина. Л., 1973.

而普希金或莱蒙托夫则以天才之手进行了现实主义翻译的综合运用。"①

然而,早在 20 世纪 30 年代,就有相反的观点被提出。例如,托马舍夫斯基在讨论这个问题时写道:"普希金并非翻译家,在他的诗歌中翻译只占据了微不足道的位置。他认为自己不是冷漠的模仿者,也不是饥渴的译者,更不是追求美女的诗人……

他将所有这些类别统称为'驯服的诗人'和'可怜的傻瓜'。这就是小杂志的工作人员的命运……"②然而,作者指出,这种态度并不妨碍普希金认识到翻译的启蒙价值(只要回顾一下著名的格言"译者是启蒙的驿马"就足够了),并对其中的一些翻译给予高度评价。

莱温进一步发展了这一解释,他坚决否认这位伟大的诗人持有任何一贯的翻译原则体系,并认为任何试图发现这些原则的尝试都是"狭隘的职业性观点"的表现:"译者认为翻译几乎是人类活动的最高形式。因此,他认为,每一位伟大的作家都有自己的翻译理论。普希金的伟大毋庸置疑,因此他有自己的翻译理论。如果在他的笔记中找不到翻译理论,那只是因为他还没来得及阐释……但普希金对翻译的态度远不像翻译史学家通常描述的那样热情……普希金认为,当一位大诗人从事翻译时,翻译本身并不是目的,它是一所技巧学校,为诗人创作原创作品做准备。"③

著名刊物《莫斯科电讯》(«Московский телеграф»)的出版人、作家兼评论家波列伏依在他的回忆录中提到了一个引人注目的片段,为我们所关注的问题提供了一些见解。据他所述,普希金阅读了波兰诗人亚当·密茨凯维奇的诗作《康拉德·瓦连罗德》(«Конрад Валленрод»),"深深地被原作的美所吸引,为了表达对密茨凯维奇的友谊,他想要翻译整首《瓦连罗德》,但就像他自己所说,他不知如何翻译,也就是说,无法使自己顺从译者艰巨的工作"④。早在 1836 年,也就是普希金逝世前不久,他写信给将他的诗歌翻译成法语的戈利岑公爵:"您答应翻译我的《巴赫奇萨拉伊的喷泉》(«Бахчисарайский фонтан»)。我相信您会成功的,就像您笔卜的所有作品一样,尽管您所从事的文学创作是我所

① Кашкин И. А. Для читателя-современника: Статьи и исследования. М., 1968. С. 142.

② Томашевский Б. В. Пушкин и Франция. Л., 1960. С. 75.

③ Левин Ю. Д. Об историзме в подходе к истории перевода // Мастерство перевода. М., 1962. С. 390-391.

④ А. С. Пушкин в воспоминаниях современников. Т. 2. М., 1985. С. 62.

了解的所有文学中最具挑战性和最吃力不讨好的。"①

　　关于普希金本人,几乎所有研究这一问题的学者都一致认为,当诗人从事翻译活动时,这些活动实际上是他原创作品不可分割的一部分。通常情况下,并没有将翻译的主要任务确定为尽可能忠实于原作。因此,在涉及外国文学作品的创作中,既可以看到真正意义上的翻译,也可以看到各种删减和改动,以及几种翻译原则的结合。只需回顾一下这些作品就足够了:《石客》(«Каменный гость»)中对唐璜情节的改编,根据约·威尔逊戏剧《鼠疫城》(«Чумный город»)仿写的《鼠疫流行时期的宴会》(«Пир во время чумы»),传达清教徒作家约翰·班扬作品《天路历程》(«Путь паломника»)(散文体)主旨的诗歌《朝圣者》(«Странник»),根据亚当·密茨凯维奇的情节改编的、主要人物的性格描写重点有所转移的《军官》(«Воевода»),来源于普·梅里美著名的骗局《古兹拉》的《西斯拉夫人之歌》(«Песни западных славян»),普希金并没有翻译过《古兹拉》(它也是用散文写成的),而是似乎用诗句再现了其背后假想的原作等②。诚然,在专业文献中,有时会有人认为普希金在其生命的最后几年里已经发展到对原语文本进行更完整的再创作,但这种观点的支持者并没有设法以任何令人信服的方式将这种或那种传承方式与诗人传记的某些时期联系起来。

　　至于普希金对我们感兴趣的问题的理论观点,我们最常提到的是未完成的文章《论弥尔顿和夏多布里昂对〈失乐园〉的翻译》(«О Мильтоне и переводе ‹Потерянного рая› Шатобрианом»)。文中批判了古典主义的"令人愉悦的翻译"传统,指出"即使是几个世纪以来一直被认可并为所有人所接受的观点,即译者应努力传达精神而非文字,也找到了反对者和巧妙的反驳",同时又指出"*逐字翻译……*"的愿望与遵守"意义和表达的忠实性相冲突这一事实。每种语言都有自己的说法,有自己精心设计的修辞手法,有自己内化的表达方式,这些都是无法用相应的词语翻译成另一种语言的"③。然而,在这篇文章中几乎找不到任何积极的翻译原则*体系*,原因至少在于这不是普希金的任务。

　　当然,这绝不是贬低这位伟大诗人在小说翻译发展中所起的作用。"民族

---

①　Пушкин А. С. Собр. соч.: В 10 т. Т. 10. М., 1962. С. 31.

②　普希金本人也曾采用过翻译的欺骗手法,比如他将《吝啬的骑士》标注为从琴斯通(实际上并不存在)翻译而来。

③　Пушкин А. С. Собр. соч.: В 10 т. Т. 6. М., 1962. С. 232.

特性的理解、历史色彩的再现、俄罗斯文学语言和诗歌的新可能性等等,所有这一切都得益于普希金对俄罗斯翻译文化的吸收。但普希金的这种影响是通过他的全部作品,而不仅仅是通过翻译或对翻译的理论判断来实现的。"①

莱蒙托夫的作品也是如此。正如我们所见,他有时也被视为"现实主义翻译"的代表之一。有趣的是,莱蒙托夫本人在批评茹科夫斯基时,指责其未能"区分"译作和原作,特别是未能时常指明某些主题的来源。然而,令人惊讶的是,莱蒙托夫在自己的手稿中并不总是提及原作的作者(例如,他对待海涅、摩尔和密茨凯维奇的一些诗歌时便如此)。他经常大幅改编外文资料,有时将其与自己增补的词句相融合,混入不同作者的作品等。"……对于莱蒙托夫来说,译作和他自己的作品之间没有明确的界限……在很多情况下,他的译作轻易地转变为对外国诗人主题的独立演绎,有时甚至变成了与他们论战的作品。无论是翻译、修改还是变奏,莱蒙托夫都展现出了非凡的诗歌个性,仔细将其与原作对比,最终可以准确地辨识出莱蒙托夫式的元素。"②甚至有人认为,除了拜伦的几部作品之外,莱蒙托夫几乎没有其他的译作:"所有试图为莱蒙托夫在俄罗斯翻译史上找到一个'位置'的尝试都显得幼稚且注定失败;他的诗歌既不与先前的翻译有关,也不与之后的有关。但作为诗歌诠释和对他人诗歌进行'再创作'的典范,他的这些诗句将永远是诗人们的楷模。"③

8. 别林斯基作品中的翻译理论问题

19 世纪最重要的俄国评论家之一,*维萨里昂·格里戈里耶维奇·别林斯基*(1811—1848),在翻译领域并未留下显著的印记。尽管年轻时曾从事法语翻译,但主要是为了谋生,其特点相对随意。自 1834 年以后,别林斯基并未创作新的译作,而是在一系列文章、评论、信件等中密切关注翻译文学和翻译理论问题。

从俄罗斯社会发展的角度来看,翻译的重要性在他 1835 年的一部较早的

---

① Левин Ю. Д. Об историзме в подходе к истории перевода // Мастерство перевода. М. , 1962. С. 392.

② Федоров А. В. Лермонтов и литература его времени. Л. , 1967. С. 273.

③ Ратгауз Г. И. Немецкая поэзия в России // Золотое перо. Немецкая, австрийская и швейцарская поэзия в русских переводах. 1812–1970. М. , 1974. С. 28.

作品中就已有所体现："……我们通常不太重视译者的荣耀。在我看来,现在应该是我们文学翻译的时代,或者更确切地说,现在我们所有的文学活动都应该转向学术作品和文艺作品的翻译……我们需要更多的翻译……翻译的好处无须多言:它们是如此显而易见,没有人会怀疑;翻译的主要好处,除了可以欣赏到*真正高雅的作品*之外,最重要的是它们有助于培养审美意识、培养品位和传播真正的高雅观念……此外,翻译对于形成我们尚不成熟的语言也是必要的;只有通过翻译,才能使语言成为一个器官,借助这个器官可以奏响人类思想的无数不同的变奏。"①

然而,在阅读别林斯基关于我们感兴趣的主题的看法和评论时,需要考虑到,这些看法和评论既反映了与俄罗斯翻译传统历史发展有关的客观因素,也反映了他自己观点的演变,即使在相对较短的时间内,他的观点也经常会发生巨大的变化。顺便说一句,如果曾经表达过的立场与新的观点和想法相冲突,评论家本人从不认为自己会受到这种立场的约束。他曾经说过:"难道您认为我每次发表意见时都必须遵循我以前说过的话吗?是的,现在我恨您,而过一天我又会热烈地爱您。"②因此,在别林斯基的遗产中,我们可以发现他对同一问题采取完全不同的态度,对此不应感到惊讶。

因此,他在1838年提出了两种翻译类型的论断:"文艺翻译"和"诗歌翻译",前者是对现实的客观反映,后者是对主观内容的理想化反映。前者的本质和特殊性通过以下推理得到证实:"在*文艺翻译*中,不允许有任何删减、补充或改动。如果作品存在缺陷,那也必须忠实地传达出来。这种翻译的目的是在可能的情况下,为那些由于不懂语言而无法接触原作的人替换原作,并为他们提供欣赏和评判原作的手段和机会。"③

因此,必须进行"诗歌翻译",因为外语作家"可能还不能以其现有的形式为大多数公众所接受;对于潜心研究这位作家的艺术爱好者来说,这是可以理解和原谅的,但在大多数人看来,却是不可理解和不可原谅的。既然翻译不是为少数人,而是为全体读者……译者就必须严格遵守大众的品位、教育、性格和要求。因此……他不仅有权利,而且必须摒弃一切不加注释就无法理解的、属于

---

① Русские писатели о переводе XVIII–XX вв. Л. , 1960. С. 195.
② Анненков П. В. Литературные воспоминания. М. , 1960. С. 169.
③ Русские писатели о переводе XVIII–XX вв. Л. , 1960. С. 197.

作者自己时代的,简言之,需要特别研究才能理解的东西"①。别林斯基将自己的理念推到逻辑极限,他毫不犹豫地宣布:"如果歪曲莎士比亚的作品是让我们的公众熟悉他的唯一手段——在这种情况下就没有必要拘泥于礼节;只要成功能够证明你的意图,那就大胆地歪曲吧。"②

几年后,这位评论家以同样坚决的态度提出了一个截然相反的论点:"翻译的目的是什么?——是尽可能接近外国作品的原貌……伟大诗人的优秀作品不可能在译文中变得比原作更好:修改和改编只会破坏原作。"③

不难注意到,引文中的表述实质上意味着对"诗歌翻译"概念本身的否定。但是(在上文提到的意义上),"文艺翻译"的概念也得到了重要的澄清。在1834 年的文章中,我们读到:"文艺作品的翻译规则只有一条——传达所译作品的精神,而要传达所译作品的精神,如果作者是俄国人的话,就必须按照作者本人的俄语写作方式将其译成俄语。"④1845 年,别林斯基反对斯特鲁戈夫什科夫⑤的类似观点,后者"公开表示,在他看来,翻译外国作家的作品意味着强迫他按照自己用俄语写作时的表达方式进行创作",别林斯基不无讽刺地说:"如果只涉及语言,这样的观点是非常公平的;但在所有其他方面,这就不公平了。谁能猜到歌德会如何用俄语写作?要想知道答案,作者必须是歌德本人。"⑥

评论家对可译性问题本身的态度并不完全明确。一方面,我们可以看到他对一些人十分讽刺的评论,这些人"声称从任何语言翻译任何东西都是一种完全丧失意义的劳动,对文学和社会都毫无用处,因为没有一个译本可以在读完原作后再读。所有这一切都非常深刻而诙谐,只可惜这些人忘记了翻译的主要目的是为了那些没有读过或无法读懂原作的人,而且最重要的是,将一个国家的文学作品翻译成另一个国家的语言,是各国相互了解、相互传播思想的基础,从而促进文学繁荣和精神交流"⑦。

---

① Русские писатели о переводе XVIII-XX вв. Л. , 1960. С. 196-197.
② Русские писатели о переводе XVIII-XX вв. Л. , 1960. С. 196-197.
③ Русские писатели о переводе XVIII-XX вв. Л. , 1960. С. 210.
④ Русские писатели о переводе XVIII-XX вв. Л. , 1960. С. 197.
⑤ 亚历山大·尼古拉耶维奇·斯特鲁戈夫什科夫(Александр Николаевич Струговщиков) (1808—1878)是歌德作品的译者。(详情请见:Левин Ю. Д. Русские переводчики XIX века и развитие художественного перевода. Л. , 1985. С. 72-96.)
⑥ Русские писатели о переводе XVIII-XX вв. Л. , 1960. С. 209.
⑦ Русские писатели о переводе XVIII-XX вв. Л. , 1960. С. 202-207.

另一方面,在对一些译本表示赞赏的同时,也提出了一个特有的警告:"人类的任何巨大创造都不可能在译成另一种语言时,能够使您读译作而不需要读原作;相反,如果不阅读原作,无论译作多么出色,你都不可能对它有一个准确的认识。"①

就连关于是否可以将诗歌作品翻译成散文这个问题,在别林斯基的著作中也有不同的解释。1838 年,他写道:"看起来,还有什么比散文译作更贴切的呢,在散文译作中,译者不受任何约束,但同时,散文译作又是最遥远、最不忠实和最不准确的,尽管它是那么贴切、忠实和准确。"②此外,他还坚持尽可能地再现原作的形式特征:"由于形式总是与思想相对应,因此韵律绝不是偶然的——在翻译中改变韵律意味着任意而为。这样的译作可能优于原作,但这已经是改编而非翻译了。"③

然而,这并不妨碍这位评论家对 19 世纪 40 年代初出现的莎士比亚和丹蒂的散文译作做出积极评价,而且在 1847 年,他实际上已经认为这种翻译方式在绝大多数情况下是最合适的:"……我们并不是说诗歌作品的诗歌翻译是不必要或无用的。恰恰相反,只有这样的译作才能真实地反映原作。但是,这首先需要有这样的天才译者,他们可能比独立的原作诗人还要稀少。我们无与伦比的独一无二的茹科夫斯基就是这样的人:通过他的翻译,俄罗斯文学*吸收*了席勒和拜伦的一些最杰出的作品。我们说'*吸收*',是因为他的译作更像原作。但是,即使在这里,对于那些不懂德语和英语的人来说,如果他们手中有忠实贴切的散文译作作为比较,也是一件令人愉快和富有启发性的事情,这样可以看出席勒或拜伦的译者-竞争者在哪些地方根据需要偏离了原作,因为在诗歌翻译中,字面忠实是不可能的,还可以看出他在哪些地方故意偏离原作,以便更忠实于原作,用另一种说法来表达同样的思想,用另一种形式来捕获同样的精神。在有机会阅读翻译作品的原文之后,这样的比较是熟悉和研究它的最好方法。对于劣质的译作更应如此。至于平庸的诗歌译作——忠实而贴切的散文译作总能让他们更好地了解原作。"④

---

① Русские писатели о переводе XVIII—XX вв. Л. , 1960. С. 225.

② Русские писатели о переводе XVIII—XX вв. Л. , 1960. С. 199.

③ Левин Ю. Д. Русские переводчики XIX века и развитие художественного перевода. Л. , 1985. С. 103.

④ Русские писатели о переводе XVIII—XX вв. Л. , 1960. С. 214.

如前所述,这种矛盾性的根源首先应从这位 19 世纪俄罗斯最伟大的批评家生活和工作的时代的转折性中寻找,它反映了其时代固有的探索和矛盾。同时,别林斯基论断中包含的立场和结论反过来又对翻译实践者和翻译理论家的创造性探索起到了一定的激励作用,他们的工作已经进入了俄罗斯翻译传统发展的后期阶段。

第 4 节 19 世纪下半叶俄罗斯的翻译与翻译思想

1. 俄罗斯翻译史上的 19 世纪 50—60 年代

在研究俄罗斯翻译在该时期的主要发展趋势时,首先要注意的是俄国国内翻译作品的数量急剧增长。这一现象与俄罗斯社会的发展密切相关:在尼古拉一世去世后,社会出现了一定程度的自由化,农奴制被废除,所谓的"平民知识分子"数量大幅增加,这导致了对外国文学(无论是科学还是艺术)日益扩大的需求。与以往主要来自贵族阶层的读者不同,许多现代读者几乎不懂或完全不懂外语。在这种情况下,翻译文学与原作文学之间的关系发生了极其重要的变化。如前所述,在前一个时代(尤其是在诗歌翻译领域),两者之间的"不可区分性"是一种常见现象,但现在两者之间开始明确区分,不再存在与原作"竞争"的余地。因此,译者的任务变成了完全取代原作,尽管人们对于这种取代往往有不同的理解。

其次,上述情况导致了翻译专业化过程的加深。翻译开始被看作是一种特殊的文学活动,具有自己的特点,需要具备特殊的技能。然而,在实践中,这导致了翻译质量在一定程度上有所下降,主要表现在文体上,这一点常常被当代评论家和后来的研究者所指出。

以上所述的生动例证是*尼古拉·瓦西里耶维奇·格贝尔*(1827—1883)的活动。他与革命民主派关系密切(尽管没有明确的社会政治立场),主要从事诗歌翻译(涉及拜伦、莎士比亚、席勒、歌德等诗人),但他最大的贡献在于组织出版活动,出版外国作家的作品集,这些作品集或多或少地完整地呈现了外国作家的创作个性,力求摆脱译者的主观倾向。在格贝尔的领导下,出版了席勒、霍夫曼、歌德、莎士比亚、谢甫琴柯等人的作品译本,以及一些诗歌选集(包括斯拉夫语、英语、德语等),并且他提出的原则基本上一直延续至今。其中包括以诗歌而非散文来翻译诗歌作品;以记录先前的译本而进行艰苦的书目编纂工作;尽可能广泛地吸引参与者,"他们每个人都可以选择将最适合自己才能和流派的内容翻译成俄语"[①],出版由不同译者翻译的多个版本,只要这些版本"能够尽可能完整地呈现所选诗人的作品"[②],附上载有专家撰写的传记文章和评论。

最后,在研究 19 世纪 60 年代俄语翻译进程时,研究者们自然而然地无法忽视翻译发展与当时尖锐的意识形态和政治斗争可能存在的联系。在许多苏联作品中,尤其是 20 世纪 50 年代中期以前的作品中,人们常常断言"19 世纪60 年代翻译问题的斗争主线与所有其他创作问题的斗争主线是一样的:在支持具有社会意义的、通俗的、现实主义艺术的支持者——车尔尼雪夫斯基和陀思妥耶夫斯基的路线和与反现实主义、反人民的"为艺术而艺术"思潮之间的斗争"[③]。翻译活动与当时文学生活的意识形态方面联系的倾向在这些作品中表现得非常明显。然而,由于"好"的革命民主译本与"坏"的贵族自由主义译本之间的对立过于明显,甚至在某些情况下显得荒谬,这种对立的模式在几十年前实际上已被遗忘。在费多罗夫的经典教科书以及他的其他著作中,描绘了一幅略有不同的图景:虽然承认上述阵营之间的意识形态与政治斗争也反映在翻译领域,但他认为有必要指出,"并非总是能够确切地建立政治倾向与译者工作特点之间的合理联系",尽管"在一些情况下,这种联系显得相当明显和直接"[④]。据费多罗夫认为,这种联系表现在两个方面:一方面,"两个阵营在外语文学领域都有自己的特殊兴趣",另一方面,"这一时期两个敌对阵营的代表们的译作在方法与倾向上存在部分差异"。费特、梅伊和阿·托尔斯泰的译本特点在于对原作的形式特征(尤其是诗歌的特点,如长度、押韵)和一些细节的高

---

① Левин Ю. Д. Русские переводчики XIX века и развитие художественного перевода. Л. , 1985. С. 173.

② Левин Ю. Д. Русские переводчики XIX века и развитие художественного перевода. Л. , 1985. С. 175.

③ Топер П. М. Традиции реализма (Русские писатели XIX века о художественном переводе) // Вопросы художественного перевода. М. , 1955. С. 81.

④ Федоров А. В. Искусство перевода и жизнь литературы. Л. , 1983. С. 82.

度关注①。库罗奇金翻译贝朗热的作品则截然不同,他在翻译过程中大幅度偏离了原作,甚至使用了许多俄罗斯日常生活中特有的细节和名称。这种自由度源于他希望将原作作为一个整体来翻译,从而引发读者和听众纯粹的日常习惯性联想②。显然,我们可以同意费多罗夫的第一种说法,因为在其他条件相同的情况下,任何译者都更可能选择处理与自己精神更为契合的作品(不过,正如费多罗夫本人所指出的,不能简单地将这些特殊兴趣理解为单一的:例如,米哈伊洛夫和梅伊就转向了贝朗热的作品)。第二种说法——就翻译本身而言,情况要复杂得多。在所谓的"贵族自由主义"阵营的代表中,既有费特一贯强调的对字面意思的追求,也有阿·托尔斯泰的"印象主义"方法。托尔斯泰在翻译歌德的《柯林斯的未婚妻》(«Коринфская невеста»)时提出了自己的原则:"只有在忠实性或准确性不损害艺术感受的情况下,我才会尽可能忠实于原作。如果俄语和德语给人的感受不同,我会毫不犹豫地远离直译。我认为,没有必要翻译词语,有时甚至没有必要翻译意思,而是要传达感受。译作的读者必须与原作的读者进入相同的领域,以便译作能够作用在相同的神经上。"③补充一点,屠格涅夫似乎也赞同这一观点,他对费特的直译原则持否定态度,认为"否则,即使是绝对的忠实也是错误的"。虽然没有什么"比达盖尔银版法更忠诚",但"一幅好的肖像画……要比达盖尔银版法好一千……倍"。他对托尔斯泰的版本做了相当负面的评价:"毫无生气,冠冕堂皇;正确但不忠实……他把歌德可怜的《柯林斯的未婚妻》改成了什么样子。"④

在对立的一方也有类似的情况。被公认为激进派领袖之一的杜勃罗留波夫总体上对上述提到的库罗奇金所译的贝朗热的作品评价甚高,但他指责库罗奇金"毫无意义地在贝朗热的戏剧中插入了一些从俄语中借用的词和语句",结果"原文的特点在译文中没有得到很好的保留"⑤。革命阵营的另一位杰出代表米哈伊洛夫在评价意识形态和政治立场与他相去甚远的梅伊所译的席勒的《德米特里乌斯》(«Дмитрий Самозванец»)时强调,这部悲剧"翻译得非常成

---

① 除了安·韦·费多罗夫提到的名字之外,还可以加上翻译德国诗人的卡洛琳娜·帕夫洛娃,她在阐述自己的原则时特别强调:"我深信,在抒情诗的翻译中,如果不破坏诗歌的特点和生理现象,就无法改变原作诗句的音韵。"

② Федоров А. В. Основы общей теории перевода. М. , 1983. С. 51.

③ Русские писатели о переводе XVIII–XX вв. Л. , 1960. С. 321.

④ Русские писатели о переводе XVIII–XX вв. Л. , 1960. С. 264,290.

⑤ Русские писатели о переводе XVIII–XX вв. Л. , 1960. С. 406.

功",译者本人"因其出色的工作而值得充分赞扬"①。最后,值得一提的是德鲁日宁,一个保守派作家,他创作的俄语版莎士比亚的《李尔王》(《Король Лир》),竟然得到了他的死敌车尔尼雪夫斯基的称赞。在给涅克拉索夫的信中,车尔尼雪夫斯基写道:"翻译得非常好。"②此外,尽管德鲁日宁对"革命党"的主要机关刊物——《现代人》杂志(《Современник》)的代表人物持尖锐的否定态度,但他的翻译作品仍然刊登在该杂志上。甚至该杂志的出版人涅克拉索夫还提出让德鲁日宁来编辑莎士比亚的戏剧作品集。

难怪在考虑了这些以及其他许多因素后,费多罗夫最终得出结论说,事实上,两个阵营的代表都有一个共同的"愿望(尽管手段不同),那就是传达原作的艺术独创性,产生接近原作的效果。正因为如此,这一时期隶属不同意识形态支持者的一些译本在再现原作的内在特质及其艺术力量方面成为经典……"③。

现在,让我们更详细地了解一下这个时代一些代表人物的活动。

2. 作为翻译理论家与实践者的费特

在我们感兴趣的领域里,谈及杰出的俄罗斯诗人*阿法纳西·阿法纳西耶维奇·费特*(宪欣)(1820—1892)的活动时,勃留索夫指出,他"一生都在翻译他最喜欢的德国诗人和哈菲兹(译自德语)以及经典作家:贺拉斯、维吉尔、奥维德、提布卢斯、卡图卢斯的著作——可以说他做翻译不是为了谋财,因为他所做的翻译基本上没有得到别人的认可"④。

确实,很难找到其他类似的例子,即在母语中重新创作外语文学作品的活动会受到如此一致的负面评价。特别是,如果我们考虑到米哈洛夫斯基对费特的批评,认为他只关注形式而忽视内容,并且将形式填充得过于狭隘,这样的批评可能可以解释为一位与 19 世纪 60 年代的革命者立场接近的人的政治观点,

---

① Русские писатели о переводе XVIII-XX вв. Л., 1960. С. 421-422.

② Левин Ю. Д. Русские переводчики XIX века и развитие художественного перевода. Л., 1985. С. 158.

③ Федоров А. В. Основы общей теории перевода. М., 1983. С. 51.

④ Русские писатели о переводе XVIII-XX вв. Л., 1960. С. 535.

因为费特与革命者之间存在不可调和的敌意①。然而,对于屠格涅夫提出的类似观点,我们很难用同样的方式来解释。他曾经讽刺地指出,在他翻译的莎士比亚的《尤利乌斯·恺撒》中,"有一些疯狂而反常的诗句,比如下面这首(虽然是我模仿的形式,但远远达不到原作的美感):

尽你所能,尽可能追求更高的目标;
如果不行,就寻求更小的进步,而不要放弃"②。

许多后来的作家都与这位备受推崇的抒情诗人一样持有相同观点。费特受到的批评主要在于,他的译作试图过于字面地再现原作的特点,导致译文显得笨拙、对俄语不友好,对于不熟悉原作的读者来说很难理解,有时甚至完全无法理解。像拉祖尔斯基、切希欣,甚至被称为"直译主义者"的布留索夫都做出过类似的评价。早在 20 世纪中叶,楚科夫斯基就在《崇高的艺术》(《Высокое искусство》)一书中对这些批评进行了总结:"费特是个强人,但在他的译作中……他也遭受了最大的失败,正是因为他机械地遵循形式任务的狭隘准则,为了这种准则而牺牲了原文的美感和灵感。"③

这一"准则"是费特自己提出的,他说:"我一直坚信逐字翻译的价值,更坚信形式可能重合的必要性,没有形式的重合就没有翻译。"④费特在解释自己的立场时写道:"最差的照片或手摇风琴也比各种口头描述更能让人了解米洛斯的维纳斯、麦当娜或诺玛。天才作品的翻译也是如此。译者如果哪怕部分成功地达到了天才作品不可分割的形式魅力,那也是幸福的,这对译者和读者来说都是最高的幸福。但这并不是主要任务,主要任务是可能的直译性;无论译文在外语这块新土地上显得多么沉重和粗糙,有天赋的读者总能从这样的译文中认识到原作的力量,而在追逐令读者感到熟悉和愉悦的形式的译文中,读者读

① 19 世纪 60 年代革命领袖尼·加·车尔尼雪夫斯基对费特翻译的贺拉斯颂歌给予了相当同情的评价:"他想提供给我们的是翻译,而不是对贺拉斯的随意改编。因此,他的译文在了解古代世界的真正鉴赏家眼中具有很高的价值,但它并不是为大多数人翻译而创作的,而只是为选定的读者和丰富俄罗斯文学而翻译的。费特先生认真地、努力地工作,他确实给我们提供了一部应该被称为俄罗斯文学最宝贵财富的译作。"(Перевод — средство взаимного сближения народов. M. , 1987. C. 67.)

② Русские писатели о переводе XVIII–XX вв. Л. , 1960. C. 270.

③ Чуковский К. И. Собр. соч. : В 6 т. Т. 3. M. , 1966. C. 447–448.

④ Русские писатели о переводе XVIII–XX вв. Л. , 1960. C. 328.

到的大多是译者而不是作者。"①费特显然意识到,这样的声明在实际中可能会引来不少批评,因此他在翻译古罗马诗人卡图卢斯的诗歌时,在序言中略带示威性地说道:"我们绝不会因为……我们的翻译粗糙而受到责备……如果我们……是模仿……而不是翻译,这样的责备是完全恰当的。想模仿就模仿,想翻译就翻译。"②

费特所宣扬的理论原则和他的翻译实践都不可避免地让人联想到俄罗斯文学史上的另一位人物——维亚泽姆斯基。他们经常被放在一起,作为一种特殊的"分离派",与俄语翻译发展的某种"主流线"相对立。例如,在费多罗夫的著名教科书中,当谈及俄语翻译史上的"字面直译"趋势时,他写道:"形式主义表达了一种渴望传达原作形式的所有元素的愿望,但实际上在译文中只有个别元素被翻译,而没有适当考虑它们与整体的关系,这是一种有意识但错误的计算,这种现象在俄语译者的活动中以及作家和记者的观点中都不是特殊的。普希金时代的维亚泽姆斯基、19 世纪下半叶的费特……无论是在实践中还是在理论上,他们都是这种现象的追随者。他们都是精妙的语言专家,都对翻译提出了严格的高要求,但同时他们又错误地界定了翻译任务的初始条件,认为不仅要传达原作的形象,还要将原作独特的语言表达形式特征转移到另一种语言的土壤中,即在一定程度上对母语进行试验。"③

莱温对这一问题的态度略有不同,他指出,尽管两人的立场相似,但原因却略有不同:维亚泽姆斯基的"天真烂漫的字面直译"认为,逐字逐句地翻译原语文本会导致后者的机械式再现;而费特则认为,原作的内在内容和本质是不可知的,只有其外在的词汇外壳才能再现。因此,对于这样一位含蓄典雅的抒情诗人,在自己的译作中会显得沉重甚至滔滔不绝也就不足为奇了。"……这里的矛盾只是表面的。费特的抒情诗本质上是感觉主义的,也是基于哲学上的不可知论。他在作品中再现了他对外部世界的感觉,而这个世界的本质是不可知的。费特继承了茹科夫斯基的这一浪漫主义风格,努力用诗歌表达自己'无法表达'的精神体验。但在翻译中,与茹科夫斯基不同的是,他再现的不是'他自己的',而是别人的,这是俄罗斯翻译文化发展的新阶段所要求的,这势必会造

① Русские писатели о переводе XVIII–XX вв. Л. , 1960. С. 326–327.
② Русские писатели о переводе XVIII–XX вв. Л. , 1960. С. 331.
③ Федоров А. В. Основы общей теории перевода. М. , 1983. С. 100.

成字面直译。"①

在某种程度上,正如日尔蒙斯基所指出的那样,费特对翻译作品的节奏和韵律极为关注,有时会与翻译作品的逻辑和语义方面发生冲突,因此他可以被视作象征主义翻译家的先驱。

尽管如上文所述,对费特的整体翻译活动持负面态度是 20 世纪的共同特点,但曾有人试图重新评估他,即使不能完全为其臭名昭著的"字面翻译"辩护,至少也要强调其历史合理性和正当性:"费特对翻译的准确性提出了极高的要求。这位诗人深刻理解翻译的艺术性与外在'文学性'之间的区别,'文学性'翻译容易获得成功,而他本人在翻译时则'将原作的每一个思想都融入自己的语言和民族中'。习惯于凡事逆潮流而动的费特独创了一种翻译理论:在他看来,翻译与对原作的自由阐释有着本质的区别。在与 19 世纪 60 年代翻译自由性的斗争中,费特极力要求'可能的直译'。但从他言论的上下文来看,他的'直译'首先是指真诚地表达原作中最困难的语言说法,尤其是大胆的诗歌意象(费特喜欢说'从七楼跳下',这引起了当代批评家的愤怒)。因此,他的翻译悖论给俄罗斯翻译理论提出了新的问题。由于费特的译作数量庞大……当然不可能谈论统一的诗歌水平。但是,我们也很难通过费特同时代人的个别诗句或诗歌来评判这部伟大的作品。我们必须欣赏一位伟大诗人的崇高和勇气,在没有人禁止自由翻译的时代,他努力寻找与原作每一行的俄语对应关系,不给自己任何放纵。当然,在费特最好的译作中,我们也能辨认出他自己的诗歌声音。"②

3. 维金斯基的翻译理念

说起 19 世纪中叶的俄罗斯翻译传统,人们往往会想起*伊里纳尔赫·伊万诺维奇·维金斯基*(1813—1855),他是一位英语文学翻译家。顺便说一句,费特本人也曾与他相识,并留下了关于他的回忆录。事实上,与茹科夫斯基直接关于散文翻译的"顺从"特征和诗歌翻译的"竞争"特征的格言相比,我们在这里看到了完全相反的景象:如果说一位俄罗斯最伟大的抒情诗人捍卫了尽可能

---

① Левин Ю. Д. О русском поэтическом переводе в эпоху романтизма // Ранние романтические веяния. Л. , 1972. С. 246.

② Раттауз Г. И. Немецкая поэзия в России // Золотое перо. Немецкая, австрийская и швейцарская поэзия в русских переводах. 1812-1970. М. , 1974. С. 36-37.

直译的原则,那么在翻译领域的评论家和历史学家眼中,一名专业的散文翻译家,同时也是散文翻译的理论家,则几乎成了谴责外语原作翻译中极端自由的主要目标①。

这位穷牧师的儿子,曾接受过宗教教育②,凭借自己的才能掌握了几种古代和现代语言。但他对俄罗斯翻译传统的主要贡献是翻译英国文学作品,特别是他高度评价的狄更斯和萨克雷的小说。

正是因为维金斯基翻译的萨克雷小说《喧嚣的集市》(《Базар житейской суеты»)③,在20世纪50年代初的俄罗斯期刊上引发了一场争论,他在争论中阐明了自己的翻译原则。

"……在艺术地再现一位作家时,"维金斯基认为,"天才的译者首先要关注这位作家的精神、思想的本质,然后再关注表达这些思想的适当方式。在进行翻译之前,您应该阅读您的作者,思考他,活用他的思想,用他的头脑思考,用他的心灵感受,暂时抛开您个人的思维方式。把这位作家带到您呼吸的天空下,带到您发展的社会中,带着他扪心自问:如果他在与您相同的环境中生活和行动,他会赋予他的思想以什么样的形式……是的,我的翻译不是照本宣科,我愿意……承认《喧嚣的集市》中有些段落属于我的笔下,但我不得不说,这支笔调和了萨克雷表达思想的方式。"④

维金斯基在写给狄更斯的信中也表达了类似的想法:"我把您当作英国人来理解,同时又在精神上把您转移到俄罗斯的土地上,让您按照自己在俄罗斯天空下生活和发展的方式来表达您的思想。因此,不言而喻,我的翻译不可能也绝不应该是直译和毫无保留的复制……我试图再现小说的精神及其所有细微差别,如有可能,我赋予其纯俄语的形式……"⑤

为了捍卫自己"用狄更斯式(或萨克雷式)的笔"说话的权利,维金斯基有

---

① 参见安·韦·费多罗夫教科书中对伊·伊·维金斯基活动的描述:"他的基本愿望不是传达原作的文字,而是传达原作的'精神',如果这种愿望没有不断演变成主观随意性,甚至演变成对原文进行压迫,那么他可以与同一时期的一些翻译诗人相提并论。"(Федоров А. В. Основы общей теории перевода. М., 1983. С. 52.)

② 伊·伊·维金斯基先后毕业于奔萨神学院和萨拉托夫神学院,但在即将毕业之际,因与警长扎谢茨基之女发生丑闻而被迫离开莫斯科神学院。

③ 维金斯将其译为《喧嚣的集市》,而其他大多数译者则译为《名利场》。

④ Русские писатели о переводе XVIII—XX вв. Л., 1960. С. 244-245.

⑤ Левин Ю. Д. Русские переводчики XIX века и развитие художественного перевода. Л., 1985. С. 124.

时甚至夸大自己处理原作的自由度,声称那些挑剔的评论家最喜欢的段落实际上是他自己创作的。20世纪30年代,这种方式曾引起卡什金的讽刺:"最有趣的是,维金斯基对自己的选材如此自豪,以至于在滑稽的兴致中故意诽谤自己……"①(尽管后者的例子已经很多了)

除了有意识地对原文进行"改造"(包括各种扩展、增补等),维金斯基还遇到了因当时审查制度的要求而被迫离题的情况[因为他翻译活动的主要时期正值"阴郁的七年"(1848—1855),审查制度特别严格],以及因对原文相应位置理解不够而造成的完全错译的情况[比如楚科夫斯基所举的例子,"man-of-war"——"军舰"译成了"舰人";短语 to send to Coventry——"抵制"译成了"流放到考文垂岛";生日祝福"Many happy returns!"(字面意思是:祝您万事如意)译成了完全无法理解的形式:"我希望您能经常从世界的另一端回来",等等]。

尽管存在这些问题,但同时代的人对维金斯基的翻译工作主要给予了积极的评价(尽管如前所述,《现代人》对其进行了相当严厉的批评)。然而,自19世纪末以来,反对之声不绝于耳,到了20世纪30年代,"谴责"维金斯基创作遗产的论调明显占据上风。奇怪的是,当年两极对立潮流的代表人物在这方面却达成了某种一致。例如,通常被称为"形式主义者"的兰恩不仅根本不承认维金斯基有资格被称为翻译家(因为用他的话说,维金斯基"不是翻译……而是复述"),而且还认为"就其文学能力的性质而言,维金斯基最不可能像人们所说的那样,'感受'到英国人狄更斯的精神"②。兰恩的死对头——卡什金也同样言辞犀利,他强调维金斯基的理论前提具有争议而且对其理论的实践不可接受,楚科夫斯基则称维金斯基的许多译文是对所译作家的"纯粹嘲弄"。但与此同时,与兰恩不同的是,这两位研究者都肯定了维金斯基在历史和文学方面的功绩,指出他是第一个真正向俄罗斯读者介绍英国伟大小说家作品的人,他抓住了这些作品的精髓,使其成为俄罗斯文化的财富。此外,楚科夫斯基甚至半讽刺半认真地指出,尽管翻译上的添枝加叶是不被允许的,但维金斯基的 些译文是如此美好,如此符合所译作者的精神,也许被翻译的作者本人也不会介意使用它们。

---

① Кашкин И. А. Мистер Пиквик и другие (Диккенс в издании «Academia») // Литературный критик. 1936. № 5. С. 216.

② Ланн Е. Стиль раннего Диккенса и перевод «Посмертных записок Пиквикского клуба» // Литературный критик. 1939. № 1. С. 157–158, 374.

20世纪80年代中期,莱温曾试图重新评估维金斯基在俄语翻译史上的地位和意义,他认为,尽管维金斯基曾试图与原作者"共同创作",但他的目标不是自由翻译,而是等值("现实的")翻译,这既不能等同于"屈从于我们的习俗",也不能等同于茹科夫斯基所特有的"译者–竞争者"的立场。莱温指出,维金斯基的原则与别林斯基所谓的"诗意翻译"相近,甚至希望有意识地依赖后者(然而,如上文所述,别林斯基本人拒绝接受)①。莱温坚定地说:"对于维金斯基来说……翻译绝不是'剽窃'……维金斯基在自己的宣言中要求译者放弃'他个人的思维方式',以便用所译作者的头脑去思考,用所译作者的心灵去感受,这不是没有道理的。这种立场与茹科夫斯基的'别人的—自己的'立场截然相反。在翻译时,维金斯基清楚地意识到,他翻译的是一部不同民族文化的作品(另一个问题是,他在多大程度上能够在译文中保留这种异域民族风情)……维金斯基的愿望显而易见,那就是创造出我们现在所说的等值翻译。他所遵循的原则是,在比较两个民族文明的历史文化传统的基础上,对比两种语言的文体体系,以便找到功能上的对应,找到在新的语言环境中能给读者留下相同印象的对等手段——这一原则的本质是现实主义。因为当译者将自己的工作从属于当今所谓的比较文体学时,现实主义翻译就开始了。"②

4. 亚·瓦·德鲁日宁及其翻译活动

乍一看,很难想象会有谁比*亚历山大·瓦西里耶维奇·德鲁日宁*(1824—1864)更反对维金斯基的了。首先,他是一位不断与贫穷做斗争的"波波维奇",是19世纪60年代平民知识分子的先驱,坚持民主立场,有时持激进观点,还是车尔尼雪夫斯基的朋友。其次,他出身于富裕的贵族家庭,毕业于近卫军军官学校,是"美学批评"和"为艺术而艺术"最一贯的倡导者之一,与车尔尼雪夫斯基所代表的方向有着不可调和的敌意,被屠格涅夫称为"最善良的保守主义者"。在我们感兴趣的领域,"阐释性翻译的拥护者德鲁日宁"和"不懂克制的

---

① 然而,如果研究者将"诗意翻译"本身归类为"浪漫主义翻译"的一个表现形式,即对原文进行"主观改造",那么如何依赖"诗意翻译"原则来体现"现实翻译的倾向(尽管仍然不太完善)",这一点仍然不太清楚。(Левин Ю. Д. Русские переводчики XIX века и развитие художественного перевода. Л. , 1985.)

② Левин Ю. Д. Русские переводчики XIX века и развитие художественного перевода. Л. , 1985. С. 126, 127.

维金斯基"(卡什金的描述)也"交恶"。只要回忆一下这两点就足够了,一是德鲁日宁责备自己的同事在译作中"有时会钻研一些完全不是英国式或狄更斯式的幽默"①,二是上文提到的维金斯基针对《现代人》杂志的论战,当时德鲁日宁是该杂志的主要撰稿人之一。然而,尽管在专业文学评论中指出,除了对英国文学的共同兴趣外,有时呈现过于热烈的形式②,这两位俄罗斯翻译传统的代表人物在客观上因翻译外文原作的原则而走到了一起。不过,维金斯基的主要活动领域是长篇小说,而德鲁日宁则主要是作为莎士比亚几部悲剧和编年史的译者登上历史舞台的。

第一部作品是 1855—1856 年翻译的《李尔王》。在这个译本的引言中,德鲁日宁阐述了他在重新创作英国剧作家作品时所遵循的原则。

德鲁日宁在谈及自己与以往翻译传统的联系时,首先提到了茹科夫斯基,这是很有意义的。在他的理解中,茹科夫斯基是"所有俄语翻译家中最有才华和最准确的……除非极端必要的情况下,从不背离原作的字面意思,从不无缘无故地牺牲原作,但有时也不使自己的母语屈从于与之格格不入的形式和说法……他的翻译方式应该成为所有翻译家永恒的研究课题……"③。

然而,尽管德鲁日宁和茹科夫斯基的翻译方法在研究者中引起了很大的怀疑(正如莱温所写),但他与别林斯基关于"诗歌"翻译和"文艺"翻译的观点的相近则是毋庸置疑的。德鲁日宁本人也提到了"我们最优秀的评论家之一"在这个问题上的观点(也许是出于审查的原因,他并没有提到那位评论家的名字)。他将自己翻译的《李尔王》归入第一种类型,并将自己的提纲总结如下:"在决定对《李尔王》进行诗歌翻译时,我们摒弃了对原作文字的过分崇拜。与俄语精神不符的隐喻和说法,我们都予以弱化或完全剔除……在对莎士比亚文本的字面意思进行独立思考之后,我们并没有随心所欲地处置它。我们下定决

---

① Левин Ю. Д. Русские переводчики XIX века и развитие художественного перевода Л., 1985. С. 124.

② "……只有在这部文学作品中,"维金斯基写道,"人类的智慧才尽显灿烂和辉煌;在思维和写作艺术的所有分支中,只有这部文学作品所呈现的创作比地球上曾经存在或现存的任何东西都更高、更绚丽。"德鲁日宁也不无歉意地说道:"……研究英国文学,尤其是古老的英国文学,使人的灵魂焕然一新,头脑中充满了极多的新思想和陌生的诗歌。"(Левин Ю. Д. Русские переводчики XIX века и развитие художественного перевода. Л., 1985. С. 117, 146.)

③ 在德鲁日宁之前的莎士比亚作品的研究者中,除了波列伏依和凯茨之外,还包括伊·米·萨季克、米·纳·卡特科夫,尤其是亚·伊·克罗内贝格,他的《麦克白》、《哈姆雷特》和《第十二夜》(«Двенадцатая ночь»)版本在 19 世纪被视为典范,并在几乎整个世纪内都在重印。

心,既不为了诗歌的音韵,也不为了语言的华丽,更不为了我们语言的生动性而扭曲莎士比亚的风格,因此在原文的字面意义与俄语翻译的字面意义无法契合的地方,我们采取了更大胆的处理方式。"①

德鲁日宁认为,出现这种情况的原因首先是原语和译语的文体体系不同,因此原作需要"澄清和简化"。只有这样,"宇宙中最有灵感的诗人的灵感之语"才能"不分性别、年龄和成熟程度,为所有俄罗斯读者所接受",甚至包括"最不成熟的读者"和"在朴素俄语语言环境中长大的人"②。

然而,德鲁日宁本人非常清楚这种"修饰"的历史局限性,他在下一本译作——悲剧《科利奥兰纳斯》(《Кориолан》)(1858 年)的序言中,就像他那个时代的别林斯基一样,认为:"大多数读者需要通过莎士比亚作品的诗歌译本,如果可能的话,通过通俗译本来熟悉莎士比亚,但仅有这种熟悉是不够的。当我们熟悉了诗人的精神之后,就有必要尽我们的最大能力去接近他语言的所有细节。我们认识到,就目前俄语的现状和我国公众对莎士比亚的了解程度而言,直译莎士比亚的某些诗句肯定是不可能的,但我们并不想说这在未来也是不可能的。毫无疑问,数十年的时间将比任何翻译者的努力更有助于推动这一进程:在这段时间内,俄语将得到丰富和发展,变得更加灵活,与此同时,我们对莎士比亚的研究也将有所进展,使这位伟大诗人的悲剧更为俄罗斯人所熟知。熟悉莎士比亚作品的特点将有助于促进和睦相处的工作,而且很有可能在未来的几年里,俄罗斯的广大读者将成为《奥赛罗》的创作者,就像英国公众一样,莎士比亚的每一句诗对他们来说都是耳熟能详的。"③

然而,这些文字的作者绝不满足于被动地等待他所预言的时代的到来。几年后,在他用俄语重新创作《理查三世》(《Ричард Ⅲ》)时,他强调:"在《理查三世》中,我们也在一些过于隐喻的奇怪段落前停下脚步,并不加以软化的情况下翻译了它们。"④这再次让我们想起别林斯基早先对"诗歌翻译"观点的演变。

德鲁日宁的翻译工作受到了许多人的热烈欢迎,正如他所说的那样,"这些人在所有文学问题上都有光荣的发言权"——屠格涅夫、奥斯特洛夫斯基、博特金、格里戈里耶夫,甚至在意识形态上与他保持距离的车尔尼雪夫斯基和涅克

---

① Русские писатели о переводе XVIII–XX вв. Л., 1960. С. 306.
② Русские писатели о переводе XVIII–XX вв. Л., 1960. С. 306.
③ Русские писатели о переводе XVIII–XX вв. Л., 1960. С. 313.
④ Русские писатели о переводе XVIII–XX вв. Л., 1960. С. 314.

拉索夫(尽管也有一些来自敌视《现代人》的期刊界的攻击)。早在 20 世纪 40 年代末,为创作"俄罗斯莎士比亚"做出巨大贡献的帕斯捷尔纳克就认为,"德鲁日宁的《李尔王》是如此壮丽,深深地扎根于俄罗斯人的意识之中……是唯一真正的俄罗斯《李尔王》,与原作一样具有不容置疑的权利"①。

5. 激进民主派作家与翻译问题

在谈到德鲁日宁在政治意识形态上的对手——俄罗斯激进民主派("革命民主派"),首先是这一派别公认的领袖——车尔尼雪夫斯基和杜勃罗留波夫时,苏联时代的研究者们历来将他们的活动与别林斯基的遗产联系在一起,后者被认为是他们的直系前辈。与此同时,人们也注意到,这两位"社会主义的莱辛"(卡尔·马克思的说法)都专注于更本质的问题,因此对翻译问题的关注远不及"疯狂的维萨里昂"。

尽管如此,*尼古拉·加夫里洛维奇·车尔尼雪夫斯基*(1828—1889)还是主要从文化和历史角度多次指出翻译的作用和重要性。他在 19 世纪 50 年代中期写道:"在每个新兴的欧洲国家,翻译文学在发展大众意识或启蒙运动方面发挥了非常重要的作用。因此,当历史文学作品比现在更关注翻译文学时,就不会出现非常不利的片面性。"②自然,车尔尼雪夫斯基将注意力集中在选择"正确的"(从他的角度看)原作的问题上,经常指责那些与他同时代的作家在选择作品上"随意"并且"毫无特色"。这种传统意义上的"启蒙"取向也决定了他对直译原作的消极态度,因为这会给读者的感知造成困难,因为"以牺牲清晰度和正确性为代价来关心译文的字面意思,就意味着损害译文的准确性,因为原文中清晰的东西在译文中也必须是清晰的;否则,翻译的意义何在?……按照其他人习惯的写法来写……"③。然而,车尔尼雪夫斯基并不赞成过分自由地解释原文,例如,他在审阅贝格翻译的《各民族之歌》(«Песни разных пародов»)时,发现了后者的一个重大缺点,即译者经常进行改写,而不是翻译,并且还有许多遗漏。

---

① Левин Ю. Д. Русские переводчики XIX века и развитие художественного перевода. Л. , 1985. С. 161.

② Русские писатели о переводе XVIII—XX вв. Л. , 1960. С. 367.

③ Федоров А. В. Основы общей теории перевода. М. , 1983. С. 58.

车尔尼雪夫斯基最亲密的朋友和同事*尼古拉·亚历山大罗维奇·杜勃罗留波夫*(1836—1861)也对翻译的任务和原则发表了自己的看法,主要体现在他对米哈伊洛夫所译的海涅作品和库罗奇金所译的贝朗热作品的评论中。杜勃罗留波夫与这两位译者在政治意识形态方面相近,因此无论是选择所译作者还是译者,都决定了这位评论家对他们作品的积极态度。杜勃罗留波夫强调翻译的主要任务是"在读者心中激起与原作完全相同的情绪"[①]。他承认可以在形式上有相当大的离题和替换,这尤其是库罗奇金创作方法的特点,但如前所述,他指责库罗奇金将贝朗热的诗歌过度俄罗斯化,在某些情况下过于自由,而且也不是出于文体或审查方面的考虑而对原作进行处理,结果"在译文中,原作的细微特征被比较宏大的、又部分粗糙的特征所取代",例如,在«Le senateur»［库罗奇金的《善良的熟人》(«Добрый знакомый»)］一诗中,头脑简单、受骗上当的丈夫在译文中被描绘为"一个卑鄙的恶棍,明知故犯地出卖自己的妻子"[②]。

在激进派中,文艺翻译理论与实践领域最显赫的人物之一是*米哈伊尔·拉里奥诺维奇·米哈伊洛夫*(1829—1865),他积极参与了革命运动,与车尔尼雪夫斯基一样遭受了苦役,并在苦役中结束了自己的生命。他所涉及的翻译作家范围非常广泛。"他翻译了欧洲、亚洲和美洲各国从古至今六十多位作家(主要是诗人)不同体裁的作品"[③],即使在服役期间,他仍继续从事翻译工作。然而,米哈伊洛夫对俄罗斯翻译传统的主要贡献是他对海涅作品的翻译,海涅的作品几乎占据了他翻译遗产的三分之一。这主要是因为两位诗人在创作上有相近之处。米哈伊洛夫反复回顾他早期的译作,对其进行编辑和改写,以使其更加接近原作。

与他志同道合的人一样,米哈伊洛夫更加关注翻译的启蒙功能,尤其是在他生命的最后几年,他特别注重翻译的宣传作用。他指出:"与其他民族的经典作家有密切的接触可以拓宽一个民族的精神视野,为语言和思想引入新鲜元素。这种国际交流是人类进步道路上最为真实的推动力之一。"[④]

米哈伊洛夫认为,译者不仅要再现原语文本的总体特征,还要再现其固有

---

① Федоров А. В. Основы общей теории перевода. М. , 1983. С. 59.

② Федоров А. В. Основы общей теории перевода. М. , 1983. С. 60.

③ Левин Ю. Д. Русские переводчики XIX века и развитие художественного перевода. Л. , 1985. С. 192.

④ Левин Ю. Д. Русские переводчики XIX века и развитие художественного перевода. Л. , 1985. С. 190.

的各种色调和主题,因此他非常重视原作文艺形式的翻译。因此,在某种程度上,他继承并发展了别林斯基和卡捷宁在他们那个时代所表达的思想:"在文艺作品中,形式始终受内容的制约,不可能有任何随意性。我们所说的形式既包括最广义的形式,即整部作品的结构、思想与体现思想的方式之间的和谐,又包括最狭义但却极为重要的形式,即语言、诗句和韵律。只有在文艺性不强的作品中,韵律才不那么重要,因为在这些作品中,内容没有经过充分思考和感受,因此也没有找到完全合适的表达方式。"①米哈伊洛夫认为,只有考虑到这一点,译者才有可能"深入原作的精神,使译文具有近乎原作而非舶来品的特点"②。尽管如此,如果说米哈伊洛夫认为完全照搬原作会给读者留下不同于原作的印象的话,那么他本人有时也允许自己偏离原作的形式特点(特别是他允许替换诗句的韵律)。另一方面,正如莱温所说,他也偶然有机会出于意识形态和宣传方面的考虑对原文进行润色[例如,在处理德国诗人莫里茨·哈特曼的诗歌《白纱》(《Белое покрывало》)时,米哈伊洛夫就赋予了这首诗歌以明显的革命性]。

上文提到的*德米特里·拉夫连季耶维奇·米哈洛夫斯基*(1828—1905)在19世纪60年代也与激进派有密切关系(尽管后来他成为正式国务参赞),他翻译了英国、美国、德国、法国和意大利诗人的作品。他的一篇名为《翻译里的莎士比亚》(《Шекспир в переводе》)的文章广为人知,其中尖锐地批评了费特在翻译《尤利乌斯·恺撒》这部悲剧时的逐字翻译。

6. 19 世纪后三分之一时期的俄罗斯文艺翻译

在专业文学中,人们通常会注意到这一时期的两个重要方面。一方面,翻译文学作品的数量不断增加,特别是一些外国作家如席勒、歌德、海涅、莎士比亚等的多卷作品集不断出版和重新印刷。另一方面,翻译事业的"专业化"进程以及翻译与原作的分离往往导致翻译变得"机械化",即译文本身的质量下降:译文往往无法传达原作的文体特征,有时甚至违反了俄语文学的语言规范,存

---

① Левин Ю. Д. Русские переводчики XIX века и развитие художественного перевода. Л. , 1985. С. 203.

② Левин Ю. Д. Русские переводчики XIX века и развитие художественного перевода. Л. , 1985. С. 203.

在过度冗长的问题①。这种情况在很大程度上可以解释为,尽管翻译实践范围很广,但在很多情况下,它都是纯粹经验性的,没有对相关的理论问题进行系统性的探讨。所有这些导致了翻译职业声望的下降。费多罗夫指出:"在出版商、文学界和一些知识分子中,有一种看法认为散文翻译或多或少是一件容易的事情,不需要负责,也不需要特殊的知识,只需要掌握一门外语的基础知识。因此,翻译工作经常被委托给对原文语言或俄语或两者都不熟悉的临时人员。因此,一方面,在传达内容时会出现大量语义错误、表述基本不准确和译者不负责任的情况,以至于译文往往成为有大量遗漏的复述,有时甚至带有大量增添的内容;另一方面,许多散文翻译的语言质量很差……照本宣科、措辞沉重、词汇贫乏。这些看似相反的缺点(即不准确和直译)往往在同一篇译文中并存。"②

在考虑到这一时期的翻译语言时,人们经常提到的一个问题是滥用一种称为"作者移植"的技巧,正如我们之前所看到的,这个技巧早在维金斯基时代就被尝试证明。在翻译作品的文本中,经常出现典型的俄罗斯现实与原作事件的时间和地点毫不相干,而作品中的人物——德国人、法国人、英国人——使用的谚语和俗语,例如"把烤箱里的东西都放在桌子上"或"带着你的茶炊去图拉"等,这些在外国人口中是完全不可能出现的。

从地理覆盖范围来看,对于外国文学的翻译,法国、英国和德国的作品仍然占据主导地位(这是可以理解的)。到了19世纪末20世纪初,人们对北欧文学,尤其是挪威文学(易卜生的作品)和瑞典文学(斯特林堡的作品)的兴趣逐渐增加。

俄罗斯读者对其他民族文学的了解大多是不完整和零散的(许多斯拉夫国家作家的作品都是如此,但波兰除外,波兰大部分地区和捷克原本属于奥匈帝国的那部分领土当时都是俄罗斯帝国的一部分)。

除了这些,还有一个情况值得注意。与19世纪上半叶俄罗斯古典诗歌的繁荣相比,下半叶的文学以艺术散文为主导,其主要代表人物对翻译及翻译的理论问题的关注要少得多。屠格涅夫对福楼拜作品的引用或列·托尔斯泰对莫泊桑某部小说的使用当然不会对总体形势产生任何重大影响。"诚然,"费多罗夫指出,"对翻译的兴趣并没有停止,作家们仍在继续思考研究翻译问题,但

---

① 然而,正如科·伊·楚科夫斯基不无嘲讽地指出的那样,后一点也可以从功利性方面进行解释,因为译者的工作是按译文的页数付费的。

② Федоров А. В. Основы общей теории перевода. М. , 1983. С. 64.

现在主要集中在友人书信和商务信函中,而不是在报刊文章中。因此,它的活动范围和公众影响当然就缩小了。在列·托尔斯泰、契诃夫和科罗连科的书信和笔记中,人们经常可以看到关于翻译的正确而深刻的思考(即使有时是自相矛盾的,例如托尔斯泰的思考)、对翻译的微妙观察、有趣的评价以及关于翻译内容选择的有趣建议,但这些言论相当零散,甚至是马赛克性质的。"①

当然,在这段时期,包括诗歌在内的翻译领域也出现了一些显著的现象,对俄罗斯文化产生了深远影响。其中,我们可以提到*德米特里·叶戈罗维奇·米恩*(1818—1885)。作为一名医生,他的一生与莫斯科大学医学院有着紧密联系。他翻译了意大利语、英语和德语作品,最为人所知的是他创作的俄语《神曲》全译本,该作品于20世纪初首次完整出版。此外,还有学者兼动物学家*尼古拉·亚历山德罗维奇·霍洛德诺夫斯基*(1858—1921)。尽管他翻译了许多莎士比亚、弥尔顿、席勒等作家的作品,但他最著名的翻译是歌德的《浮士德》,尽管这个版本在语言和风格上可能有些沉重,但从完整性的角度来看,这个翻译在今天仍然具有重要的意义。

7. 作为翻译家和翻译理论家的彼·伊·温伯格

莱温对*彼得·伊萨耶维奇·温伯格*(1831—1908)的生平和事业进行了评价:"在19世纪俄罗斯翻译文学史上,温伯格之前和之后的翻译家都没有像他在职业生涯末期那样享有如此高的权威,得到如此高的公众认可和荣誉。在同时代的翻译家中,温伯格赢得了最佳翻译家的美誉,他的译作长期以来一直被公认为典范。"②

然而,时间的变迁对这一评价做出了重大调整,在20世纪的许多历史译著中,当提及温伯格的遗产时,强调的是,虽然"作为译者,他的功绩毋庸置疑",但是,"他缺乏文艺天赋,未能把握原作的主要特点,随意借用俄语表达方式和任何韵律(不论原作形式如何),用其他形象替代某些原作形象,过于简化和粗糙化了许多内容"③。

---

① Федоров А. В. Искусство перевода и жизнь литературы. Л. , 1983. С. 105.

② Левин Ю. Д. Русские переводчики XIX века и развитие художественного перевода. Л. , 1985. С. 261.

③ Федоров А. В. Основы общей теории перевода. М. , 1983. С. 63.

温伯格的生平和事业在某种程度上代表了职业文学家的典型。他是一位公证人的儿子,毕业于哈尔科夫大学的历史与语言学系,将文学创作与公职和教学工作相结合。他积极参与了各种社会组织,包括由德鲁日宁发起的"文学基金"以及俄罗斯作家互助联盟,甚至曾担任这些组织的主席。温伯格被认为是俄罗斯最富有成就的翻译家之一,晚年更荣获了荣誉院士称号。他翻译了来自六十多位外国作家的作品,尤其以翻译海涅和莎士比亚的作品而闻名(后者的一些表达方式——比如奥赛罗对于苔丝狄蒙娜的话:"你因我的不幸而爱我,我因你的善良而爱你"——正是在温伯格的诠释下成为俄语格言的一部分)。他还关注理论问题,特别强调了"以……权威人士的……意见为基础……对其进行深入研究,并在此基础上创建一劳永逸的优秀翻译理论和与之相关的其他问题,这将是非常可取和有益的"[①]。

当然,认为可以创建一种"一劳永逸"的绝对和不变的翻译理论,适用于任何历史时期,显然是空想的。然而,温伯格在这个问题上的思考仍然具有重要意义,不仅因为他是当时最重要的翻译实践者之一,还因为他的思考在最清晰的形式中展示了翻译文学与原著之间关系变化的过程(可以约定俗成地称之为"翻译意识"的形成)。

与大多数 19 世纪(甚至 20 世纪)的作家一样,温伯格首先认为有必要明确自己对俄罗斯翻译艺术传统的态度,该传统的杰出代表是茹科夫斯基。然而,与他的前辈德鲁日宁不同的是,后者倾向于根据新的任务和需求重新诠释俄罗斯浪漫主义的奠基人的翻译原则。而温伯格(这也是时代的特征)则明确表示,尽管不否认茹科夫斯基的巨大贡献,但有必要坚决与其立场划清界限。

温伯格强调说:"茹科夫斯基的译作绝不是充分意义上的'翻译';它们几乎无一例外都极具才华,证明了诗人与原作在精神层面的亲缘关系,他的作品是改编、模仿,是所谓的'以情节单元为基础'的诗歌——随您怎么想,但不是翻译,因为如果仔细与原作比较,就会发现这些作品的许多诗句与原作存在非常大的偏差,译者有意或无意地剔除了许多特殊性等,因此,他们不无道理地说,茹科夫斯基的译作是相当独立的作品,在译者的个性和特点面前,作者的个性和特点往往被隐藏、摧毁等。但这并不是对茹科夫斯基作为译者的赞美;例如,当我们阅读《希隆的囚徒》(《Шильонский узник》)的译本时,我们很难感到完

---

① Перевод — средство взаимного сближения народов. М. , 1987. С. 275.

全满意,因为我们知道在这个译本的许多细节中,我们所面对的与其说是拜伦,不如说是他的译者。"①

可以假设,在这种"专业自我肯定"的背景下,我们应该审视温伯格的这种看似矛盾的辩论观点,它常常被批评为"翻译的灰色性"辩护。他反对一种被反复提及(有时甚至在今天仍然存在)的说法,即译者的才华应该与其再现的原作作者相当。温伯格认为,这种观点实质上是否定了任何杰出的文学大师,尤其是诗歌翻译的可能性。"为什么呢?因为真正的大诗人很少,更不用说那些甚至可以暂时放下自己创作,将他人的文字用他们的语言转化为诗歌的人了。其次,我允许自己持有完全相反的观点:一个真正伟大的诗人,而且是真正意义上的诗人(我们似乎无须解释我们对这类诗人的理解)不可能成为一个好的译者,即使偶尔会从事这项工作——尽管这种情况很少见。这并不奇怪:真正的诗人拥有太多属于自己的东西,太多个人创造,以至于当他试图翻译其他诗人的作品时,很容易将自己的形象融入其中。"因此,可以推论,一个真正意义上优秀的译者"不仅不需要真正的诗歌天赋,而且只需要具备驾驭诗歌的能力(如果是诗歌翻译的话),最重要的是完全掌握自己语言的能力(这也不是很常见),同时具备诗歌的辨别力,甚至,也许只需要批判性的辨别力就足够了"②。

温伯格特别关注的问题是,当译者开始翻译一部外语作品时,他的目标受众是谁。在这方面,他引用了屠格涅夫的话:"……每一部译作都主要是为那些不了解原作的人准备的。译者的工作不应该是为了让了解原作的人有机会评价他是否正确表达了诗句或短语:他的工作是为了'大众'。无论广大读者对译作有多大的偏见,译作都必须征服他们,就像以前征服自己的人民一样。"③温伯格与"征服"译文读者的要求保持距离,因为原作和译作在不同的时间、历史条件下创作,语言上也存在差异。但他完全赞同这位伟大的俄国小说家的看法,即翻译的首要目标是为了那些不了解原作的人。他总结道:"……因此,我们得出的结论是,一位优秀的译者有责任努力给这些读者留下与原作相同的印象(强调的是印象,而非屠格涅夫所说的'征服'),为他们提供一个关于原作的完整的概念,或者在语言条件下无法做到这一点时,至少给予他们一个大致完整的概念,包括思想、语气、所有具体细节,如表达方式、修饰语等。我们认为,尽

---

① Перевод — средство взаимного сближения народов. М. , 1987. С. 276.

② Перевод — средство взаимного сближения народов. М. , 1987. С. 275-276.

③ Перевод — средство взаимного сближения народов. М. , 1987. С. 70-71.

可能完整地保留这些是非常重要的,因为在这些方面,即诗人对自身语言的运用,主要在于他的独创性:一位伟大的诗人(这里我们仅指伟大的诗人,因为我们认为只有他们才必须要满足上述要求),没有任何多余的东西,可以说没有任何经过计算的东西,既不与他自己的个性有机联系,也不与他创作该作品时的时代条件有机联系。因此,译者在翻译作品时,不仅要将作品的优点呈现给读者,还必须将其中的缺点一并呈现(这些被视为诗人的缺点主要来自后来者的观点)。换句话说,如果译者正在翻译整部作品,他不仅要努力在美学上给读者留下愉悦的印象,还必须努力呈现可能因某种原因而令人不愉快的印象。如果不满足这一条件,就可能偏离原作太远,纯粹是按照译者个人的观点和品位行事,而不是遵循一定的理论规则。如果您只想让读者留下美学印象,只想让他们感受作者的艺术之美,那么最好只翻译那些从现代读者的角度来看没有任何生硬、不悦、不妥之处的段落。"①

同时,正如专业文献所指出的,温伯格仅从内容方面来理解外文原作翻译的完整性,认为为了内容有时可以牺牲对形式的严格遵循,正如我们在上文所看到的,米哈伊洛夫早已坚持(尽管并非始终如一)这一点,人们有时会将二者相提并论②。我们还必须考虑到,温伯格的活动不仅符合 19 世纪后三分之一时期俄罗斯专业翻译的实际情况,而且正如莱温机智评论的那样——"尽管存在种种缺点,也许是多亏了这些缺点",温伯格的作品才能够为最广泛的阅读群体所接受,由于温伯格,他们接触到了许多杰出的外国文学作品。

8. 波捷布尼亚和"不可译论"

在 19 世纪末,俄罗斯语言学界出现了一个显著的现象,即所谓的"波捷布尼亚主义",其奠基者是*亚历山大·阿法纳西耶维奇·波捷布尼亚*(1835—1891),他在很大程度上继承并发展了一系列洪堡的思想。在这一时期,流传着有关翻译根本不可能的观点,这一论断通常与他的名字联系在一起。人们通常

---

① Перевод — средство взаимного сближения народов. М. , 1987. С. 277-278.

② 参见莱温提到的关于海涅译文的评论,他提到作者称"米·拉·米哈伊洛夫和温伯格是最好的译者"(Левин Ю. Д. Русские переводчики XIX века и развитие художественного перевода. Л. , 1985. С. 261)。温伯格本人在评价同事的作品时指出,"米哈伊洛夫在他的大部分译作中尽了全力,尽管在某些作品中他与原文相去甚远"(Перевод — средство взаимного сближения народов. М. , 1987. С. 271)。

引用他在《语言与民族性》(«Язык и народность»)一文中的以下段落作为证据:"当两个讲同一种语言的人彼此理解时,某个词的内容在这两个人那里是如此相似,以至于可以把它看作是相同的,而不会对研究造成明显的损害。我们可以说,使用同一种语言的人在使用某一词语时,会从同一角度、同一观点来看待该词语在每个人心中的不同内容。

如果一种语言的词汇不能涵盖另一种语言的词汇,那么语言所激发的词汇、图画与情感的组合就更不能相互涵盖;它们的独特性在翻译中消失了;俏皮话更是难以转译的。即使是脱离了词汇表达的思想也无法涵盖原作的思想。这是可以理解的。让我们暂且允许这样一种可能性,即翻译后的思想站在我们面前,已经脱去了原来的词汇外衣,但还没有披上新的外衣。显然,在这种情况下,作为从原作思想中抽象出来的思想不可能等同于后者。当我们说从原作的思想中提取出重要的东西时,我们类似于在说坚果中重要的不是果壳而是果仁。是的,对于我们来说重要的东西对于坚果来说却不是,没有果壳,坚果就无法形成,就像原作的思想无法在没有词汇形式的情况下产生,词汇形式是其内容的一部分。用另一种语言表达的思想,与它的虚构抽象状态相比,会获得新的内容,而这些内容仅从其原始形式的角度来看是无关紧要的。如果在比较原文和译文时,我们常常发现很难说清二者所激发的联想在多大程度上是不同的,那么这是因为我们可用的观察手段不完善。

诗歌在这种情况下,就像在其他情况下一样,为科学指明了道路。存在一些轶事,描述了用一种语言无法表达另一种语言所表达的内容。例如,达里的一个轶事讲述了这样一个场景:一个希腊人坐在海边,自言自语地哼唱着什么,然后泪流满面地哭了起来。恰好有一个俄罗斯人在场,他请求希腊人翻译一首歌。希腊人翻译道:'有一只鸟,我不知道该怎么用俄语称呼它,它坐在山上,坐了很久,拍拍翅膀,飞到很远很远的地方,穿过森林,飞到很远很远的地方……就这样。用俄语什么也说不出来,但用希腊语讲述就非常悲伤。'

事实上,任何一种翻译都或多或少地与大俄罗斯语对小俄罗斯语'哦,我当时也在'(Ой був та нема)的著名戏谑改编相似……'哦,我以前在,但现在不在了'(Эх был, да нетути)。即使是声音的细微变化,表面上似乎与词语的内容无关,但却会明显改变词语在听者心中的印象……从一种语言翻译成另一语言不是传递相同的思想,而是唤起另一种不同的思想,这一点不仅适用于独立的语种,也适用于同一种语言的方言,因为这些方言有着极多的共同之处。"①

但应该指出的是,只有在波捷布尼亚的整个概念语境中,首先是他在上述作品中所捍卫的主要思想,才有可能对上述状况做出正确的解释。它首先是要驳斥 19 世纪末在某些科学界流行的观点,如"人类的发展进程旨在使人摆脱外部自然的压力,逐渐消除人身上的民族性基础",以及"一种通用语言的存在将……符合人类的最高需要"②。正如波捷布尼亚本人所指出的,支持这一理论的人,其论据之一是"从一种语言翻译成另一种语言的数量不断增加(即用一种语言传达另一种语言所表达内容的数量和强度的增加)会消除语言之间的差异"③。

对于这位采纳了洪堡的许多观点、对每种语言的*特殊性*及语言对"民族精神"的反映有着浓厚兴趣的语言学家来说,这种"雷同"当然从根本上是不可接受的。波捷布尼亚强烈反对这种"雷同",并证明"如果把语言看作是深层次上不同的思维方式体系,那么我们可以预料,未来用一种通用语言取代不同语言只会降低思维水平",他自然要强调所有翻译的局限性以及不可避免的不完整性,并指出:"认为一名优秀的译者有能力跳出自己的民族属性从而进入外国的思想,这种想法是极其天真……"④但是,他不仅没有否认翻译在任何语言(乃至任何民族的整体文化)发展中所起的作用,相反,他认为这种作用非常重要。"回到外语的影响,"波捷布尼亚总结道,"我们看到,如果外语知识和外语翻译在所有情况下都是一种消灭差异的手段,那么既不可能有外语能力很强的译者,也不可能有在外语原创性和艺术性方面堪称典范的翻译作品。与此同时,有一些已知的译本,在上述特性以及对文学独立发展的影响方面超过了许多原作……可以认为……随着优秀译本数量的增加,人民的力量储备也会相应增加,这种力量迟早会在更多的原创性创作中得到释放。"⑤

因此,可以说,将这位哈尔科夫语言学家(以及与他关系密切的洪堡)归为"不可译论"的无条件拥护者的传统观点需要做出重大调整。

此外,19 世纪末 20 世纪初俄罗斯学术语言学的其他代表人物也对翻译技

---

① Потебня А. А. Эстетика и поэтика. М. , 1976. С. 263–265.
② Потебня А. А. Эстетика и поэтика. М. , 1976. С. 255.
③ Потебня А. А. Эстетика и поэтика. М. , 1976. С. 225.
④ Потебня А. А. Эстетика и поэтика. М. , 1976. С. 259,268.
⑤ Потебня А. А. Эстетика и поэтика. М. , 1976. С. 266–267.

巧的可能性持相当悲观的态度。例如,小说家*德米特里·康斯坦丁诺维奇·彼得罗夫*(1872—1925)本人就从事过翻译工作,他写道:"当你想到一些诗歌作品的译本时,脑海中不由自主地浮现出一个悖论:最好根本不翻译它们!……这种想法乍一看似乎很荒谬。译者的工作是如此艰难,需要如此多的知识和对主题的热爱与深入了解!而且还经常失败!对于一个孤独的诗歌爱好者来说,下功夫学习一门外语,掌握他最喜欢的作品的原文,完全彻底地掌握它,不是更好吗?这种劳动难道不比译者的劳动更轻松、更富有成效吗?译者在最好的条件下也只能提供一个不准确的副本。"然而,从这段话的内容和语气可以看出,在这种情况下,我们更应该谈论的是作者对所分析的问题表现出的情感态度,而不是对这一问题的理论分析。

第 5 节　20 世纪俄罗斯翻译发展的主要趋势:翻译理论的科学化

1. 20 世纪初

这一时代在苏联作家的作品中被称为"十月革命前时期",现在通常被称为俄罗斯文学的"白银时代",尽管它在时间上的跨度很小(大约不到二十年),但在俄罗斯文化史上具有特殊的地位。由于种种原因,意识形态定型对这一时期的影响要比前几个阶段大得多,因此,直到 20 世纪 80 年代后半期,国内的大众读者才开始真正了解这一时期的许多代表人物。

在这方面,文艺翻译或许比其他领域更幸运:尽管"白银时代"作家的原创作品经常被人遗忘,但他们的译作却被苏联出版社出版(尽管并非总是指明译者)。然而,在苏联时代编写的翻译史著作中,可能从未真正给予他们在这一领域所做贡献的真正评价,尽管其意义与一个世纪前的黄金时代相当。

如果我们将"翻译车间"中一般翻译人员的"大量生产"放在一边,那么在 20 世纪初俄罗斯翻译的发展中,可以看到两个主要趋势。第一,19 世纪末 20 世纪初俄罗斯学术语言学各个分支的蓬勃发展不可避免地影响了翻译。许多学科的权威通常亲自从事翻译工作,尤其是在涉及他们专攻的东西方文化经典古籍时。他们对外文文献的翻译通常伴随着大量的注释和丰富的参考资料,这些都是勤奋的研究成果,有时也具有独立的价值。

第二,20 世纪初是新文学思潮兴起的时期,这些思潮往往被统一在颓废主义或现代主义的总称之下。首先要谈论的是俄罗斯象征主义这样一个显著现象,它的一些代表人物在我们感兴趣的领域留下了光辉的足迹。费多罗夫对他们的活动进行了颇具批判性的评价,特别指出后者片面关注非现实主义文学,但他强调:"俄罗斯现代派和象征派对西方艺术与文学非常着迷,作为诗歌和散文的译者,他们非常活跃;作为译作的编辑和组织者,他们也非常活跃。他们翻译了大量作品,还翻译了当时俄罗斯读者几乎不知道甚至根本不知道的作家……"①

有时,上述两种翻译技巧的"流派"会交叉融合,尤其是在那个时代,很多作家既具备诗歌才华,又拥有深厚的科学知识。俄罗斯著名出版商萨巴什尼科夫在 20 世纪 10 年代初构思"世界文学纪念碑"系列时,建议一方面邀请享有欧洲声誉的俄罗斯最杰出的语言学家担任译者,另一方面邀请俄罗斯象征主义的许多杰出代表担任译者,这并非偶然。

在"艺术语文学"翻译领域中,最著名的人物之一是*亚历山大·尼古拉耶维奇·维谢洛夫斯基*(1838—1906)院士,他是俄罗斯文学史家和历史诗学的奠基人,创作了俄语版的薄伽丘《十日谈》。在翻译这部意大利文艺复兴时期的伟大文学作品时,维谢洛夫斯基力求最大限度地准确无误,甚至不惜仿译原作的句法特点,给人造成"模仿"原作的印象(据一些评论家和后来的研究者称,这往往对译作的艺术方面产生不利影响)。

东方学家和语言学家*尼古拉·雅科夫列维奇·马尔*(1864—1934)②对自身任务的理解与之不同,他首先向俄罗斯读者介绍了中世纪格鲁吉亚和亚美尼亚的许多文学作品。他写道:"在翻译中,我们准确地将意思而不是字面上翻译成俄语,尽量不屈从于'翻译的准确性就是逐字翻译'这种错误观点,丑化甚至完全掩盖作者在原作中想要表达的意思;如果有机会将准确性与逐字翻译结合起来,我们当然愿意这样做。"③

---

① Федоров А. В. Основы общей теории перевода. М., 1983. С. 67.
② 众所周知,尼·雅·马尔后来受到了严厉批评,被视为创立了臭名昭著的"新语言学说",但他在亚美尼亚和格鲁吉亚语言学领域的贡献从未被任何人质疑。
③ Миханкова В. А. Николай Яковлевич Марр. М.; Л., 1948. С. 95.

古典语文学家、圣彼得堡大学教授*法杰伊·弗朗采维奇·泽林斯基*（1859—1944）翻译的古代诗歌引起了各种争议，他被指责"将自己的世界观融入古代"（什克洛夫斯基的说法），即把所翻译的古代经典作家现代化。勃留索夫也表达了这一指责（尽管是以一种相当礼貌的方式），并对泽林斯基翻译的奥维德的作品进行了专门评论。

勃留索夫在赞扬"泽林斯基的作品具有非凡价值"的同时，也指出："从传达原作所有思想和几乎所有意象的意义上讲，译文是贴切的，但泽林斯基的译文远未充分表达奥维德的写作方式，而且我们认为，它改变了时代精神。"①随后的评论则更为尖锐。因此，楚科夫斯基写道："我们不能怀疑……泽林斯基的深厚学识：他是欧洲权威的古代世界研究者。但他缺乏文学品位，对他所颂扬的古代诗歌的风格不甚敏感。"②上文提到的什克洛夫斯基在他的回忆录中更是冷嘲热讽：他同样不否认泽林斯基是"一位伟大的希腊和罗马文学鉴赏家"，但他对后者的译作做了如下描述："泽林斯基是一位灵感平平的诗人——这使他非人的自信。"③

谈到白银时代俄罗斯翻译文学中真正的"诗歌"流派，不得不提到*康斯坦丁·德米特里耶维奇·巴尔蒙特*（1867—1942），他的兴趣范围异常广泛：在他翻译的作品的作家中，有雪莱、斯洛瓦茨基、卡利达萨、卡尔德隆、坡、波德莱尔，以及其他许多作家。正是巴尔蒙特第一个向俄罗斯读者介绍了格鲁吉亚文学经典肖泰·鲁斯塔维里的诗歌《虎皮骑士》（«Витязь в тигровой шкуре»）［巴尔蒙特称之为《披着豹皮的骑士》（«Носящий барсовую шкуру»）］的完整（尽管由于主客观原因，并不完全准确）译本，这是他根据英语散文译本重新创作的。

在翻译17世纪西班牙著名剧作家佩德罗·卡尔德隆·德·拉巴尔卡作品的序言中，巴尔蒙特谈到自己的翻译原则时指出，"译者的主要任务应该是努力表达所有个人的、民族的和时代的特征。我的翻译主要遵循这一原则，当然，同时也尽量使俄语诗歌更加响亮"④。然而，大多数对其译作发表评论的人都指责他，认为第二方面（他自己理解的）明显优于第一方面，因为译者的个性和主观

① Брюсов В. Я. Избр. соч. : В 2 т. Т. 2. М. , 1955. С. 257, 252.
② Чуковский К. И. Собр. соч. : В 6 т. Т. 3. М. , 1966. С. 350.
③ Шкловский В. Б. Собр. соч. : В 3 т. Т. 1. М. , 1973. С. 96.
④ Кальдерон де ла Барка Педро. Драмы. Книга II. М. , 1989. С. 664-665.

偏好在原作上打上了不可磨灭的烙印。勃留索夫尤其提出了这种指责,他说巴尔蒙特"是糟糕的译者里最糟糕的",因为他"完全……忽视了作者的风格,用本质上相同的巴尔蒙特式语言翻译雪莱、爱伦·坡和波德莱尔",因此"完完全全地毁了他们"①。楚科夫斯基也同意这一观点,早在1906—1907年,他就表示:"巴尔蒙特作为译者是对他所翻译的爱伦·坡、雪莱、王尔德等人的侮辱。"②在他的著作《崇高的艺术》中,对巴尔蒙特版本的雪莱诗歌进行了批评性分析,指出其中既有雪莱的影子,又有巴尔蒙特的痕迹,可以说是一种混合体。总的来说,费多罗夫的教科书对巴尔蒙特的翻译遗产也有类似的评价,不过,公平来说,一些他所翻译的作品也受到了勃洛克和帕斯捷尔纳克等杰出诗人的认可。

伊那肯季·费多洛维奇·安年斯基(1855—1909)是当时一位杰出的俄罗斯诗人,他的创作风格与象征主义密切相关。他以深厚的博学和广泛的语言修养著称。安年斯基在学术和教育界享有盛誉(曾担任过沙皇村中学的校长),在19世纪末,他开始以欧里庇得斯的悲剧为对象进行翻译,并引起了人们的关注。这些翻译作品在性质上与"科学-语文翻译"的传统相符,伴随着大量的解释性文章,专注于分析这位古希腊伟大悲剧家的作品。然而,虽然他将"俄罗斯的欧里庇得斯"视为具有重大文化意义的作品,并希望能够"为自己在俄罗斯文学史上留下一席之地——这是我所有的梦想"③,但他的另一部分遗产——西方抒情诗歌的翻译——长期以来都是他"为自己"完成的,是一种业余爱好。正如费多罗夫在专门研究安年斯基作品时所指出的,诗人的座右铭在这里得到了淋漓尽致的体现:"俄语,尤其是诗歌语言的尊严和美感,不能为任何人所牺牲。"安年斯基就此概述了他对翻译的看法,他写道:"翻译一位抒情诗人——这项工作是艰苦的,而且往往是吃力不讨好的。除了在两种语言的要求之间周旋,译者还必须在语言性和音乐性之间取得平衡,这个词是诗歌全部美学因素之所在,而这些美学因素在字典中是找不到的。词汇的准确性往往使译作与原作的接近具有欺骗性——译文枯燥乏味,在细枝末节背后失去了戏剧概念的传递。此外,对音乐的迷恋使译作面临杜撰的危险。保持一定程度的主观主义是抒情诗

---

① Русские писатели о переводе XVIII–XX вв. Л. , 1960. С. 566, 537.

② Макогоненко Д. Г. Кальдерон в переводе Бальмонта. Тексты и сценические судьбы // П. Кальдерон. Драмы. Кн. II. М. , 1989. С. 683.

③ Подольская И. И. Поэзия и проза Иннокентия Анненского // И. Анненский. Избранное. М. , 1987. С. 11.

译者的任务。"①然而,正如专业文献中指出的那样,他本人不止一次地违反了这
一"主观性尺度",经常采用省略和增补的方式,削弱或加强原作的某些方面。
因此,安年斯基的译作往往成为他自己创作的延续,用费多罗夫的话说,在他的
译作中,"有两种倾向被结合在一起或互相排斥——寻求与外语诗人的一致,以
及渴求他作品中缺乏的东西"②。

古希腊经典在俄罗斯象征主义杰出代表*维亚切斯拉夫·伊万诺维奇·伊
万诺夫*(1866—1949)的创作中占有重要地位,他用俄语再现了阿尔凯奥斯和萨
福的抒情诗以及埃斯库罗斯的悲剧。在后者的序言中,他强调要注意再现原作
的形式特征,努力"尽可能(在不破坏俄语语言的自然流畅与节奏的前提下)诗
意地传达原作的节奏运动和韵律结构",并"在相同行数、相同韵律的范围内保
持一致"③(有时会因句法复杂和过度古板而招致责难)。

20世纪初俄罗斯文学的其他主要代表人物也或多或少地参与了翻译工作。
不仅有象征主义作家(如勃洛克,他翻译了海涅、拜伦、伊萨奇安),也有其他思
潮的作家[只需列举布宁翻译的朗费罗的《海华沙之歌》(«Песнь о Гайавате»)
即可,该书已成为翻译经典]。

最后,在这一时期,人们对当时居住在俄罗斯帝国的不同民族的文学作品
产生了浓厚的兴趣。因此,1916—1917年,在高尔基的编辑下,"风帆"出版社
出版了亚美尼亚、拉脱维亚和芬兰文学作品集。后两部作品集的合作编辑是勃
留索夫,他的活动值得单独讨论。

2. 作为翻译家和翻译理论家的瓦·雅·勃留索夫

俄罗斯象征主义的奠基人*瓦列里·雅科夫列维奇·勃留索夫*(1873—
1924),在他的创作中,翻译一直占据着重要地位。在他的一部作品中,或许甚
至没有明确设定这样的目标,他也对温伯格几十年前的言论给出了最为令人信
服的回应,即伟大的诗人很少愿意或愿意尝试在自己的语言中重新创作其他文
学作品。这部作品就是著名的《坩埚中的紫罗兰》(«Фиалки в тигеле»),标题
本身就是对英国浪漫主义诗人雪莱格言的回响,雪莱曾说,诗歌翻译无异于试

---

① Федоров А. В. Искусство перевода и жизнь литературы. Л. , 1983. С. 201–202.

② Федоров А. В. Искусство перевода и жизнь литературы. Л. , 1983. С. 202.

③ Эсхил. Трагедии: В переводе Вячеслава Иванова. М. , 1989. С. 197.

图将紫罗兰扔进坩埚,以发现其颜色和气味的基本原理。勃留索夫引用了这句话,并似乎同意了这一观点("将诗人的创作从一种语言翻译成另一种语言是不可能的,但放弃这个梦想也是不可能的"),同时又强调:"很少有诗人能够抵御住诱惑,将自己喜欢的他人的紫罗兰花扔进自己的坩埚。普希金翻译了帕尔尼、谢尼埃、密茨凯维奇、巴里·康沃尔;莱蒙托夫翻译了拜伦、歌德、海涅;丘特切夫翻译了海涅、歌德、席勒;茹科夫斯基把他的大部分精力都用在了翻译上;费特一生都在翻译——既翻译他喜欢的德国诗人,也翻译经典作家:贺拉斯、维吉尔、奥维德、提布卢斯、卡图卢斯——可以说是不计报酬地翻译,因为几乎没有人同情他的译作。这里提到的这些诗人都有创作能力,能够创作出自己的作品,他们的作品也得到了人们的赞赏。然而,他们却被无用的、无法完成的工作所深深吸引,即用俄语再现外语诗歌……

翻译诗歌时,诗人们被纯粹的艺术任务所吸引:用自己的语言再现他们在另一种语言中被迷住的东西;他们着迷于一种欲望——'立即将别人的理解为自己的'(费特)——一种占有这一宝藏的欲望。美丽的诗歌——仿佛是对其他国家诗人的挑衅:证明他们的语言也能容纳同样的创作意图。这就好比诗人向他的外国同伴抛下手套,如果这位斗士是可敬的,他们就会一个接一个拿起手套,而世界文学竞技场上的国际比赛往往要持续数百年之久。"[1]

同时,在了解了勃留索夫的译作和他的理论判断之后,不难注意到作者最初的观点在某些情况下并不相一致。诗人本人在谈到对爱弥尔·维尔哈伦诗歌的翻译时也指出了这一点:"有些译本,即1904年之前的早期译本与原作相去甚远;其中有遗漏,有维尔哈伦没写过的整首诗……在其他较新的译本中,我试图在诗歌翻译允许的范围内尽可能接近原作。在这些译作中,每一句俄语诗句都与法语诗句相对应,译作中的每一个意象也几乎都与原作中的意象相对应……在第一类译作中,我牺牲了诗句的准确性,以求表达的通顺和诗句的优美;在第二类译作中,我牺牲了一切,以求准确再现原作。

然而,无论我的这两类译作之间有什么区别,我始终努力提供的是翻译,而不是维尔哈伦戏剧的重新叙述。在翻译的诗篇中,即使是最自由的翻译,我始终保留了作者的主要构思,在我力所能及的范围内传达所有关键内容。另一方

---

① Русские писатели о переводе XVIII–XX вв. Л., 1960. С. 536, 535.

面,没有一处因照本宣科而牺牲了原作的精神。"①

后来的古代经典翻译提出了更为严格的要求,本质上提出了纯粹直译的任务:"……翻译应逐行逐句进行;译作中应保留原作的所有表达方式,如果可能的话,应保留原作的所有词语,相反,不应添加其他多余的词语——当然,除非给定的希腊语或拉丁语表达方式只能用两三个俄语词汇准确表达。"②

当提及这种情况时,有时人们会谈及诗人对艺术文本的翻译原则和方法的看法发生了急剧变化:"年轻的勃留索夫的翻译方案是'黄金分割'方案,晚年的勃留索夫的方案是'字面直译'。这是一场斗争……这场斗争的目标是在翻译中不仅可能明确每一个句子或每一行诗,而且可能明确每一个词、每一种与原作相对应的语法形式。"③

然而,要描述俄罗斯象征主义奠基人的翻译世界观的演变,必须考虑到一点,即与他生平某个阶段的相关性并不总是存在。因为在选择翻译方法时,目的因素起着重要作用。

在这方面,将基于两种不同原则的勃留索夫在翻译上述古代经典作品和中世纪亚美尼亚抒情诗时的工作进行比较是颇有意义的。尽管这两种翻译工作几乎同时进行,但译者所面临的任务却大相径庭:前者,用加斯帕罗夫的话来说,是"恢复读者与旧式文化之间的距离感"④的问题,并强调突出旧式文化的特殊性;而后者则相反,其任务是让尽可能多的俄语读者了解亚美尼亚人民的文化遗产,并引起对其历史评判的关注。最后,与拉丁语和古希腊语不同,勃留索夫并不懂亚美尼亚语,这可能也是一个原因。无论如何,"翻译应再现作者的特点"这一论点在古代诗歌方面有如下解释:"如果在俄语中,维吉尔和荷马、埃斯库罗斯和塞涅卡、萨福和卡图卢斯彼此相似,而他们的诗歌又是用同样的词汇同样的风格写成的,那么译作就绝不会取代原作。不仅如此,翻译还必须再现时代特征。如果公元前 8 世纪的作者在俄语创作中采用与公元前 6 世纪诗人相同的写法,或者伯里克利时代的悲剧作家采用与安东尼时代的抒情诗人相

① Русские писатели о переводе XVIII—XX вв. Л. , 1960. С. 555–556.

② Гаспаров М. Л. Брюсов и буквализм (По неизданным материалам к переводу «Энеиды») // Мастерство перевода. М. , 1971. С. 123.

③ Гаспаров М. Л. Брюсов и буквализм (По неизданным материалам к переводу «Энеиды») // Мастерство перевода. М. , 1971. С. 203.

④ Гаспаров М. Л. Брюсов и буквализм (По неизданным материалам к переводу «Энеиды») // Мастерство перевода. М. , 1971. С. 126.

同的写法,那是不可接受的。译者必须始终牢记,读者将通过他的作品了解作品的资料、作者和作品出现的时代。"①

对于中世纪亚美尼亚文学作品的传达方式则完全不同:"我们坚决拒绝再现不同时代和个别诗人在语言上的差异……我们的所有译本都是用同样的现代俄语文学语言翻译的……在这样做的时候,我们考虑到我们的所有原作最终也是用同样的亚美尼亚语写成的,只是发展的阶段和形式不同而已。在那个时代,当这位或那位诗人,例如中世纪的某位抒情诗人在写作时,他的读者对待他所使用的语言的方式与现在俄罗斯读者对待现代文学语言的方式完全相同。"②

然而,正是在同一年,1916 年,勃留索夫在概述他对贺拉斯颂歌翻译的想法时,同样明确地指出,"寻求贺拉斯颂歌给同时代人留下的印象这一原则本身就会引起怀疑……一旦我们开始谈论感觉、情感、印象,我们就会立即进入一个非常不确定的领域,在这个领域中,译者被赋予了最广泛的任意性"③。

勃留索夫意识到,拒绝关注现代读者(对于他们来说,最大限度地再现原作所有形式元素可能会使作品难以理解)可能会引来相当严厉的批评。他指出,"'现代读者'的概念非常模糊。对于某些读者群体而言,某些难以理解和奇怪的内容可能对另一些人来说是简单和熟悉的。当我们考虑'现代读者'时,译者可能会不自觉地只考虑到其中的一部分人。与此同时,随着时间的推移,广大读者的水平也在不断提高。现在很多人可能理解不了的东西,几十年后可能会被更广泛的读者所理解。因此,适用于当前十年'普通读者'理解能力的译本,在二三十年后很可能就会过时。这种译本的语言也会显得过时。译者越是小心翼翼地遵循特定时代的口语(因此也更"易懂"),译文的语言就越快脱离新时代的语言风格。因此,为'现代读者'翻译意味着做一项'短期有效'的工作"④。

勃留索夫的维吉尔《埃涅阿斯纪》译本,试图创造一种与"普通"现代读者独立的翻译,尽可能地忠实于原作的翻译愿望得到了最鲜明的体现。正如半个

---

① Гаспаров М. Л. Брюсов и буквализм (По неизданным материалам к переводу «Энеиды») // Мастерство перевода. М., 1971. С. 122–123.

② Русские писатели о переводе XVIII–XX вв. Л., 1960. С. 562.

③ Гаспаров М. Л. Брюсов и буквализм (По неизданным материалам к переводу «Энеиды»). Мастерство перевода. М., 1971. С. 125–126.

④ Гаспаров М. Л. Брюсов и буквализм (По неизданным материалам к переводу «Энеиды»). Мастерство перевода. М., 1971. С. 126.

世纪前的费特一样,他的译作未能得到后世读者的认可。他自己曾表示,费特"甚至牺牲了……意义,因此在他翻译奥维德和维吉尔的作品中,其他的六音步扬抑抑格诗句只有在参照拉丁语文本时才能理解"[1],但是这些成果未能被后来的读者所理解。正如上面引文中所述,勃留索夫对后代读者的期望很高。加斯帕罗夫曾指出,"勃留索夫翻译的《埃涅阿斯纪》名声不佳。当需要批评翻译中的直译主义,而小众译者的名字不足以做到这一点时……人们就从勃留索夫的《埃涅阿斯纪》中找出直译主义的例子,其效果是无可挑剔的。无论打开这本译本的哪一页,都会发现其中的语句听起来像谜语或嘲讽一样"[2](尽管如此,即使是最激烈的批评家也不怀疑他在语言学上的准确性)。

勃留索夫在翻译外国文学作品时,倾向于依靠坚实的语言学和文化历史基础,这是他翻译活动的显著特点之一。这一倾向使他与从事学术研究的人士更加接近,这些人士也在同一领域工作,正如前文所述(高尔基称他为"俄罗斯最有教养的诗人"是有道理的)。这种倾向不仅表现在他对古代和西欧文学的熟悉上,而且在他研究中世纪亚美尼亚抒情诗时也有所体现。他自己的话明确表明了他对任务的认真态度:"我阅读了整个图书馆中我能够接触到的各种语言(俄语、法语、德语、英语和意大利语)的书籍,我还在一定程度上学习了亚美尼亚语,并阅读了我能找到的亚美尼亚文学的译文。我通过一次旅行完成了这个理论学习过程,我去了亚美尼亚等地区——在这次旅行中,我目睹了当代亚美尼亚知识界的许多代表人物,包括杰出的诗人、学者、记者和公众人物。我还观察了现代亚美尼亚人的生活,尽管只是粗略地观察了一下,并参观了一些古代亚美尼亚生活中心的遗址……我的这次小小的旅行可以说是我第一阶段亚美尼亚工作的圆满结束,我可以用生动的印象来证实自己的理论观点,并通过权威人士的批评或认可来验证我独立工作时得出的结论。"[3]

3. 苏联时期的开端

关于 1917 年十月革命及其对俄罗斯文化的影响,特别是在 20 世纪末 21 世

---

[1] Русские писатели о переводе XVIII–XX вв. Л., 1960. С. 537.

[2] Гаспаров М. Л. Брюсов и буквализм (По неизданным материалам к переводу «Энеиды»). Мастерство перевода. М., 1971.. С. 90.

[3] Русские писатели о переводе XVIII–XX вв. Л., 1960. С. 560.

纪初,相关事件变得尤为突出。苏联时期的作品以宣扬性质为主。改革时期和后苏联时期的专业文献中,对这些事件的评价明显更加负面。与此同时,在翻译理论与实践领域,这一时期又是最引人注目的一页,有许多杰出的成就值得密切关注(当然,这并不意味着对其持完全肯定态度)。

关于苏维埃俄国(后来的苏联)文艺翻译和翻译思想史的形成和发展,传统上,人们通常从高尔基的活动开始讲起,这在整体上是相当合理的。虽然高尔基并未亲自从事翻译活动,但在十月革命后的最初几年,他作为翻译活动的*组织者*确实发挥了突出的作用。高尔基制定了一项广泛的计划,旨在保护和推广文化遗产,而在新俄国,文化遗产的命运引起了人们的合理担忧。高尔基还制定了一个宏伟的计划,让国内读者了解世界文学中最杰出的作品。为此,高尔基于1919年专门成立了一家国家出版社——"世界文学"。这位著名作家凭借自身的权威以及这一计划可能带来的重大政治和宣传效果[1],成功地赢得了当局的支持,特别是列宁的支持。计划并开始出版两套丛书——主丛书(包括1500本,每本20个印张)和人民图书馆丛书(2500本,每本2—4个印张),所有的译本都将重新编辑或完成。值得注意的是,所涵盖的作者范围相当广泛,甚至包括由于各种原因在随后几年中极少或从未被苏联出版社涉及的作者和作品。

在这个意义上,高尔基有理由宣称,所选书籍"全部加在一起……构成了一部广泛的历史文学作品选,使读者能够详细了解文学流派的产生、创作和衰落,了解诗歌与散文技巧的发展,了解不同民族文学的相互影响……就其广度而言,这一出版物是欧洲第一本也是唯一一本同类出版物"[2]。

自然而然地,实现这一计划需要大量高素质的人才。事实上,几乎所有当时未离开俄罗斯的顶尖文学和科学力量都被吸引到了"世界文学"工作中,包括著名诗人勃洛克、勃留索夫、古米廖夫,西方文学专家巴丘什科夫、斯米尔诺夫、

---

① 事实上,高尔基计划的广度和规模给许多著名的外国文化代表留下了深刻印象。例如,英国著名科幻小说家赫伯特·威尔斯曾在1920年秋天访问过我们国家,在他的著作《黑暗中的俄罗斯》(«Россия во мгле»)中写道:"在这个战火纷飞、饥寒交迫、经历着无尽苦难的难以捉摸的俄国,正在进行着文学创作,这在富裕的英国和美国是不可想象的。英美大众的精神食粮正变得越来越贫乏和低级,而这并没有触动那些精神食粮的依赖者。无论如何,布尔什维克政府都站在更高的层面上。在饥寒交迫的俄国,成百上千的人在从事翻译工作;他们翻译的书籍被印刷出来,将使新俄国了解世界文化,这是任何其他国家都无法企及的。"(Уэллс Г. Собр. соч. : В 15 т. Т. 15. М. , 1964.)

② Перевод — средство взаимного сближения народов. М. , 1987. С. 85.

日尔蒙斯基,东方学家奥登堡,汉学家阿列克谢耶夫,最著名的翻译实践家汉森、佐根弗里,文学评论家和儿童诗人楚科夫斯基等。高尔基还重视提高翻译技能,为此,再次在他的倡议下,专门成立了译者"工作室"①。

此外,这也许是最重要的,他还提出了制定出版社工作所应依据的*理论原则*的问题。

楚科夫斯基后来回忆说:"我们中的一些人隐约感觉到了这些原则,但当时还没有提炼出来。因此,高尔基建议世界文学出版社学术委员会的几位成员(包括我在内)为新老翻译大师编写一本翻译手册,制定有助于他们翻译外语文本的规则。我记得这项任务对我来说是何等艰巨的。有一天,在我们同事的一次会议上,阿列克谢·马克西莫维奇向我提出了一个问题:

——您认为什么是好的翻译?

我一时语塞,回答得含糊不清:

——那个……最……有艺术感的……

——您认为什么样的最有艺术感?

——一个……它……忠实地传达了原作的诗意特征。

——什么是忠实地传达?什么是原作的诗意特征?

我当时感到十分尴尬。尽管我当时凭直觉能够区分出好的翻译和差的翻译,但要对我阐述的某些方面提供理论依据,我并没有做好准备。当时还没有一本专门论述翻译理论的俄语书籍。试图着手写这样一本书时,我感到自己像是在陌生的道路上独自行走。

现在这已经是古老的历史了,除了个别的——有时是发自内心的——陈述之外,上个时代的作家没有给我们留下文艺翻译的一般方法,这似乎令人难以置信。"②

当然,楚科夫斯基的话不能按字面意思来理解,因为正如我们在前几节中所看到的,俄罗斯翻译思想史在 20 世纪初就已经有了相当丰富的传统。但毋庸置疑的是,需要发展一种新的理念来完成出版社所面临的任务。解决这一问

---

① 总的来说,阿·马·高尔基认为未来的翻译家必须具有广阔的视野和深厚的学识,否则他们的工作注定会失败。他写道:"译者不仅要了解文学史,还要了解作者创作个性的发展史——只有这样,他才能或多或少地用俄语语言的形式准确再现每本书的精神。"(Федоров А. В. Основы общей теории перевода. М., 1983. С. 96.)

② Чуковский К. И. Высокое искусство. М., 1968. С. 6–7.

题的第一步是出版两版(1919 年和 1920 年)由巴丘什科夫、楚科夫斯基和古米廖夫合著的文集《文艺翻译原则》(«Принципы художественного перевода»)。

费奥多尔·德米特里耶维奇·巴丘什科夫(1857—1920)教授在他的文章《文艺翻译的任务》(«Задачи художественных переводов»)中试图确定翻译史上的主要趋势(自由翻译、直译、对等翻译),并将它们主要与参与跨语言传递过程的语言和文学的相对发展水平联系起来(即根据目前公认的术语——原语和译语)。同时,作者强调"真正的文艺翻译的原则只有一个:力求对等",但也指出实现这一原则的条件"不仅取决于使用母语的能力,还取决于这种语言的一般特性、灵活性和民族的共同属性"[①]。

巴丘什科夫认为,对于对等翻译,可以提出以下要求:

"1)准确传达意义;

2)尽可能贴近原文的风格;

3)保留作者的语言特点,但……不违反母语的结构和基本语法规则;

4)保持文艺语言的外部情感。"[②]

文集中收录的《诗歌翻译》(«Переводы стихотворные»)一文的作者是杰出的俄国诗人*尼古拉·斯捷潘诺维奇·古米廖夫*(1886—1921),他曾翻译过英语和法语诗歌,以及巴比伦的《吉尔伽美什史诗》(«Гильгамеш»),并特别关注诗歌形式在诗歌文本翻译中的作用问题。古米廖夫指出,"如果被翻译的诗人用俄语写作,他也会这样写"这一假设的证明具有主观性,并强调"名副其实的诗人将形式作为传达内容的唯一手段"。他强调在诗歌翻译中"必须遵守以下几点:

1)行数;

2)音步和音韵;

3)交替押韵;

4)enjambement(诗句转换——*作者注*)的性质;

5)韵脚的性质;

6)词汇的性质;

7)对比类型;

---

① Принципы художественного перевода. Пб. , 1920. С. 12.

② Принципы художественного перевода. Пб. , 1920. С. 11-12.

8)特殊手段；

9)语气过渡"①。

除了列出的"译者九诫"作为一种"强制性的最低要求"之外,古米廖夫还提到了更为精炼的观点,例如,原作与译作韵律的音韵对应、人物语言的地域和社会特征的转换等。文章作者指出,"……诗人的译者本身必须是一位诗人,此外,还必须是一位细心的研究者和有洞察力的评论家,他选择每位作者最有特色的部分,必要时允许自己牺牲其他部分。他必须忘记自己的个性,只考虑作者的个性。理想情况下,译作不应署名"②。

*科尔内·伊万诺维奇·楚科夫斯基(尼古拉·瓦西里耶维奇·科尔内丘科夫)(1882—1969)*在《散文翻译》(«Переводы прозаические»)一文中强调了翻译活动的创造性:"译者是艺术家,是文字的主人,是他所译的作者创造性工作的参与者。他与演员、雕塑家或画家一样,都是艺术的仆人。原文是他进行复杂的、往往是富有灵感的创作的素材。译者首先是一位有才华的人。"③同时,文章也指出:"对译者而言,仅有才华是不够的:他必须从理论上为自己确立艺术原则。一个'低沉粗重'的、没有文化修养的天才,如果品位没有经过精心培养,就会导致……最有害的、几乎是灾难性的后果。"④在这些理论问题中,楚科夫斯基强调了以下几点,这些问题的研究对于翻译艺术的进一步发展十分必要:

1)语音和节奏；

2)风格；

3)词汇；

4)句法；

5)文字准确性；

6)成语和熟语。

如果对于在1920年去世的巴丘什科夫和一年后去世的古米廖夫来说,上述文集成了他们的独特"绝唱",而经过反复修改、补充、深化和扩充,楚科夫斯基的文章则成为一颗种子,著名的《崇高的艺术》一书——也许是最受普通读者欢迎的专门探讨文艺翻译问题的作品,必然会从中发芽成长。

---

① Принципы художественного перевода. Пб., 1920. С. 54,59.

② Принципы художественного перевода. Пб., 1920. С. 59.

③ Принципы художественного перевода. Пб., 1920. С. 24.

④ Принципы художественного перевода. Пб., 1920. С. 26.

4. 苏联的文艺翻译（20 世纪 30—80 年代）

世界文学出版社只存在到 1927 年,高尔基的宏伟计划——像这个时代的许多其他项目一样——也没有最终完成:出版了大约 120 本书。除此之外,在新经济政策时期还出现了许多小型非国有出版社,它们也出版文学译作。对这些出版社的清算,标志着国家和党加强了对印刷品,特别是对翻译文学的控制,尽管不得不承认,译者的工作质量确实经常受到合理的批评——译作有时是由一些非常随意的人完成的,他们不仅对原语言掌握得很差,有时甚至对俄语也不够熟练。如果再加上实际缺乏合格的编辑这一点,就会发现译作中存在大量的错误和失误,而这正是当时的评论家们最喜欢批评的对象。

特别值得一提的是学术出版社(Academia)。该出版社成立于 1922 年,最初是一家私营出版社,后来转为国有企业,并于 1938 年与 1930 年成立的国家文学出版社合并,后者于 1963 年更名为文艺出版社。

在苏联时期,学术出版社是最重要的外国文学出版中心,汇集了最优秀的翻译和编辑人员。此外,进步出版社(Прогресс)也在 1963 年成立,它是基于外语文学出版社的基础建立的[1983 年,专门出版文学作品的彩虹出版社(Радуга)从中分离出来],它也发行了许多书籍。此外,苏联的许多加盟共和国和边远地区也有自己的出版社[1]。

在苏联的不同历史时期,这个领域的情况显然有很大不同。从 20 世纪 30 年代开始,意识形态压力不断增加,在战后达到顶峰。所译作家,尤其是当代作家的范围急剧缩小,限制在所谓的"进步"(即亲苏)文学范围内。此外,在 20 世纪 30 年代中期,将"社会主义现实主义"确立为基本的官方方法后,实际上被禁止的不仅是政治上不可接受的作家,还有"非现实主义"流派的代表。然而,我们也不能忘记,对"艺术–文学"方法的最佳传统的出版受到了极大的重视,这种方法包括详细的评论、注释等。世界经典名著被出版,如莎士比亚的悲剧、维吉尔和奥维德的诗歌、洛佩·德·维加的喜剧、塞万提斯的小说……然而,有时这些作品被赋予了相应的意识形态解释,导致出现了相当矛盾的局面。例如,尽

---

① 特别值得一提的是由科学出版社(Наука)出版的"文学纪念碑"系列,其中有多卷是专门介绍翻译经典作品的。

管但丁的《神曲》充满了宗教世界观,但在实际禁止传播宗教文学的情况下,洛津斯基的译文却在 1946 年获得了斯大林奖,因为这部作品被官方认定为一部"具有时代进步意义"的作品,并受到了马克思主义经典作家的高度评价。

在描述苏联时代的译者时,一个非常显著的事实不容忽视:在他们当中(尤其是在 20 世纪 30—50 年代,有时甚至更晚),有许多优秀的俄罗斯文学代表,如安娜·阿赫玛托娃、鲍里斯·帕斯捷尔纳克、尼古拉·扎博洛茨基、米哈伊尔·库兹明等。这在很大程度上可以解释为,他们并不总是有机会从事原创工作,更不用说出版自己的作品了。然而,他们的翻译作品往往成为国家文化生活中引人注目的亮点。只需想一想帕斯捷尔纳克翻译的莎士比亚的悲剧和歌德的《浮士德》,就足以说明这一点。罗伯特·伯恩斯的作品在马尔沙克的翻译下获得了巨大的声誉,这在 20 世纪的外国诗人中是非常罕见的。从 20 世纪 30 年代开始,苏联各民族的文学名著被大量翻译成俄语。出版的既有经典作品,如肖泰·鲁斯塔维里的《虎皮骑士》,亚美尼亚史诗《萨逊的大卫》和谢甫琴柯的诗集等,也有当代作家的作品,各个民族的文学在这方面都做出了贡献。第一次全苏作家代表大会(1934 年)对这一问题给予了极大的关注,要求高尔基"用俄语出版各民族共和国和地区的当代散文与诗集的优质俄语译本"[①]。

当然,宣传方面的考虑在这里也发挥了重要作用——展示"各民族的友谊"和"社会主义胜利条件下民族文化的繁荣",而且作者的选择并不总是由文学和美学标准决定的,但不可否认的是,所完成的工作成果看起来相当令人印象深刻。译者(尤其是诗歌作品的译者)通常也是由苏维埃俄国文学的杰出代表担任,尽管出于显而易见的原因,这些译作几乎都是借助逐字翻译(但被解释为一种"必要之恶")进行的。

自 20 世纪 50 年代中期以来,特别是苏联共产党第二十次代表大会之后,被允许翻译的外国作家范围明显扩大,这导致了翻译活动的加强。

总的来说,这种趋势在苏联历史的后几十年中是普遍存在的,尽管某些作家的作品会经历"涨潮"和"退潮",这往往取决于政治形势。俄语读者继续接触到用苏联各民族语言创作的作品,其中一些作品引起读者广泛的兴趣(只需提及 20 世纪 60 年代和 70 年代初,由格列布涅夫和科兹洛夫斯基翻译的拉苏尔·伽姆扎托夫的诗歌就足以说明)。自 1955 年以来,《外国文学》和《人民友

---

① Федоров А. В. Основы общей теории перевода. М. , 1983. C. 88.

谊》杂志上发表的译文具有重要意义。

苏联出版的"世界文学图书馆"系列,由文艺出版社在 1967—1977 年出版,是苏联翻译艺术的一张"名片",在完成后荣获了苏联国家奖。这个系列一方面以其广泛的覆盖范围(200 卷,分为从古代到 18 世纪、19 世纪和 20 世纪文学三辑)、高质量的译文、高水平的编辑以及坚实的学术基础(介绍性文章和评论)而著称,国内最优秀的专家参与了该书的创作。另一方面,在作品选择上存在一定的片面性,在第三辑中尤为明显:在介绍 20 世纪的文学进程时,乔伊斯、普鲁斯特、卡夫卡、纳博科夫等作家以及一些在很大程度上决定了 20 世纪文学特点的其他作家都没有出现。

在"改革"时期(1985—1991 年),人们对之前"禁止"的国内外作品的兴趣急剧增加,这自然地促进了这些作品的翻译和出版。与此同时,由于国家对印刷品的控制力度减弱,这一时期也涌现了大量的娱乐性小说,而且这些作品的译作往往水平不高。即使在今天,这些现象也依然存在。

5. 翻译方法问题与翻译文学理论的形成

正如前文所述,高尔基创建的世界文学出版社在成立之初就面临着制定新的外语文学作品翻译原则的问题,同时对前一个传统留下的遗产进行了批判性的重新评估。楚科夫斯基回忆说:"受高尔基之邀的学者、教授和作家们以最为细致入微的方式审视了旧译……得出了一个令人感到非常沮丧的结论:除了极少数例外,大部分旧译几乎毫无价值,几乎所有的译作都应该在新的、严格科学的基础上进行重新翻译,摒弃以往无原则的业余方法。"[1]

由于许多人认为前辈们最大的错误在于对原作的随意改动,因此到了 20 世纪 30 年代,一种被反对者称为"学术形式主义和字面直译的表现"的趋势变得十分普遍。其本质在于努力再现原作的所有元素,有时甚至是原作的所有语言特点。*叶甫盖尼·利沃维奇·兰恩*(洛兹曼)(1896—1958)主要翻译英美散文和其他一些作家的作品,他的理论论述和翻译实践是这种趋势最完整的表现。

在 20 世纪 30 年代上半叶,人们试图对等值翻译概念进行理论上的探讨。

---

① Чуковский К. И. Собр. соч. : В 6 т. Т. 3. М. , 1966. С. 240.

文学评论家*亚历山大·亚历山德罗维奇·斯米尔诺夫*(1883—1962)在他发表于《文学百科全书》(«Литературная энциклопедия»)上的文章《翻译》(Перевод)中提出了以下定义:

"我们认为等值翻译应当是这样的一种翻译:它能够传达作者的所有意图(包括经过深思熟虑的和无意识的部分),并在读者心中产生一定的艺术影响,尽可能地(通过准确的对等物或令人满意的替代物)保留作者在意象、色彩、韵律等方面所使用的所有手段;然而,这些手段本身不应被视为目标,而只是达到整体效果的手段。毫无疑问,在这个过程中,我们必须放弃一些东西,将文本中不太重要的元素去除掉。"①

然而,在这一时期,"翻译形式主义"却受到了尖锐的批评,并持续了几十年(尤其在楚科夫斯基的《崇高的艺术》一书中得到了广泛的阐述,该书已在上文多次提及)。对于亚·亚·斯米尔诺夫提出的等值翻译概念也存在着不尽如人意之处:一方面,提出甚至要传达作者在文本中没有表达的("无意识的")意图以及作者使用的所有语言手段;另一方面,又说有必要牺牲"不那么重要"的内容。杰出的翻译家*米哈伊尔·列昂尼多维奇·洛津斯基*(1886—1955)一直特别重视原作形式特征的翻译,他在 1936 年第一次全苏翻译会议上发言时认为有必要明确指出:"任何翻译都不可能完整、准确地再现形式和内容的所有要素。无论我们选择何种形式进行翻译,无论它是否完全照搬原作的形式,我们几乎永远不会把原作中的相同内容写进去。"②

在战后几十年间,人们对文艺翻译理论问题的关注显著增加。许多文学大师和知名翻译实践者(如扎博洛茨基、帕斯捷尔纳克、马尔沙克、楚科夫斯基等)都发表了自己的见解。许多大学都设立了相关专业,培养这一领域专业人才。出版了《翻译技巧》(«Мастерство перевода»)和《翻译家笔记》(«Тетради переводчика»)集,举办了专门的研讨会和会议,大量发表文章和评论等。与此同时,20 世纪 50 年代还见证了对文学翻译理论的基本原则进行尝试性阐述,这一努力来自于"字面直译"最坚决的反对者之一,英美文学翻译家、文学评论家*伊万·亚历山大罗维奇·卡什金*(1899—1963)。

卡什金认为"文艺翻译的诗学应该建立在文学科学的术语之上",这将有助

---

① Федоров А. В. Основы общей теории перевода. М. , 1983. С. 126.

② Перевод — средство взаимного сближения народов. М. , 1987. С. 103.

于"将文艺翻译理论作为文学研究的一门学科来建立,这是它可以是而且应该是的样子",他提出了自然主义(尤其是形式主义)、印象主义和现实主义翻译之间的区别。由于"我们苏联的文艺翻译……是社会主义现实主义艺术的一个分支"①,因此他宣称"现实主义翻译"才是外语小说的最高翻译形式,并做了如下解释:

"现实主义翻译方法是一个工作术语,指的是许多译者在实践中理解并运用的一种方法,但尚未就其命名达成一致。'现实主义'这一术语的选择是合适的,因为它将文学翻译理论与现实主义文学的标准相契合。当然,需要立即明确的是,这里讨论的不是历史上的文学概念,也不是现实主义风格,而是一种传达风格的方法。重点不是将原作的浪漫主义风格调整到现实主义规范,而是通过现实主义方法忠实地传达所译作品的风格。其目的是深入而具体地研究不同的历史和文学风格,并根据统一的翻译方法传达其艺术的多样性……

忠实地传达原作的意识形态和语义体系,创造性地再现原作的艺术特征和民族特色,需要的正是这种现实主义的方法。苏联译者现在努力的不是简单地复制原作的空洞语言符号,也不是无目的地玩弄刻板的公式、习惯性的口头禅和抽象概念。相反,他们致力于再现用词语表达的客观现实,并赋予语言以生命;他们试图再现的不是单个的词语,而是原作文本所包含的现实,以及其中丰富的语义和社会内涵。

译者在原文中可能会立即遇到不熟悉的语法结构,因此,突破这一障碍,直接感受作者对现实的新鲜感悟尤为重要。只有这样,他才能以同样强烈而新鲜的方式重新表达语言。毕竟,无论在原文还是译文中,一个词只有在被真正体验时才会有生命力。苏联译者努力去看到原文词语背后所描绘的现象、思想、事物、行动、状态,去体验它们,并忠实、全面、具体地再现作者的这一现实观。正是这种方法有助于译者和读者分辨出语言表达背后所反映的具体现实——其真正的社会本质、矛盾和动态。"②

卡什金的激烈言辞引起了一系列反响。一些翻译理论家(主要是文学家)毫不犹豫地接受了这一术语,并在他们的著作中广泛使用。然而,这个术语也受到了不少批评。语言学家们的反对就更不用说了,他们不禁对跨语言交流这

① Перевод — средство взаимного сближения народов. М., 1987. С. 341, 333.
② Кашкин И. А. В борьбе за реалистический перевод // Вопросы художественного перевода. М., 1955. С. 125–127.

一方面的明显低估感到不满(例如,有这样的论述:"文艺翻译更受制于文学规律,而不仅仅是语言规律。因此,我们应该基于文学科学的术语来构建文艺翻译的理论或诗学。语言学的翻译理论在必然程度上受到所分析的两种语言之间的限制,而文艺翻译理论的文学研究方法使我们能够提出可以总结任何一种语言到另一种语言的所有文学翻译的标准,这些标准符合普遍规律。"①)——关于"突破到作者初始感知的新鲜感"的论点引起了一些文学家的困扰,他们指出,这种说法实质上抹去了翻译与原创作品之间的界限,实际上回到了与作者"竞争"的不切实际的立场。

格鲁吉亚学者*吉维·拉德诺维奇·加切奇拉泽*(1914—1979)尝试在保留卡什金术语的同时,对原文文本、文本所反映的现实与原作三者之间的关系进行了澄清(参考了列宁的反映论),他的观点也在60—70年代的翻译文学中引起了广泛关注。他写道:"……伊·卡什金从一般的立场出发,即翻译应该真实、准确地再现原作中所反映的现实。我们认为,翻译的特殊性在于,对译者来说,反映的直接对象是原作本身,即原作的艺术现实,而不是原作曾经反映过和间接表达过的那种直接、具体的现实。译者的艺术显然受制于原作现存的艺术现实,实质上是反映已经反映过的东西;在原作的这一艺术现实中,而不是在活生生的现实中,他在译文中寻找的是传达出来的特有的、典型的、主要的和必要的内容等。"②

加切奇拉泽的修正得到了许多研究者的赞同,包括那些属于语言学派别的研究者(如费多罗夫)。但与此同时,人们也注意到,"现实主义"翻译的具体特征和典型特点在很大程度上仍未被充分阐明,而且该定义本身也存在一定程度的宣示性(实际上,任何看起来不错的翻译都被称为"现实主义"翻译)。此外,"现实主义"翻译与作为某种历史文学概念的现实主义之间的关系仍不明确:例如,卡什金以象征主义者勃洛克对海涅诗歌的翻译为例,认为其符合"我们当前对现实主义翻译的要求",而加切奇拉泽则认为德国浪漫派(其原作往往与现实主义相去甚远)"提供了客观上的现实主义翻译"③。

---

① Перевод — средство взаимного сближения народов. М. , 1987. С. 341, 342.

② Гачечиладзе Г. Р. Введение в теорию художественного перевода. Тбилиси, 1970. С. 166.

③ Гачечиладзе Г. Р. Теория художественного перевода и подготовка молодых переводчиков // Художественный перевод. Взаимодействие и взаимообогащение литератур. Ереван, 1973. С. 121.

6. 翻译语言学理论作为一门科学的创立

文学研究作品因其特殊性而只专注于分析文艺作品的翻译问题,与之相反,站在语言学立场上的作者们则力图创建一种涵盖所有文本类型的通用翻译理论,同时考虑到每种文本的特殊性,并努力确定在跨语言交流过程中表现出来的规律性。在很大程度上,其起源可以追溯到 20 世纪 30 年代开始的特殊翻译任务与方法的发展(科技翻译、报刊信息翻译、军事翻译等)。与此同时,一些专门研究文艺翻译问题的学者开始意识到语言学方面的重要性。这种特殊的"综合"在安德烈·韦内迪克托维奇·费多罗夫的著作中得到了最明显的体现,他一方面创作了《诗歌翻译问题》(«Проблема стихотворного перевода»)(1927年)、《论文艺翻译》(«О художественном переводе»)(1941 年)等著作,另一方面还出版了一本将科技文献翻译成俄语的专业手册。

他从独特的语言学角度撰写了《翻译理论导论》(«Введение в теорию перевода»)(莫斯科,1953 年)一书。该书的出版成为上述两种不同翻译理论方法的拥护者之间开始争论的一种"起始点"。该著作经作者不断修订和补充,后来又分别于 1958 年、1968 年和 1983 年再版了三次[后两版的书名均为《翻译通论基础》(«Основы общей теории перевода»)]①。

原版中的语言学表述有时是绝对的,这引起了"文学研究"评论家的反对,与之不同的是,在第二版(以及随后的所有版本)中,作者认为有必要规定:"语言学的研究路径虽然不足以涵盖并解决所有翻译问题(尤其是文艺翻译),但对这些问题进行详尽的研究是不可或缺的。"②

因此,该书作者认为,翻译理论作为一门特殊的科学学科,其主要任务是"仔细研究原作与译作之间关系的规律,根据科学数据总结对翻译个案的观察结论,并间接促进翻译实践,从而在寻找必需的表达方式和支持具体问题的某种解决方案时从中汲取论据和证据"③。因此,费多罗夫从两个主要方面考虑了跨语言交流的问题。一方面,他分析了构成语言结构各个层次的各种要素(词

---

① 为了进一步澄清自己的立场,安·韦·费多罗夫在第二版和第四版中以"语言学问题"为副标题,而在第三版中则以"语言学纲要"为副标题。

② Федоров А. В. Основы общей теории перевода. М., 1983. С. 17.

③ Федоров А. В. Основы общей теории перевода. М., 1983. С. 15.

汇、短语、语法)的等值翻译问题,强调在某些情况下,只有考虑到更广泛的语境才能实现等值传递,因此必须"始终牢记语言手段的体系,而不是孤立或随意选择要素,其中有些要素单独来看甚至是不可翻译的"①。另一方面,要仔细考虑与翻译材料(如报纸信息文本、特殊科学文献、政论作品、演讲、小说等)的体裁性和特征相关的细节,因为"例如,在科学或公文文本的翻译中可能被认为是准确和正确的……在小说作品的翻译中很容易被认为是不恰当和不正确的。在小说作品的翻译中,译文的等同往往是通过偏离更直译的方式来实现的"②。

在引述的段落中,"等同"一词引人注目,它由费多罗夫作为翻译理论的关键概念提出,并定义如下:"等同的翻译意味着对原文思想内容的详尽传达以及与原文在功能文体上的完全对应。"③这位学者认为,后者的实现要归功于对译文内容与形式之间特别关系的传达,并且根据语言条件,这些特征要么是再现,要么是通过建立必要的功能对应关系来实现。在这种情况下,"尤其重要的是传递文本的某个部分、某个独立元素或某个片段与文本的关系"④。

尽管一开始甚至一些语言学家对建立翻译理论的任务持有一些怀疑态度(例如,在 20 世纪 50 年代初,杰出的语言学家雷夫马茨基曾表示,尽管语言学对于研究任何类型的翻译都是有益的,但由于翻译的复杂性和多样性,创立一门独立的翻译科学似乎并不容易),然而在 20 世纪 60 年代到 80 年代,涌现出了一系列关于语言学分析研究跨语言交流问题的作品和教材(如巴尔胡达罗夫、科米萨罗夫、米尼亚尔-别洛鲁切夫、雷茨克尔、什韦策等)。这些作品提出并探讨了翻译的本质与类型、翻译的单元、模式、等值程度等基本问题。同时,许多作者指出,文艺翻译理论必须将两种方法结合起来。因此,俄罗斯语言学的杰出代表、俄罗斯文学语言史上最杰出的专家之一拉林早在 20 世纪 60 年代初就认为:"如果没有语言学方法和文学研究方法的有机结合,无论是语文学或文体学,还是翻译理论,都是不可想象的。每种翻译都应该从对文本的语言学

① Федоров А. В. Основы общей теории перевода. М. , 1983. С. 198.

② Федоров А. В. Основы общей теории перевода. М. , 1983. С. 199.

③ Федоров А. В. Основы общей теории перевода. М. , 1983. С. 127. [需要指出的是,俄罗斯著名东方学家之一尼·约·康拉德院士对费多罗夫的著作总体持肯定态度,他公正地指出:"在这个公式中,也许说'等同的翻译意味着等同的功能文体对应'不太恰当。也许在第二种情况下,与其说'等同',不如说'等值'。但这无关紧要;就内容而言,这一公式绝对清晰无误。"(Конрад Н. «Система языкового выражения» и теория перевода // Мастерство перевода. Сб. 9. М. , 1973. С. 466.)]

④ Федоров А. В. Основы общей теории перевода. М. , 1983. С. 123.

分析开始,以语言学的全面训练为基础,以文学创作为结束。"(尽管他同时指出:"文学研究者和语言学家在翻译理论的广泛领域中也有各自的任务。")[①]最终,费多罗夫也得出了类似的结论:"至于文艺翻译理论,其发展……的特点是对其任务和方法的性质(语言学的还是文学研究的)的激烈争论。事实上,它们之间可能没有任何对立:毕竟,在任何科学中,区分都是很自然的,因为它是由研究单一对象的愿望产生的,不仅要研究其综合体,还要研究其不同的方面和细节。但是,在将翻译理论作为一门技术、一种艺术创作来研究这个问题上,文艺学家和语言学家之间出现了争论,而且争论相当激烈。对这一问题的表述自然是没有结果的:其替代方案当然是毫无根据的;参与者某些不准确和极端性的表述加剧了论战。这场持续了数年的论战逐渐过时了;如果说这场论战在许多方面是徒劳无益的,那么它在某些方面却是有益的,因为它澄清了各种观点,甚至综合了各种意见,其中包括认识到仅从语言学角度解决问题的必要性与不足,认识到从综合角度,即同时从语言学角度和文学研究角度解决问题的优势,也认识到根据材料的性质和要解决的任务的性质,只从其中一个方向进行研究是可能的,并且也是合理的。因此就实现了相互理解。"[②]

---

① Ларин Б. А. Наши задачи // Теория и критика перевода. Л. , 1962. С. 3.

② Федоров А. В. Искусство перевода и жизнь литературы. Л. , 1983. С. 167.

代替结论

1. 20 世纪的一些翻译理论与翻译模式

规律性对应理论

雷茨克尔的规律性对应理论（теория закономерных соответствий）是早期翻译理论之一，通过研究翻译文本（原文和译文）而产生。该理论考虑到在翻译过程中某些逻辑语义方法的重复使用。因此，为了翻译某些单词和短语，有必要找到另一种语言中的固定等值词。所有语言中都存在固定等值词，例如专有名词、术语、数字。对于其他一些单词和短语的翻译，只能找到不同语境的对应词，即适合特定语境、适合该词或短语在言语中特定用法的临时对等词。最后，要翻译另一组单词或短语，则必须采用逻辑思维方法和相关*词汇转换*的方法。

因此，雷茨克尔认为，原文和译文之间存在三种类型的对应关系：

1）等值词，由所表示的内容的一致性以及语言接触的传统而形成的；2）变体对应和语境对应；3）各种类型的翻译转换。

雷茨克尔的理论解释了译者工作的基本方法。它促进了对等值词、单词和短语含义的研究；它展示了语境的重要性，并提出了最具前景的词汇转换方法，译者可以借助这些词汇转换找到与原语文本单位的对应关系。这就是雷茨克尔理论的重要价值所在。但是，雷茨克尔的理论并不能解释翻译的整个过程，因为他仅限于研究翻译科学的一部分对象——研究原语和译语的单位。规律性对应理论是普通翻译理论的一个组成部分。它对语言的比较研究非常有用。

翻译信息理论

跨语言交流的信息层面是米尼亚尔-别洛鲁切夫提出并发展的翻译信息理论（информационная теория перевода）的核心。根据这一理论，从原语到译语的转换发生在信息层面上。翻译的目的是传达信息，即传递信息或信息不变量，也就是说，传递对于这种交流至关重要的所有信息组成部分。信息的结构是多变的，由不同类型的信息组合而成。原语文本承载着语义信息和结构信息，而不是转换的对象。因此，在翻译过程中进行的不是语际转换，而是信息的检索和传递。译文只保留了原文的部分交际任务，因为与其他任何交际一样，在双语交际中，无论是规律性的还是不必要的损失都是不可避免的。

翻译的信息模式应考虑到接收者信息存储的五个层次，以及原作中不同交际价值的信息：*独特*或*关键信息*、*附加信息*、*澄清信息*、*重复信息*和*零信息*。信息论的特点在于明确定义了"信息"（传递特定知识的过程）、"讯息"（所传递知识的内容）和"文本"（携带讯息的任何符号形式）的概念。一个文本可以携带一条、数条讯息或讯息的一部分；一条讯息可以借助一个、数个文本或文本的一部分来传递；不同的文本可以携带相同的讯息。

在翻译信息论中，原语文本与语言学翻译理论不同，被看作是不同信息类型的承载者，而非转换的对象。因此，翻译过程本身并不被视为语际转换，而是一种信息的检索与传递。米尼亚尔-别洛鲁切夫将信息分为以下几类：包含噪音的背景信息、语义信息和情景信息，这些信息的组合涵盖了言辞表达的含义，同时还包括了能够在交际者中产生额外审美效果的言辞结构信息。

这并不意味着译者要传达原语文本的全部信息。根据米尼亚尔-别洛鲁切夫的观点，并非所有信息都应在译文中保留，而应保留用于传递的信息，即原文想要表达给正式接收人的信息。这种用于传递的信息，学者称之为*翻译常项*。翻译信息论中最重要、最富有成果的观点是，从一种语言到另一种语言的转换是在信息层面上进行的。遗憾的是，必须指出，这一结论尚未被现代翻译理论和翻译教学方法正确地吸收。

翻译情景理论

翻译情景理论（ситуативная теория перевода）在一定程度上超越了语际转换的范围，并以对现实的诉求为前提。它认为，任何*所指*（物体、特征、行为，即环境中的元素）和任何*情景*都可以以不同的方式描述。而且，每种语言都有自身既定的描述方式。要找到这些方式，不是通过转换单个文本单位，而是通过所描述的所指，通过所描述的情景。情境模型假设通过原文确定所指或情景，并基于此创建译文。因此，翻译情景理论将语篇的意义视为客观存在的事实，将意义与情景联系等同起来。在这一理论的框架内，译者扮演着掌握两种语言的理论与实践的高水平语言学家的角色。俄罗斯学者加克尤其积极地发展了这一理论。尽管翻译情景理论有很多优点,但它并没有考虑到翻译过程的组成部分作为翻译学科的对象。参见 *翻译的所指理论*(денотативная теория перевода)。

等值层次理论

假定将文本内容划分为若干连续的层次,这些层次在性质上各不相同;等值关系建立在原语与译语文本的相似内容层次之间。科米萨罗夫试图将合理对应论、语义–符号学模型和情境模型统一在单一且完整的翻译科学思想体系框架内,并提出了等值层次理论(теория уровней эквивалентности),该理论在国内外得到了广泛认可。根据巴尔胡达罗夫的理念,等值层次理论的基础在于原文与译文之间真正的语义接近程度是一个变量。科米萨罗夫将原文与译文之间的等值关系分为以下几种类型:

1)在交际目的层面上的等值,其特点是原文与译文内容的共同点最少;

2)在情景描述层面上的等值,其特点是不同语言文本之间的内容一致性稍强,因为两个文本谈论的是同一情景;

3)在情景描述方式层面上的等值,其中除了交际目的与情景一致之外,还保留了原语文本中描述情景所借助的概念;

4)在语篇结构组织层面上的等值,即在上述一般组成部分之外,再加上原文和译文句法结构的不变性;

5)在语言符号语义层面上的等值,即原文与译文之间不可能存在最低程度的意义共通性。

因此,科米萨罗夫提出了一种通用的语义状态分类法,针对每一种状态都假设了一套词汇–语义转换。可以说,科米萨罗夫充分实现并利用了语言学方法的认知潜力,将翻译视为一种语际转换过程。

军事翻译理论

军事翻译理论(теория военного перевода)在斯特列科夫斯基的著作中得到了最充分的体现。这一理论是翻译的 *功能–语用* 概念在具体体裁中的一种表现。作者介绍了军事翻译理论的基本概念(信息和讯息、翻译和解码、讯息常项和翻译常项、语篇的意义、交际任务等),提供了军事翻译活动的功能–语义模式,对军事文本的体裁进行了详细分类,描述了军事翻译活动的类型,揭示了翻译军事术语、破译军事缩略语以及使用词典和参考书的问题。斯特列科夫斯基区分了决定选择翻译变体的因素和翻译转换的原因。对于前者,他将其归因于原语系统与译语系统之间的客观关系、在考虑交际任务成分的情况下所传达讯息的含义、对讯息接收者的感知能力的考虑(个体的词汇量、世界观、社会因素),以及在文艺翻译中——译者对文本的艺术感知能力和美学感知能力,以及译者的心理特征。根据斯特列科夫斯基的观点,翻译转换的原因包括概念范围不匹配或不同国家概念体系存在差异、需要遵守译语的规范、译语中没有原语的词语搭配、需要遵守译语的文体规范,以及已形成的语言传统或公认的词语用法。

机器翻译理论

由于20世纪中叶出现了一种特殊的翻译研究对象——计算机辅助翻译,即所谓的机器(自动、自动化)翻译,因此需要一种研究机器翻译问题的特殊理论,即机器翻译理论(теория машинного перевода)。这一方面反映和体现在所谓"纸上"机器翻译算法"创造者"的大量描述性著作中——安德烈耶夫、希勒尔、梅尔丘克、列夫津、罗森茨威格等人。另一方面,也是非常重要的方面,反映和体现在实用工业模式(系统)中,由马尔丘克领导并亲自参与的全苏翻译中心、由皮奥特罗夫斯基领导并亲自参与的全苏"言语统计"小组和莫托林小组,以及别克塔耶夫、别利亚耶娃、别尔斯卡娅、祖博夫、米拉姆、涅柳宾、佩列贝诺斯、奇扎科夫斯基和辛加列娃等人对这些模式进行了描述和展示。

翻译交际功能理论

利沃夫斯卡娅的翻译交际功能理论(коммуникативно-функциональная теория перевода)的核心问题是语言意义与言语含意概念的区分与关联。译者活动的本质是由其在构成双语交际过程基础的多重信息重新编码链中的关键地位决定的:含意→意义→含意→意义→含意。在翻译过程中,必须要考虑构成言语交际具体言语情景的主客观因素。言语情景的形成因素无论是从信息内容角度,还是从交际过程中所实现的功能角度都是模糊的。语篇作者的动机和目的相互作用,决定了作者的*交际任务*。而动机和目的又是言语情景中所有形成因素相互作用的结果:文本作者的个性、言语主体、交际地点和时间、交际对象的个性。然而,在构成言语情景的各种因素的影响下,交际任务作为语句中的"材料",其本身也成为言语情景的形成因素,并预先决定了言语情景的进一步发展。文本语义结构的组成部分——语用结构和语义结构是由言语情景决定的,因为正是言语情景最终激发了言语行为。

根据利沃夫斯卡娅的观点,*翻译转换*的主要原因包括语言学因素和语言学外的因素。翻译转换的语言学原因与原语和译语的体系、规范和*用法*之间的差异有关。语言学外的原因反映了原作作者与译作读者在意义和经验上的差异。决定是否需要进行形式翻译转换的因素与影响翻译整体选择的因素相反,因为在后一种情况下,*主导因素*不是形式因素,而是内容因素,更准确地说是语义因素和形式因素的相互作用。利沃夫斯卡娅认为,原语与译语文本的交际功能对等原则是翻译过程的主要操作原则,因此也是译文是否与原文对等的主要标准。

翻译的心理语言学理论

在国内翻译研究中,由于军事大学学者的努力,在交际方法框架内正在积极形成一种特殊的研究方向,即翻译的心理语言学理论(психолингвистическая теория перевода),它将研究翻译的心理(心理语言学)作为自己的研究对象。希里亚耶夫在翻译科学中优先研究了这一趋势的方法论和理论基础,证实了以活动为导向的翻译表述,即把翻译视为某种专门的言语活动,具有目标导向、对象、手段、实施方式、结果和结构。

根据希里亚耶夫的观点,翻译的目标是以特定语言表达或记录的言论或一组言论创造的产品。社会对译者的要求决定了翻译产品的主要参数。翻译的对象是由多语言交际者之一进行的言语活动的结果,该结果以原语言为媒介实现了具体化。

翻译活动的工具不同于大多数言语活动,它涉及两种语言的工具。在翻译中,语言工具的选择主要受到活动对象——原文本的限制,而不是受到主体的动机和目标的影响。因此,在翻译中,选择语言工具来将活动结果具体化的决定比许多其他类型的言语活动更为严格。

翻译活动的实施方式可以分为三组。第一组包括听力和口语等言语活动结果的整体具象化方式。第二组包括解决翻译任务的过程——使用等效词汇,确定变体和语境的对应关系。第三组将翻译活动结果的整体具体化方式——口语和书面语结合在一起。

结构性翻译活动涉及一系列相互关联且相互影响的翻译步骤。作为活动过程的最小单位,也是一种微型活动,它包含了整个活动的主要特征。无论是整个翻译活动还是其中的每个翻译步骤,都具有智力活动的典型三阶段结构:活动定位和计划制定阶段、执行制定计划阶段以及将结果与预期目标进行比较的阶段。翻译活动的产物是译者使用译语创作的文本,其中同时体现了接收者的活动和译者的活动。

翻译转换理论

翻译转换理论(трансформационная теория перевода)基于对翻译过程的研究,即将原语结构单位转换为译语结构单位的过程。它的创立者包括我国的列夫津和罗森茨威格以及国外的奈达。该理论借鉴了美国学者乔姆斯基的*生成语法思想*,他认为所有现存的语法正确的句子都由数量有限的简单*核心结构*(核心句)生成。因此,该理论的出发点是存在一种*中介语言和/或所谓的核心结构*,感知的文本被转换为这种语言和/或核心结构。

为了将文本转为译语,必须重新转换文本,即按照译语的规则重新组织语言。翻译转换理论充分解释了翻译过程中被称为"语际转换"的部分。

翻译转换理论的不足在于其缺乏实验基础,即与翻译科学的对象脱节。可以注意到,翻译转换理论的出发点是承认主观语义代码,尽管它将这种代码简化为语言学上的核心结构,这一观点在我国著名心理学家们,首先是任金的著作中都有所描述。换句话说,在翻译转换理论中,从纯粹的语言学立场转向了文学研究的立场,将译者视为文学家,并承认了译者的创造性。

翻译的语义–符号模式

翻译的语义–符号模式(семантико-семиотическая модель перевода)是对雷茨克尔方法的进一步发展。雷茨克尔建立了原语和译语的符号与结构相互对应的综合类型学,在此基础上,巴尔胡达罗夫提出了翻译的语义–符号模式。根据这一模式,在文本的整体内容中可以区分出单独的文本成分,包括指称成分、概念成分、语内成分和语用成分。该学者首次证明,在从原作到译作的转换过程中,并非原作的所有内容都被保留下来,而只是保留了其中的某些部分。作为下一个有待解决的研究课题,巴尔胡达罗夫提出了翻译原语文本上述内容成分的优先顺序问题。

翻译的功能–语用(动态)模式

什韦策是当之无愧的翻译交际方法,尤其是翻译功能心理学研究的奠基人之一。什韦策认为文本的功能成分是翻译的常项,他提出了翻译史上最早的功能-语用翻译模式之一,并称之为"动态"翻译模式[функционально-прагматическая(динамическая)модель перевода]。什韦策描述了译者根据翻译的语言内外决定因素的某种配置做出决策的过程。

该学者认为,译者的决策过程包括两个主要阶段:1)制定翻译策略;2)确定该策略在语言层面的具体表现(包括各种具体技巧——"翻译转换",它们构成了翻译的技术)。

什韦策的理论在整个翻译理论中具有特殊意义,因为它描述了翻译的第一个阶段,这个阶段可以被看作是对语言学翻译理论(即在语言学翻译方法框架内)已经详细研究的内容的一种实践上的补充。直到最近,这个阶段仍然没有成为翻译理论研究的对象,但它的存在赋予了译者活动的操作结构以意义和目的。因此,举例来说,在制定翻译策略时,可以优先考虑文本的准确译文,即接近直译的译文,或者相反,大胆偏离原作形式结构的译文,即接近意译的译文。

根据什韦策的观点,制定翻译策略还涉及应首先在译文中反映原作的哪些方面做出决定,即译者选择确定翻译优先顺序。最后,决定翻译策略还包括另一方面的选择:是严格传达当地色彩和时代背景的外来细节,还是放弃这些细节,更深入地理解文本的历史特征。

在什韦策的翻译符号学理论中,语法、语义和语用三个维度构成了符号学层面的三个等级,这种等级基于语用层面在语义(成分和指称)层面之上的优先地位。影响翻译过程的语用因素概括如下:发话人的交际意图、对受话人的态度以及译者的交际态度。

什韦策将可译性理解为相对而非绝对的概念。在他的理论中,翻译过程中形成的语境和交际情景中的意义保持不变。正是这些言语背景和交际情景使得不同意义之间的差异被中和,或者说,使用不同的表达方式传达相同的含义成为可能。按照他的理论,翻译作为言语交际中最复杂的一种类型,受到多种语言因素的影响,这些因素形成了一系列相互关联的过滤器,决定了翻译的策略。这些因素包括两种语言的系统和规范、两种文化、两种交际情景——主要和次要的交际情景、*主题情景*、原语文本的*功能特征*以及翻译*规范*。在这些因素中,文本占据了核心地位,它是决定翻译策略的力量的作用点,同时也决定了*主要*和*次要*的交际情景。

翻译的诠释学模式

在克留科夫的诠释学模式(герменевтическая модель перевода)中,翻译依

循理解的原则：翻译始于理解,终于理解。译者考虑到译文的外语接受者,对已经理解的内容进行二次理解。二次理解是对内在意义的再次诠释和综合,其方向是从意图到客观语言意义,同时考虑到语境中新的角色设定和社会心理态度。翻译的诠释学模式与对*翻译过程*本质的诠释相关,翻译被理解为文本的二次生成过程。

翻译的转换模式

翻译的转换模式(трансформационная модель перевода)是由美国学者奈达提出的,他运用了乔姆斯基的核心结构理论,构建了所谓的翻译转换模式。该模式的组成部分包括：*分析*(对原文进行感知和理解)、*逆向转换*(将原文转换为其核心结构)、*转移*(在译语中寻找原始核心结构的对应关系)和*重组*(将译语的核心结构转换为扩展的语篇)。他的理论假设是,不同语言的核心结构虽然表面上不同,但始终是相互对等的。实际上,奈达将基于*生成转换语法*的*机器翻译*理论和语用研究引入了"人工"翻译理论中。

翻译活动的社会调节机制

翻译活动的社会调节机制(механизм социальной регуляции переводческой деятельности)被用于研究翻译交际方法的社会方面。在翻译理论史上,安德里亚诺夫首次对翻译的社会学问题进行了研究。安德里亚诺夫以马克思主义解释学中社会角色理论的某些概念为模型,选择翻译活动的社会调节机制作为自己的研究课题。在他的著作中,翻译被视为在跨语言交流结构中建立和维护个体之间有目的的联系的过程。他将翻译的等值性理解为译者所选择的口头和非口头手段与交际社会条件的对应程度,其结果是外语交际者获得与发话人交际态度相应的反应。安德里亚诺夫成功地揭示并制定了一系列关于译者口头和非口头行为的社会规则,这些规则构成了军事大学培养译者-参谋的基础。

2. 机器翻译的回顾与展望

机器翻译(МП)或技术辅助翻译的概念由来已久。早在机器翻译(以及计算机辅助翻译——ПСМ)出现之前,人们就设想过将一种语言翻译成另一种语言的机器,类似于一本机械或机械化词典。译者遇到一个不熟悉的单词或短语,按下按钮就能得到另一种语言的对应词(或整篇文章)。然而,对于不像译者那样精通语言的人来说,这样的机器是不经济的。

早期的机械化词典分别由瓦赫涅尔于 1924 年在爱沙尼亚、斯米尔诺夫-特罗扬斯基于 1933 年在苏联、阿尔茨鲁尼于 1933 年在法国发明。如果爱沙尼亚被视作机器翻译的发源地,那么全球公认的机器翻译先驱则是斯米尔诺夫-特罗扬斯基,一位苏联发明家和科技史教师。1933 年,他为自己的发明提出了专利申请——"一种只需进行文字处理就能将现成印刷品从一种语言同时翻译成其他多种语言的自动生产机器"。而他获得的第 40995 号专利证书中的内容却是"一种从一种语言翻译成另一种语言时选择和打印单词的机器",即技术史上第一部机械化词典。这是一种机械设备,从我们"电子时代"的角度来看,它的运行非常缓慢,并没有得到推广。

与此同时,特罗扬斯基的自动词典已经试图解决一些语言问题,尽管发明者假定所有语言的词序都是相同的,并建议通过逐字逐句翻译,并在后续由校对员对文本进行处理。

特罗扬斯基机器的词库包含 8 万个根词。如果参考列夫·托尔斯泰使用了 1.2 万个根词,这个数字就非常大了。俄语有 18 万个根词,英语有 20 万个根词。

这台机器的命运如何呢?

日尔科夫教授描述了特罗扬斯基的发明历史:"1939 年,发明家兼技术员斯米尔诺夫-特罗扬斯基前往苏联科学院,并宣布他已经研究出一种从一种语言到另一种语言的机器翻译方法:发明家请求从语言学角度对其研究提出建议。值得一提的是,当时语言学家们对斯米尔诺夫-特罗扬斯基的发明持怀疑态度,认为这种方法不切实际,完全没有必要。只有少数人相信机器翻译的可能性。经过一系列磋商后,发现……他研究的机器翻译方法……为在莫斯科翻译俄语文本并在巴黎发行法语译本创造了可能性……这一过程耗时颇长,最终于 1944 年 6 月末,在苏联科学院自动化和远程机械研究所召开了一次会议,邀请了机械和电气工程领域的专家以及语言学家参加。值得一提的是,机械和工程学专家在会议上更多的是试图证明机器翻译的'不可能性',并涉足了与他们专业无关的语言学领域,他们讨论的是同义词、同义词之间微妙差别的语义等问题。结果,翻译器的实验模型(配备了 1000 个词汇的词典)最终没有被制造出来。据我所知,发明家斯米尔诺夫-特罗扬斯基很快就离开了莫斯科:根据我获得的信息,斯米尔诺夫-特罗扬斯基已于 1956 年去世。"

特罗扬斯基的机器被拒绝了。但问题在于,这台机器已经不再符合科学技术思想的发展水平。它是机械式的,而当时电子技术正在迅速发展,已经进入了电子技术时代。的确,即使是最优秀的想法,如果没有实现它们的手段,也会显得不切实际甚至可笑。但是,一旦出现了实现这些想法的手段,这些想法就会重新焕发生机。计算机的出现和广泛应用为机器翻译的发展提供了强大的动力。计算机的目的是按照特定的规则或算法处理接收到的信息。

电子计算机时代始于继电器和电子管。1941 年,德国工程师楚泽创造了第一台基于继电器的计算设备——楚泽机。1944 年,美国的艾肯构建了第一台采用程序控制的计算机 Mark-1。该机是电机械式的,具备插孔式控制(当时还未有穿孔卡)。楚泽和艾肯的机器均采用十进制系统。

1945 年,美国的莫奇利创造了第一台电子计算机"埃尼亚克",采用二进制系统运行。1946 年,美国著名数学家诺依曼阐述了现代电子计算机的所有基本工作原则,其中的关键在于计算机内存不仅可以存储数字,还可以存储程序本身。

1946 年,香农《通信的数学理论》(«Математическая теория связи»)一书的合著者、美国科学家韦弗提出了机器翻译的可能性。1947 年,他向电子计算机专家和多语言专家维纳寻求帮助,当时维纳正在撰写他著名的作品《控制论,或在动物和机器中的控制和通信科学》(«Кибернетика, или управление и связь в животном и машине»)。然而,维纳并不支持韦弗的想法,因为他怀疑是否能将"任何完整的词典"输入到计算机的存储器中,更不用说准确翻译所有词义了。因此,他认为"语言的机械化"和"机械翻译方法"还不够成熟。

1948 年,韦弗从伦敦大学伯伯里学院的贝尔纳教授那里了解到了布斯创建机器词典的工作。布斯的机器词典收录了词干,并研究出了语法分析的原则。同年,韦弗发表了他的《翻译》备忘录(меморандум «Перевод»),其中阐明了他对借助电子计算机将一种语言翻译成另一种语言的可能性的构想。他认为翻译问题是一个密码学问题。

韦弗本人再也没有回到机器翻译问题上来,但他的理念引起了许多学者的兴趣。1952 年,在麻省理工学院召开了第一次机器翻译会议,来自美国和英国的 18 位学者出席了会议。同年,第七届国际语言学家大会也讨论了机器翻译问题。

此时,电子计算机的发展取得了显著的进步。如果说第一台计算机 Mark-1 做一次乘法运算需要 5.7 秒,做一次除法运算需要 15.3 秒,那么 IBM 公司的第一台电子计算机 SSEC 在 10 毫秒内完成一次加法运算,即每秒进行 100 次加法运算;而一次乘法运算则只需 200 毫秒,即每秒进行 50 次乘法运算。到了 1953—1954 年,计算机的平均运行速度达到了每秒 10000 次操作。

1954 年 1 月 7 日,在纽约 IBM-701 计算机进行了世界上首次俄语到英语的机器翻译实验。由乔治敦大学语言和语言学学院的科学家组成的小组在多斯特的领导下准备和执行这项实验。程序由谢里登开发。实验中,从 60 个简单的俄语句子(如"加工可以提高石油质量"、"国际形势是解决政治问题的重要因素")中提取了 6 条翻译规则和 250 个单词编制成词典。尽管一些俄语单词在词典中有两个含义,并且还包括一些俄语格的词尾,但计算机仍然用错误的英语翻译了这 60 个句子。尽管如此,这是世界上第一次俄英机器翻译实验,在机器翻译历史上被称为"乔治敦实验"或"多斯特实验"。

1954 年,麻省理工学院开始出版专门期刊《机器翻译》(«Mechanical Translation»)。

1951 年 12 月 25 日,在乌克兰苏维埃社会主义共和国科学院机电研究所,苏联首台电子计算机 MESM(МЭСМ)投入使用。这台小型电子计算机的研发始于 1947 年。1953 年,莫斯科精密机械和计算机工程研究所开始使用快速电子计算机 BESM(БЭСМ),由列别杰夫院士领导研发。苏联的程序员中包括两位院士,分别是凯尔迪什和拉夫连季耶夫。

1954 年,精密机械和计算机工程研究所的工程师穆欣、数学家科罗廖夫和拉祖莫夫斯基,通过阅读关于乔治敦实验的简要报告,提出了在我们国家开展机器翻译的想法。这一提议得到了列别杰夫院士和帕诺夫教授的支持,他们负责领导整个工作。

苏联第一台机器翻译的创造者们认为,机器翻译不仅仅是一个技术问题,更重要的是一个语言问题。因此,1955 年 1 月,在帕诺夫的推荐下,资深语言学家、语文学博士候选人别尔斯卡娅加入了研发团队。在经过近 11 个月的不懈努力后,她成功地解决了语言方面的问题。

别尔斯卡娅开始工作后立即拒绝了当时流行的关于语言材料可数学化的理论,这种理论忽略了语言学问题,即基于类似于解码的数学方法将语言形式化的可能性。

别尔斯卡娅深入研究了文本中的语言学规律,这些规律在翻译时被熟练的译员所应用。她的主要观点是语言学分析的完全形式化是可能的,这一观点支持了机器翻译先驱特罗扬斯基的看法,但至今仍有时引起质疑。

别尔斯卡娅通过对大量资料进行细致分析,制定了一套自动分析英语科技文本的工作算法。该算法包含25000条指令。在一台每秒执行约10000次操作的机器上使用这种算法,翻译一句话需要几分钟的时间。

1955年12月,首次使用BESM电子计算机将米尔恩《微分方程的数值解法》(《Численное решение дифференциальных уравнений》)一书中的部分段落从英语翻译成俄语。

第一本英俄机器词典包含952个英语单词和1073个俄语对应词。程序和词典都采用了开放式(可适应、自调整)的设计,这意味着系统不仅可以用于翻译书籍中的高度专业化的数学文本,还可以用于翻译其他文本,但需要扩展词典。与多斯特的实验相比,这样的机器翻译实验系统已经迈出了一大步。

在初次成功的实验之后,研究团队大胆尝试使用相同的算法进行报纸文本的翻译。正如教授帕诺夫回忆的那样,这次实验也取得了成功,甚至对于作者自己来说都是意外的。

语言分析算法的成功在于其创造者的才智,以及苏联工程语言学的奠基人别尔斯卡娅所做的精妙决策(甚至可以说是开创性的发现)。通过认真研究她为数学文本设计的算法,她确信实验成功并非偶然,而是必然的结果。她认为,基于科学文献领域特定文本设计的算法,尤其是针对数学领域的算法,具备了进行任何文本语言分析所需的所有要素。

在苏联科学院斯捷克洛夫数学研究所,完成了第一次英俄机器翻译实验后不久,在库拉金娜的领导下,使用计算机"箭"进行了另一项实验,将一篇科学文献从法语翻译成俄语。

1956年,在莫斯科成立了机器翻译协会,并开始出版《机器翻译协会简报》(《Бюллетень Объединения по проблемам машинного перевода》),共出版了7期。1959年,该期刊更名为《机器翻译与应用语言学》(《Машинный перевод и прикладная лингвистика》)。

1956年,在莫斯科成立了机器翻译实验室,由数学家兼语言学家、翻译家莫托林领导。巴甫洛夫、马尔丘克、朱可夫、尼古拉耶夫、博格莫尔金、克尼亚吉宁、谢尔比宁等许多人都在莫托林的小组工作过。

1958 年,俄罗斯语言学家加里宁娜加入该小组,并开发了机器词典的俄语部分。她建议将机器词典制作成一部包含多个词干的词典(在别尔斯卡娅的词典中,名词用一格表示)。加里宁娜为所有语法词类确定了 10 种形式构成,并确定了 77 个俄语词群,编制了搭配词典、语义表格等。

到 1957 年中期,莫托林的团队已经用电子计算机处理了大约 500 万字的社会政治文本。他们根据得到的词频词典选择了 2.2 万个英语单词和约 4 万个俄语单词和表达。词典包含了在所有处理过的文本中出现频率(出现次数)超过两次的单词($F > 2$),以及一些出现频率等于两次的单词($F = 2$)。根据语言统计学的规律,这样的词典涵盖了 98.5% 的任一英语报纸文本,即实际上机器翻译了 100 个单词中的 99 个。

词频词典是按照单词长度(从单字母到双字母等)进行编制的,每个等长单词数组内部按照字母顺序排列。在编制过程中,创建了同形词词典(包含 3200 个单词)、反向频率词典(其中单词按照词尾排序)、带有左右扩展的按字母顺序排列的搭配词典(包括名词、动词、形容词、副词、介词、连词、冠词)、固定短语和表达词典、不规则英语动词表、所有助动词形式表、输入和输出的变形纠正表(拼写错误表)、多义词程序等。词典中还包括了所有被视为单词的标点符号。

1959 年,莫托林小组的机器翻译系统成功"通过了考验",并显示出其能够将英美报纸上的任何社会政治题材文本以及部分科技文本翻译成俄语。翻译后的文本在输出时生成,并以标准格式的打字纸按照相应版式印刷,带有相应的分类。

创建的机器翻译算法虽然还需要改进,但适用于任何计算机系统,通过使用翻译程序,解决了专用翻译机器的问题。

这是莫托林领导的机器翻译实验室的工作人员创建的第一个"工业化"的、经济有效的机器翻译算法。实验室的成功一方面归功于科学家们的目标明确、坚持不懈和无私奉献,他们致力于创建一种有效地将英语翻译成俄语的算法;另一方面得益于为完成任务而投入的大量人力和资金,以及当时先进的实验室技术设备。

1958 年夏天,在莫斯科举办了第一届全国机器翻译会议,来自莫斯科、列宁格勒(今圣彼得堡)、基辅、埃里温、第比利斯、高尔基以及其他城市的科学家参加了会议。

在会议上,别尔斯卡娅在她的发言中指出(与许多认为形式化的可能性有限的外国学者相反),语言的语义方面是可以形式化的,更不用说音韵、词汇和语法方面了。她提出完全形式化是可能的:"……只有基于真实语言事实的分析基础上,在对现代英语的真实情况进行认真研究的基础上……吸收大量来自科技书籍和期刊文章的材料……在必要情况下,如果文学作品能够提供机会,在更清晰、明确的形式中发现所寻求的规律,那么还可以吸收这些文学作品,有时甚至可以吸收那些保留了独特民俗短语的书籍,这对某些情况下的分析是有意义的。"换句话说,她认为应该基于语言的实际结构和其中观察到的规律,而不是基于"纸上"算法的推测进行推理。

1959 年,别尔斯卡娅在联合国教科文组织的会议上,在她的报告中清晰地阐述了一种观点:任何文本都可以进行语言形式化,并且她的算法适用于对包括文学作品在内的任何文本进行语言分析。她列举了几个机器翻译文学作品的例子(狄更斯、奥尔德里奇、高尔斯华绥、爱伦·坡),并引用了机器翻译的验证实验。别尔斯卡娅强调了翻译的类型化和统一化。在她之前和之后,再没有人能够用电子计算机翻译文学文本。正是因为这种"无能",机器翻译的支持者和开发者受到了机器翻译反对者的批评。

别尔斯卡娅一直从事机器翻译的研究工作,直到 1964 年去世。她证明了语言分析算法应该是灵活的,适合应对语言这样一个不断变化的对象;从一开始,算法的建立就应该是自适应的、自我调整的,以便在必要时可以很容易地扩展和补充;用于建立算法的符号学应该是简单透明的。这种灵活性、改进能力和简易性是别尔斯卡娅开发的自动语言分析算法的最大优点。

在那个时候,美国、英国、墨西哥、日本、中国、以色列和其他国家都在机器翻译领域进行了积极的研究。然而,苏联被普遍认为是创建机器翻译系统方面的领先国家。

在苏联,机器翻译领域的研究在莫斯科、列宁格勒(今圣彼得堡)、基辅、第比利斯、埃里温、新西伯利亚、高尔基、萨拉托夫、塔什干和其他城市的许多科学组织和教育机构都在进行。在莫斯科,这些问题由全苏科学技术情报研究所、中央专利情报及技术经济科学研究所、弗·亚·斯捷克洛夫数学研究所等组织进行研究。

至于一些机器翻译问题的研究,苏联的科学家库拉金娜、帕杜切娃、尼古拉耶娃(与别尔斯卡娅共同开展实验)、安德烈耶夫等人取得了一些"机械化"的成果。

许多研究人员提出了中介语言的概念。中介语言,又称为辅助语言,是一种适合于明确且足够方便地表达机器翻译文本含义的书写系统。作为中介语言,语言学家提议使用英语、世界语或某种人工语言等。

安德烈耶夫教授提出的概念最为引人注目。当时他是列宁格勒(今圣彼得堡)大学机器翻译实验室的主任。他建议创建一种中介语言,基于各种语言的语法和词汇,将世界上大多数语言共有的语法规则和词汇单位收录到词典中,并用机器可理解的符号来表达。然而,使用中介语言的系统并没有取得显著的成果。尽管如此,中介语言的概念仍然存在:最近,美国人工智能专家布里格斯提出将梵文作为中介语言。

在 20 世纪 50 年代和 60 年代,许多语言学家陷入了无益的理论推测,创造了所谓的"纸上""未来"算法,这些算法无法(也不可能)在电子计算机上实现,自然而然地阻碍了机器翻译系统的进一步发展。在这一时期,许多机器翻译研究团队面临着一系列阻碍:他们的研究工作分散,技术设备和物质支持不足,有时甚至缺乏任何物质和技术基础;这些阻碍还可以通过其他原因来解释,包括各个部门对机器翻译工作成果及其推广不感兴趣,他们认为来自国外的大量科技信息可以由现有的翻译人员队伍来处理。当然,还有一个原因是,由于缺乏即时的实际成果,研究人员的热情正在减退。

著名的结构主义者希勒尔发表的文章《机器翻译的未来(为什么机器学不会翻译)》[«Будущее машинного перевода (почему машины не могут научиться переводить)»]也对科学界的观点产生了负面影响。这篇文章于1969 年几乎同时在我国的《语言学问题》(«Вопросы языкознания»)和《语文学科学》(«Филологические науки»)杂志上发表。在这篇文章中,这位权威学者基于文学研究的理念和文艺翻译的理论,对未来 20—30 年内机器翻译工作的成功表示了怀疑。

在 20 世纪 60 年代初,一些团队的研究活动开始出现衰退,这种趋势变得越来越明显,研究热情急剧下降,一些团队的人员大幅减少——他们被解散或清算,包括国家主要教育机构的应用语言学分支机构。

我们在此不再详细讨论这个问题的历史。我们只想指出,尽管在 20 世纪60 年代出现了明显的低谷,苏联国内外都持怀疑态度,但机器翻译仍在美国、日本、苏联和其他国家继续进行研究和开发。研究活动主要集中在大学和少数专业机构:法国的格勒诺布尔、德国的萨尔布吕肯、加拿大的蒙特利尔、美国的得克萨斯、日本的京都和欧洲经济共同体的项目,以及苏联的莫斯科和列宁格勒(今圣彼得堡)。

近年来,用于自动化翻译的系统类型不断增加。在机器翻译的初期发展阶段,大约到20世纪60年代中期,主要关注的是创建"批量处理"系统,这些系统设计为完全自动运行或者在预处理和后处理阶段使用人工干预的半自动模式。然而,在20世纪60年代中期到70年代初期,出现了大规模的自动多语言词典和术语库。如今,人们越来越关注交互式机器翻译系统、各种自动词典和翻译工作站的创建。

在美国,机器翻译领域的研究一直都很广泛(即使在"低谷"时期也没有停止)。例如,美国空军研究中心"ROM",从1959年6月开始进行了大量实验,到1963年初,该研究中心创建的俄英机器翻译系统开始投入使用,其翻译速度达到每分钟35个单词。

根据1980年9月9日至12日在华沙举行的第一届"人机"通信问题国际会议的资料显示,美国的卡内基梅隆大学、斯坦福大学、耶鲁大学、哈佛大学和麻省理工学院都在进行"人机"通信问题的研究。德国的海德堡大学、斯图加特信息学研究所和维尔瑟伦通信研究所也在进行类似的工作。据20世纪60年代的数据,美国中央情报局拥有一台计算机,能以每小时3万字的速度将中等难度的俄语文本翻译成英语。1970年,在美国赖特-帕特森空军基地,俄英机器翻译系统SISTRAN投入使用,每小时可翻译30万字的文本。自1974年以来,美国国家航空航天局一直在使用该系统。在加拿大,从1975年开始,将气象报告从英语翻译成法语的METEO系统投入使用。

据了解,早在20世纪70年代初,美国就能够使用机器将俄语翻译成英语,年产量高达7亿字,但这只占苏联出版物的7%。美国空军外事装备部每天翻译俄语到英语的总量约为10万字。总的来说,美国处理了大量外文信息。据联合印刷(Союзпечать)的统计,美国驻莫斯科大使馆订阅了900多份苏联报纸和杂志以及130多份社会主义国家的报纸和杂志。仅在一天之内,中央情报局的所谓"监控服务"就收到并记录了约600万个词,涵盖了60种语言。

要解决有效处理大量信息的问题,自然需要采用先进技术,创建能够分析、存储并在第一时间提供必要信息的电子自动化系统。

目前的主要目标不是立即获得高质量的完全机器翻译,这是20世纪50年代所讨论的,而是创建一个系统,能够立即提供可接受的质量翻译,并允许在投入商业运营后对系统进行进一步改进。

在苏联从事机器翻译领域的团队中,值得一提的是苏联科学院国家科学技术委员会的全苏科技文献翻译中心(ВЦП),该中心是科技翻译和机器翻译的领先机构。全苏科技文献翻译中心的科技翻译量不断增长。因此,如果说在 1974 年翻译了 20000 份文件,那么在 1988 年则翻译了 80000 多份文件。全苏科技文献翻译中心根据各部委政府机构的订单进行翻译。这些机构所面临的任务的特殊性和多样性决定了翻译语言与翻译主题的构成。在国家科技翻译基金的年度翻译量中,全苏科技文献翻译中心的翻译量约占 70%。

1985 年,全苏科技文献翻译中心完成了从 35 种外语译成俄语和从俄语译成 31 种外语的翻译工作。某种外语的翻译量反映了该外语在世界科技信息体系中的地位。因此,前 10 种语言的翻译量约占翻译总量的 95%,而其他 25 种语言的翻译量仅占 5%。前 10 种语言包括英语(62.5%)、德语(15.4%)、日语(6.4%)和法语(5.8%)。

自 1979 年起,全苏科技文献翻译中心开始运行国内首批将英语、德语和法语翻译成俄语的工业机器翻译系统——AMPAR、NERPA 和 FORTRAN。同时,还开发了英德俄自动翻译系统 ANRAP-A。这些系统能够快速进行计算机工程、编程、机械工程、原子能利用等领域的翻译,并在后期进行编辑后发送给客户。此外,还开发了德语(NERPA)、法语(FORTRAN)和日语(YARAP)的机器翻译系统,并创建了多语种自动词典。同时,还对译者和编辑的自动化工位系统进行了研究,并创建了全苏科技文献翻译中心术语支持系统的信息基础设施。

在苏联成功从事机器翻译领域工作的团队中,我们可以提到由皮奥特罗夫斯基教授领导的"言语统计"全联盟小组,该小组创建了试验性的自动语言维护系统,用于机器翻译。

在别克塔耶夫教授的领导下,奇姆肯特团队开展了工业级机器翻译的后期处理工作,将关于聚合物化学的文章和专利从英语翻译成俄语。根据客户专家的反馈,翻译质量令人相当满意。

在试验性工业化信息处理系统的早期阶段,机器翻译的成本大致等同于常规的"手动"翻译成本。奇姆肯特团队在进行试验性机器翻译的同时,还进行了广泛的研究工作,旨在提高机器翻译的质量,并开发能够实现更高水平翻译的系统。随着试验性系统适应工业化运作模式,机器翻译与人工翻译的成本比发生了变化,机器翻译的成本降低。

赫尔岑国立师范学院的语言学实验室、全苏科技文献翻译中心以及苏联科学院东方学研究所联合进行了日语到俄语的实验性翻译。明斯克国立东方学研究所与利沃夫家用化学研究所合作研究了便携式计算机翻译器的制作。在基辅,建立并投入使用了报头和专利的机器翻译系统,在乌日戈罗德国立大学创立了自动化工作站系统。此外,机器翻译领域的研究和开发工作还在应用数学研究所、苏联科学院语言研究所、苏联科学院俄语研究所、军事外语学院,亚美尼亚、格鲁吉亚和哈萨克苏维埃社会主义共和国的学术机构,苏联科学院全苏科学技术情报研究所以及其他团队中进行。

1989 年 11 月至 12 月,在第比利斯举行的"计算机与翻译-89"国际研讨会上,来自奥地利、保加利亚、捷克斯洛伐克、芬兰、法国、荷兰、英国、东德、埃及、匈牙利、印度、加拿大、波兰、苏联、西班牙、西德、南斯拉夫和日本等国家的 200 多名科学家和专家表示了参加的意愿。

通过对 1989 年在第比利斯举行的研讨会以及之前在莫斯科举行的三次研讨会(分别是 1975 年、1979 年和 1983 年)的参与者和演讲议题的分析,可以看出在过去的 14 年里,机器翻译已经从一个相对狭窄的科学研究领域发展成为信息产业中的一个独立方向。机器翻译的问题涵盖的不仅仅是语言学问题,还包括编程问题、确定单台计算机和局域网络的最佳配置问题,以及在翻译自动化工具的创建和使用过程中开发者和用户之间相互依存的问题。

慢慢地,机器翻译从遥远的前景逐渐变成了信息现实。

根据什梅廖娃的数据,我们目前可以列举出以下供俄罗斯用户使用的商业机器翻译系统:

PARS 3.00,由哈尔科夫的"语言学 93"公司提供,能够进行俄语到英语以及英语到俄语的翻译。此系统还有适用于乌克兰语和德语的版本。

SILOD,由圣彼得堡的俄罗斯国立大学应用语言学系的专家开发。

MULTIS,由"埃尔科"公司提供,能够自动检测文件的语言,并提供英俄、法俄、葡俄、西俄、意俄和俄英版本。

GTS GLOBAL LINK,一款美国电子翻译产品。

STILOS 已经在市场上存在超过 10 年,并且因为成功的广告活动而成为公认的领导者。该程序最初的版本被称为"Prom 机器翻译"。如今,圣彼得堡的"Prom 机器翻译"公司提供了一系列从英语、德语、法语、意大利语和西班牙语到俄语以及从俄语到英语和德语的翻译软件。

正如马尔丘克所指出的:"尽管现代机器翻译系统提供的翻译质量仍然不高,但随着用户友好的软件界面和对不同类型翻译文本的定制化,以及计算机性能的不断提升,这些系统在翻译对应关系的理论基础上将会不断改进。国内外工商业机器翻译系统的发展经验表明,尽管它们在发展过程中取得了显著进展并得到广泛应用,但在真实的科技文本翻译中,其译文可理解性仍然无法超过80%的门槛。因此,实现全自动、高质量的机器翻译梦想,与30年前一样,仍然是遥不可及的。"

谈到计算机辅助翻译和机器翻译,需要指出,根据所使用的技术手段,两者的翻译过程都可以是机械化的、自动化的和全自动化的。事实上,机械化系统涉及使用一些技术手段来扩展信息处理的能力。自动化系统涉及根据明确规范的操作使用计算机和其他技术设备进行信息处理,以最大限度地减少人与机器的参与。而"自动化"的概念通常被理解为在没有人类参与的情况下进行某项处理或操作。在这方面,目前存在的机器翻译技术,例如词汇翻译、语法翻译和语义翻译,都代表了翻译自动化的阶段。将所有现有技术应用于一个系统中,仅仅实现了在双语情境下的自动化和/或半自动化的信息处理。而全自动化的系统通常指的是在没有人参与的情况下,从原始来源获取可靠的对应信息,并进行视听输入和输出。因此,"自动翻译"在完全直接意义上指的是机器在翻译系统中应用的最高阶段,但目前尚未达到这一阶段。由于在当前科技进步的阶段,人类参与了信息处理过程的所有环节,无论使用多少技术手段来辅助,利用计算机和其他技术设备来控制系统仍然不是真正的自动控制,而是自动化控制。而系统本身,包括信息处理系统,仍处于自动化和/或半自动化的状态。

涉及机器翻译和计算机辅助翻译时,这两种翻译方式通常被称为自动翻译或自动化翻译。然而,需要区分机器翻译和辅助翻译作为翻译系统和翻译过程的不同:

1)根据"人—机—人"系统中人机互动水平的不同。目前,在机器翻译系统中,计算机仅以最低程度地利用人的能力(如前期编辑和后期编辑等)为特征,被归类为自动化系统。而在辅助翻译系统中,计算机充当翻译人员的助手和顾问,扩展了人处理信息的能力,因此被称为机械化系统。

2)根据计算机在翻译过程中的使用程度。机器翻译几乎不需要人类参与,因为编辑前修正和编辑后修正不会中断翻译过程本身,所以机器翻译是自动的。在辅助翻译中,计算机充当辅助工具(如助手、顾问),而编辑前修正和编辑后修正被整合到翻译过程中,因此辅助翻译是自动化的。

目前有许多商业辅助翻译系统,包括各种机器词典,这对译者用户(即翻译者本人)无疑有一定的好处。然而,我们认为,机器翻译系统和辅助翻译系统之间的"争论"应该以双赢的方式解决(这取决于客户和执行者-用户的需求)。

就文艺翻译而言,作为翻译者的助手和顾问,计算机辅助翻译毫无疑问地占据着并将继续占据主导地位。在特殊类型的翻译中,根据客户-消费者对翻译量的要求,翻译过程可以分为机器翻译和计算机辅助翻译。

参考文献

第一章参考文献

［1］АЛЕКСЕЕВ М П. Проблема художественного перевода［C］// Сб. тр. Иркутского государственного университета. Т. 18. Вып. 1. Иркутск, 1931.

［2］АПТ С. От святого Иеронима до электронной машины［C］// Мастерство перевода. 1964. М. , 1965.

［3］БАРГ М А. Эпохи и идеи. Становление историзма［M］. М. , 1987.

［4］БАХ А. История немецкого языка［M］. М. , 1956.

［5］БЕРКОВСКИЙ Н Я. Романтизм в Германии［M］. Л. , 1973.

［6］БЛОК М. Апология истории［M］. М. , 1986.

［7］БУДАГОВ Р А. Литературные языки и языковые стили［M］. М. , 1987.

［8］ВОЛКОВА З Н. Средневековые переводы：эпос, хроника, клерикальная литература［C］// Тетради переводчика. Вып. 18. М. , 1981.

［9］Вопросы теории перевода в современной зарубежной лингвистике［C］. М. , 1978.

［10］ГАЙМ Р. Вильгельм фон Гумбольдт. Описание его жизни и характеристика［M］. М. , 1899.

［11］ГАЙМ Р. Романтическая школа. Введение в историю немецкого ума［M］. М. , 1891.

［12］ГЕРОДОТ. История［M］. Л. , 1972.

［13］ГЁТЕ И В. Собр. соч. : В 10 т. Т. 10［M］. М. , 1980.

[14]ГИББ Х А Р. Арабская литература. Классический период [М]. М. , 1980.

[15]ГОЛЕНИЩЕВ-КУТУЗОВ И Н. Романские литературы: Статьи и исследования [С]. М. , 1985.

[16]ГОЛЕНИЩЕВ-КУТУЗОВ И Н. Средневековая латинская литература Италии [М]. М. , 1972.

[17]ГОРФУНКЕЛЬ А Х. Философия эпохи Возрождения [М]. М. , 1980.

[18]ГОЦИРИДЗЕ Д З. Очерки по истории западноевропейского и русского перевода [М]. Тбилиси, 1986.

[19]ГРИГОРЯН С Н. Средневековая философия народов Ближнего и Среднего Востока [М]. М. , 1966.

[20]ГУКОВСКИЙ Г А. К вопросу о русском классицизме. Состязания и переводы [С] // Поэтика. Сб. IV. Л. , 1928.

[21]ГУКОВСКИЙ М А. Итальянское Возрождение. Т. II. Италия 1380 – 1450 гг. [М]. Л. , 1961.

[22]ГУМБОЛЬДТ В. Избранные труды по языкознанию [М]. М. , 1984.

[23]ГУРЕВИЧ А Я. Категории средневековой культуры [М]. М. , 1984.

[24]ГУРЕВИЧ А Я. Проблемы средневековой народной культуры [М]. М. , 1981.

[25]ГУХМАН М М. Готский язык [М]. М. , 1958.

[26]ГУХМАН М М, СЕМЕНЮК Н Н. История немецкого литературного языка IX-XV веков [М]. М. , 1983.

[27]ГУХМАН М М, СЕМЕНЮК Н Н, БАБЕНКО Н С. История немецкого литературного языка XVI-XVIII веков [М]. М. , 1984.

[28]ДАНТЕ АЛИГЬЕРИ. Малые произведения [М]. М. , 1968.

[29]ДАНЭМ Б. Герои и еретики [М]. М. , 1967.

[30]ДЕРАТАНИ Н Ф. История римской литературы [М]. М. , 1954.

[31]ДЕРАТАНИ Н. Ф. Хрестоматия по античной литературе. Т. II [М]. М. , 1949.

[32]ДЖОХАДЗЕ Р В, СТЯЖКИН Н И. Введение в историю западноевропейской средневековой философии [М]. Тбилиси, 1981.

［33］ДМИТРИЕВ А С. Проблемы иенского романтизма ［M］. М. , 1975.

［34］ДОЗА А. История французского языка ［M］. М. , 1956.

［35］ДЮ БЕЛЛЕ Ж. Защита и прославление французского языка ［C］ // В.
П. Шестаков. Эстетика Ренессанса. Т. II . М. , 1981.

［36］ЖИРМУНСКИЙ В М. Национальный язык и социальные диалекты
［M］. Л. , 1936.

［37］ЖИРМУНСКИЙ В М. История западноевропейской литературы.
Раннее средневековье и Возрождение ［M］. М. , 1947.

［38］КАРАМЗИН Н М. Письма русского путешественника ［M］. М. , 1982.

［39］КАРИ Э. О переводе и переводчиках во Франции ［C］ // Мастерство
перевода. 1964. М. , 1965.

［40］КИРСАНОВ Ю В. К истории и историографии переводоведения ［C］ //
Сб. научных трудов МГПИИЯ им. Мориса Тореза. Вып. 275.
Актуальные проблемы истории и историографии лингвистики.
М. ,1986.

［41］КОПАНЕВ П И. Вопросы истории и теории художественного перевода
［M］. Минск, 1972.

［42］КОПЕЛЕВ Л. Гёте: художественные переводы и «мировая литература»
［C］ // Мастерство перевода. Сб. 9. М. , 1973.

［43］Кундзич О. Переводческий блокнот ［C］ // Мастерство перевода. 1966.
М. , 1968.

［44］ЛЕВЫЙ И. Искусство перевода ［M］. М. , 1974.

［45］ЛИЛОВА А. Введение в общую теорию перевода ［M］. М. , 1985.

［46］Литературные манифесты западноевропейских романтиков ［C］.
М. , 1980.

［47］ЛОМОНОСОВ М В. Избранная проза ［C］. М. , 1980.

［48］МАРКИШ С П. Знакомство с Эразмом из Роттердама ［M］. М. , 1971.

［49］МЕЛЬНИКОВА Е А. Меч и лира. Англосаксонское общество в истории
и эпосе ［M］. М. , 1987.

［50］МЕРИМЕ П. Собр. соч. : В 10 т. Т. 6 ［M］. М. , 1963.

［51］МИКУШЕВИЧ В. Поэтический мотив и контекст ［C］ // Вопросы теории художественного перевода. М. , 1971.

[52] МИНЬЯР-БЕЛОРУЧЕВ Р К. Теория и методы перевода [M]. М. , 1996.

[53] МОНТГОМЕРИ У. Влияние ислама на средневековую Европу [M]. М. , 1976.

[54] МОНТЕНЬ М. Опыты в трех книгах. Кн. 1, 2 [M]. М. , 1979.

[55] НЕЛЮБИН Л Л. Специальный перевод — теория, методика, практика, терминология [C] // Проблемы научно-технического перевода. Вып. 3. Горький, 1990.

[56] НЕЛЮБИН Л Л, ХУХУНИ Г Т. Перевод в деятельности международных организаций и развитие культур малых народов (на примере Северного Форума) [C] // Мостнип Московского педагогического университета. № 2. Серия «Лингвистика». М. , 1998.

[57] НЕЛЮБИН Л Л, ХУХУНИ Г Т. У истоков переводоведения [C] // Вопросы истории. № 2. 1999.

[58] ОСИНОВСКИЙ И Н. Томас Мор [M]. М. , 1985.

[59] ОРТЕГА-И-ГАССЕТ Х. Что такое философия? [M] М. , 1991.

[60] Памятники средневековой латинской литературы IV−IX веков [C]. М. , 1970.

[61] Перевод — средство взаимного сближения народов [C]. М. , 1987.

[62] Перевод в Чехословакии [C]. Прага, 1982.

[63] Письма Плиния Младшего [C]. М. , 1983.

[64] ПОКРОВСКИЙ М М. История римской литературы [M]. М. ; Л. , 1942.

[65] ПУРИШЕВ Б. Немецкий и нидерландский гуманизм [C] // С. Брант. Корабль дураков. Э. Роттердамский. Похвала глупости. Письма темных людей. У. Гуттен. Диалоги. М. , 1971.

[66] ПУШКИН А С. Полн. собр. соч. Т. 12 [M]. М. ; Л. , 1949.

[67] ПУШКИН А С. Собр. соч. : В 10 т. Т. 6 [M]. М. , 1962.

[68] Разговор цитат [C] // Мастерство перевода. Сб. 7. М. , 1970.

[69] СЕМЕНЕЦ О Е, ПАНАСЬЕВ А Н. История перевода [M]. Киев, 1989.

[70] СЕРВАНТЕС М. Хитроумный идальго Дон Кихот Ламанчский. Ч. I

［M］. M. , 1959.

［71］СЕРВАНТЕС М. Хитроумный идальго Дон Кихот Ламанчский. Ч. II ［M］. M. , 1959.

［72］СОБОЛЕВСКИЙ С И, ГРАБАРЬ-ПАССЕК М Е, ПЕТРОВСКИЙ Ф А. История римской литературы. Т. I ［M］. M. , 1959.

［73］СОБОЛЕВСКИЙ С И, ГРАБАРЬ-ПАССЕК М Е, ПЕТРОВСКИЙ Ф А. История римской литературы. Т. II ［M］. M. , 1962.

［74］СОКОЛОВ В В. Средневековая философия ［M］. M. , 1979.

［75］Спор о древних и новых ［C］. M. , 1984.

［76］Средневековый роман и повесть ［C］. M. , 1974.

［77］ТАРЛЕ Е В. Соч. Т. I ［M］. M. , 1957.

［78］ТЕРЕНЦИЙ. Комедии ［M］. M. , 1985.

［79］ТРОНСКИЙ И М. История античной литературы ［M］. M. , 1983.

［80］ФЛАВИЙ И. Иудейские древности. Т. II ［M］. Минск, 1994.

［81］ФЕДОРОВ А. Необычная антология ［C］ // Мастерство перевода. Сб. 7. M. , 1970.

［82］ФЕДОРОВ А В. Искусство перевода и жизнь литературы ［M］. Л. , 1983.

［83］ФЕДОРОВ А В. Основы общей теории перевода ［M］. M. , 1983.

［84］ФИНКЕЛЬ А М. О некоторых вопросах теории перевода ［C］ // Научные записки Харьковского государственного педагогического института иностранных языков. Т. I. Харьков, 1939.

［85］Хартия переводчика ［C］ // Мастерство перевода. 1964. M. , 1965.

［86］ХЛОДОВСКИЙ Р И. Франческо Петрарка ［M］. M. , 1974.

［87］ХУХУНИ Г Т. Русская и западноевропейская переводческая мысль (основные тенденции развития до начала XX в.) ［M］. Тбилиси, 1990.

［88］ЦИЦЕРОН МАРК ТУЛЛИЙ. Три трактата об ораторском искусстве ［M］. M. , 1972.

［89］ЧАЙКОВСКИЙ Р Р. Реальности поэтического перевода ［M］. Магадан, 1997.

［90］ШИШМАРЕВ В Ф. О переводах Клемана Маро ［J］ // Изв. АН СССР.

1927. № 9-11.

[91]ШОР В. Как писать историю перевода？［C］// Мастерство перевода. Сб. 9. М. , 1973.

[92]ЩЕРБА Г М. Средневековый перевод и его лингвистическая проблематика［C］// Проблемы диахронии и синхронии в изучении романских языков. Ч. II. Минск, 1970.

[93]ЯКОБСОН Р О. Избранные работы［C］. М. , 1985.

[94]ЯРЦЕВА В Н. История английского литературного языка IX-XV веков ［M］. М. , 1985.

[95]AMOS F R. Early Theories of Translation［M］. New York, 1920.

[96]APEL F. Sprachbewegung. Eine historisch-poetologische Untersuchung zum Problem des Übersetzens［M］. Heidelberg, 1982.

[97]ARROWSMITH W,SHATTUCK R. The Craft and Context of Translation［M］. N. Y. , 1964.

[98]BASSNETT-MC GUIRE S. Translation Studies［M］. London；N. Y. , 1980.

[99]BLAKE N F. The English Language in Medieval Literature［M］. London；N. Y. , 1977.

[100]BROWER R. Mirror on Mirror. Translation, Imitation, Parody［M］. Cambridge. Massachusets, 1974.

[101]COHEN J M. English Translators and Translations［M］. London, 1962.

[102]JAKOBSEN E. Translation. A Traditional Craft［M］. Copenhagen, 1958.

[103]KLOEPFER R. Die Theorie der literarischen Übersetzung ［M］. München, 1967.

[104]LINDEMAN Y. Translation in the Renaissance. A Context and a Map［J］// Canadian Review of Comparative Literature. Special Issue. Translation in the Renaissance. Toronto, 1981.

[105]MORLEY H A. First Sketch of English Literature［M］. London-Paris-Melbourn, 1894.

[106]NORTON G P. Humanists Foundation of Translation Theory（1400-1450） ［J］// Canadian Review of Comparative Literature. Special Issue. Translation in the Renaissance. Toronto, 1981.

[107]On Translation [M]. N. Y. , 1966.

[108]SAVORY TH. The Art of Translation [M]. London, 1968.

[109]SDUN W. Probleme und Theorien des Übersetzens in Deutchland von 18 bis 20 Jahrhundert [M]. Munchen, 1967.

[110]SELVER P. The Art of Translating Poetry [M]. London, 1966.

[111]STACKELBERG J. Übersetzungen aus zweiter Hand. Rezeptionsvorgange in der europaischen Literatur von 14 bis zum 18 Jahrhundert [M]. Berlin; N. Y. , 1984.

[112]STEINER G. After Babel. Aspects of Language and Translation [M]. N. Y. ; London, 1975.

[113]STORIG H J. Das Problem des Übersetzens [M]. Stuttgart, 1963.

[114]The Portable Medieval Reader [M]. 1977.

[115]The Portable Renaissance Reader [M]. 1977.

[116]TYTLER A E. Essay on the Principles of Translation [M]. Amsterdam, 1978.

[117]WITTENHOW R. Das fremde Kunstwerk. Aspekte der literarischen Übersetzung [M]. Gottingen; Vanderhoeck; Ruprecht, 1969.

第二章参考文献

[1]А. С. Пушкин в воспоминаниях современников. Т. II [M]. M. , 1985.

[2]АВЕРИНЦЕВ С С. Размышления над переводами Жуковского [С] // Зарубежная поэзия в переводах В. А. Жуковского. Т. 2. M. , 1985.

[3]АЛЕКСЕЕВ М П. Английская поэзия и русская литература. Английская поэзия в русских переводах XIV–XIX вв. [M]. M. , 1981.

[4]АЛЕКСЕЕВ М П. Проблема художественного перевода [С] // Сб. тр. Иркутского государственного университета. Т. 18. Вып. I. Иркутск, 1931.

[5]АННЕНКОВ П В. Литературные воспоминания [M]. M. , 1960.

[6]БАРХУДАРОВ Л С. Язык и перевод. Вопросы общей и частной теории

перевода [M]. M. 1975.

[7] БЕЛИНСКИЙ В Г. Полн. собр. соч. Т. 7 [M]. M. , 1955.

[8] БРЮСОВ В Я. Избр. соч. : В 2 т. Т. 2 [M]. M. , 1955.

[9] БУЛАНИН Д М. Древняя Русь // История русской переводной художественной литературы. Древняя Русь. XVIII век. Т. I. Проза [M]. СПб. , 1995.

[10] ВЕСЕЛОВСКИЙ А Н. В. А. Жуковский. Поэзия чувства и «сердечного воображения» [M]. СПб. , 1904.

[11] ВИЛЬМОНТ Н. Зарубежная поэзия в русских переводах. От Ломоносова до наших дней [M]. M. , 1968.

[12] ВИНОГРАДОВ В В. Очерки по истории русского литературного языка XVII—XIX веков [M]. M. , 1938.

[13] ВИНОГРАДОВ В В. Проблема стилистики перевода в поэтике Карамзина. Русско-европейские литературные связи [M]. M. ; Л. , 1966.

[14] ВИНОКУР Г О. Избранные работы по русскому языку [C]. M. , 1959.

[15] ВЛАДИМИРСКИЙ Г Д. Пушкин. Временник пушкинской комиссии [M]. M. ; Л. , 1939.

[16] ВОРОБЬЕВ Б, ВОРОНЦОВА И, ЕЛИНА Н, и др. Революционные демократы о переводе [C] // Ученые записки Первого московского государственного педагогического института иностранных языков. Т. 13. M. , 1958.

[17] ГАСПАРОВ М Л. Брюсов и буквализм (По неизданным материалам к переводу «Энеиды») [C] // Мастерство перевода. M. , 1971.

[18] ГАЧЕЧИЛАДЗЕ Г Р. Введение в теорию художественного перевода [M]. Тбилиси, 1970.

[19] ГАЧЕЧИЛАДЗЕ Г Р. Теория художественного перевода и подготовка молодых переводчиков [C] // Художественный перевод. Взаимодействие и взаимообогащение литератур. Ереван, 1973.

[20] ГОЦИРИДЗЕ Д З. Очерки по истории западноевропейского и русского перевода [M]. Тбилиси, 1986.

［21］ГУЧНИК А А. Зарубежная поэзия в переводах В. А. Жуковского. Т. 1 ［М］. М. , 1985.

［22］ГУДЗИЙ Н К. История древней русской литературы ［М］. М. , 1953.

［23］ГУКОВСКИЙ Г А. К вопросу о русском классицизме. Состязания и переводы ［С］// Поэтика. Сб. 4. Л. , 1927.

［24］ГУКОВСКИЙ Г А. Пушкин и русские романтики ［М］. М. , 1965.

［25］ДЕРЮГИН А А. В. К. Тредиаковский-переводчик. Становление классицистического перевода в России ［М］. Саратов, 1985.

［26］ДМИТРИЕВ Л А, ЛИХАЧЕВ Д С, ЛУРЬЕ Я С и др. История русской литературы X–XVII веков ［М］. М. , 1980.

［27］ЕГУНОВ А Н. Гомер в русских переводах XVIII–XIX веков ［М］. М. ; Л. , 1964.

［28］ЖИРМУНСКИЙ В М. Гёте в русской литературе ［М］. Л. , 1982.

［29］ЖИРМУНСКИЙ В М. Стих и перевод (из истории романтической поэмы) ［С］// Русско-европейские литературные связи. М. ; Л. , 1966.

［30］ЖУКОВСКИЙ В А. Собр. соч. Т. 4 ［М］. М. ; Л. , 1960.

［31］ЖУКОВСКИЙ В А. Соч. ［М］. М. , 1954.

［32］ЗЕЙДЛИЦ К К. Жизнь и поэзия В. А. Жуковского. 1783–1852: По неизданным источникам и личным воспоминаниям ［М］. СПб. , 1883.

［33］ЗИМИН А А. Россия на рубеже XV–XVI столетий (очерки социально-политической истории) ［М］. М. , 1982.

［34］КАЛЬДЕРОН П. Драмы. Кн. II ［М］. М. , 1983.

［35］КАПЛИНСКИЙ В. Жуковский как переводчик баллад ［J］// Журнал Министерства народного просвещения. № 1. 1915.

［36］КАРАМЗИН Н М. Избранные статьи и письма ［С］. М. , 1982.

［37］КАШКИН И А. В борьбе за реалистический перевод ［С］// Вопросы художественного перевода. М. , 1955.

［38］КАШКИН И А. Для читателя-современника: Статьи и исследования ［С］. М. , 1968.

［39］КАШКИН И А. Мистер Пиквик и другие (Диккенс в издании «Academia») [J] // Литературный критик. 1936. № 5.

[40] КЛЮЧЕВСКИЙ В О. Курс русской истории. Ч. 1 [M]. М. , 1937.

[41] КЛЮЧЕВСКИЙ В О. Курс русской истории. Ч. 3 [M]. М. , 1937.

[42] Книжные страсти. Сатирические произведения русских и советских писателей о книгах и книжниках [C]. М. , 1987.

[43] КОВТУН Л С. Лексикография в Московской Руси XVI – начала XVII в. [M]. Л. , 1975.

[44] КОМИССАРОВ В Н. Лингвистика перевода [M]. М. , 1980.

[45] КОМИССАРОВ В Н. Слово о переводе [M]. М. , 1973.

[46] КОНРАД Н. «Система языкового выражения» и теория перевода [C] // Мастерство перевода. Сб. 9. М. , 1973.

[47] КОПАНЕВ П И. Вопросы истории и теории художественного перевода [M]. Минск, 1972.

[48] КОСТОМАРОВ В Г. Культура речи и стиль [M]. М. , 1960.

[49] КОЧЕТКОВА Н Д. Сентиментализм [C] // История русской переводной художественной литературы. Древняя Русь. XVIII век. Т. I. Проза. СПб. , 1995.

[50] ЛАВРОВ П А. Материалы по истории возникновения древнейшей славянской письменности // Труды славянской комиссии. Т. I [M]. Л. , 1930.

[51] ЛАНН Е. Стиль раннего Диккенса и перевод «Посмертных записок Пиквикского клуба» [J] // Литературный критик. 1939. № 1.

[52] ЛАРИН Б А. Лекции по истории русского литературного языка (X – середина XVIII в.) [M]. М. , 1975.

[53] ЛАРИН Б А. Наши задачи [C] // Теория и критика перевода [M]. Л. , 1962.

[54] ЛЕВИН Ю Д. Английская поэзия и литература русского сентиментализма. От классицизма к романтизму. Из истории международных связей русской литературы [M]. Л. , 1970.

[55] ЛЕВИН Ю Д. Взаимосвязи литератур и история перевода [C] // Взаимосвязи и взаимодействие национальных литератур. М. , 1961.

［56］ЛЕВИН Ю Д. О русском поэтическом переводе в эпоху романтизма ［С］ // Ранние романтические веяния. Л. , 1972.

［57］ЛЕВИН Ю Д. Об историзме в подходе к истории перевода ［С］ // Мастерство перевода, 1962. М. , 1963.

［58］ЛЕВИН Ю Д. Об исторической эволюции принципов перевода ［С］ // Международные связи русской литературы. М. ; Л. , 1963.

［59］ЛЕВИН Ю Д. Русские переводчики XIX века и развитие художественного перевода ［М］. Л. , 1985.

［60］ЛЕВИН Ю Д. Русские переводы Шекспира ［С］ // Мастерство перевода. 1966. М. , 1968.

［61］ЛИХАЧЕВ Д С. Великий путь ［М］. М. , 1987.

［62］ЛИХАЧЕВ Д С. Поэтика древнерусской литературы ［М］. М. , 1979.

［63］ЛОМОНОСОВ М В. Избранная проза ［М］. М. , 1980.

［64］ЛОМОНОСОВ М В. Полн. собр. соч. Т. VII ［М］. М. ; Л. , 1952.

［65］МАКОГОНЕНКО Д Г. Кальдерон в переводе Бальмонта. Тексты и сценические судьбы ［С］ // П. Кальдерон. Драмы. Кн. II. М. , 1989.

［66］МАТХАУЗЕРОВА С. Древнерусские теории искусства слова ［М］. Прага, 1976.

［67］МЕЩЕРСКИЙ Н А. Искусство перевода Киевской Руси ［С］ // Труды отдела древней русской литературы. Т. XV. М. ; Л. , 1958.

［68］МЕЩЕРСКИЙ Н А. Проблемы изучения славяно-русской переводной литературы ［С］ // Труды отдела древней русской литературы. Т. XX. М. ; Л. , 1964.

［69］МИНЬЯР-БЕЛОРУЧЕВ Р К. Теория и методы перевода ［М］. М. , 1996.

［70］МИХАНКОВА В А. Николай Яковлевич Марр ［М］. М. ; Л. , 1948.

［71］НЕЛЮБИН Л Л. Переводоведение в ретроспективе ［J］ // Филология — Philologica. № 12 / 97. Кубанский государственный университет, 1997.

［72］НЕЛЮБИН Л Л, ХУХУНИ Г Т. Перевод в деятельности международных организаций и развитии культур малых народов ［J］ // Вестник Моск. пед. ун-та. № 2. Серия «Лингвистика». М. , 1998.

［73］НЕЛЮБИН Л Л, ХУХУНИ Г Т. Культура Возрождения и развитие перевода［C］// Теория перевода и методика подготовки переводчиков. М. , 1999.

［74］НИКОЛАЕВ С И. Первая четверть XVIII века: Эпоха Петра I ［C］// История русской переводной художественной литературы. Древняя Русь XVIII век. Т. I. Проза. СПб. , 1995.

［75］ОРЛОВ А С. Древняя русская литература XI – XVII веков ［M］. М. , 1945.

［76］ОРЛОВ А С. Переводные повести феодальной Руси и Московского государства XII–XVII веков ［M］. Л. , 1934.

［77］ПЕКАРСКИЙ П П. История Императорской академии наук в Петербурге. Т. 2 ［M］. СПб. , 1873.

［78］ПЕКАРСКИЙ П П. Наука и литература в России при Петре Великом. Т. 1 ［M］. СПб. , 1862.

［79］Перевод — средство взаимного сближения народов ［C］. М. , 1987.

［80］ПИРОЖКОВА Т Ф. Н. М. Карамзин — издатель «Московского журнала» (1791–1792) ［M］. М. , 1978.

［81］ПОДОЛЬСКАЯ И И. Поэзия и проза Иннокентия Анненского ［C］// И. Анненский. Избранное. М. , 1987.

［82］ПОТЕБНЯ А А. Из записок по русской грамматике. Т. I – II ［M］. М. , 1958.

［83］ПОТЕБНЯ А А. Эстетика и поэтика ［M］. М. , 1976.

［84］Принципы художественного перевода ［C］. Пб. , 1920.

［85］ПРОКОФЬЕВ Н И. Древняя русская литература: Хрестоматия ［M］. М. , 1980.

［86］ПУШКИН А С. О Мильтоне и шатобриановом переводе «Потерянного рая» ［C］// Полн. собр. соч. Т. 7. М. , 1958.

［87］ПУШКИН А С. Собр. соч. : В 10 т. Т. 6 ［M］. М. , 1962.

［88］ПУШКИН А С. Собр. соч. : В 10 т. Т. 9 ［M］. М. , 1962.

［89］ПУШКИН А С. Собр. соч. : В 10 т. Т. 10 ［M］. М. , 1962.

［90］РАТГАУЗ Г И. Немецкая поэзия в России ［C］// Золотое перо. Немецкая, австрийская и швейцарская поэзия в русских переводах.

1812-1970. M. , 1974.

[91] РЕЦКЕР Я И. Теория перевода и переводческая практика [М]. М. , 1974.

[92] РОССЕЛЬС В. Нужна история художественного перевода в СССР [С] // Мастерство перевода. Сб. 6. М. , 1970.

[93] РОССЕЛЬС В. Ради шумящих зеленых ветвей [С] // Мастерство перевода. 1964. M. , 1965.

[94] Русские писатели о переводе XVIII-XX вв. [С]. Л. , 1960.

[95] САВЕЛЬЕВА О М. Комментарии [С] // Зарубежная поэзия в переводах В. А. Жуковского. Т. I. М. , 1985.

[96] СЕМЕНЕЦ О Е, ПАНАСЬЕВ А Н. История перевода [М]. Киев, 1989.

[97] СЕМЕННИКОВ В П. Собрание, старающееся о переводе иностранных книг, учрежденное Екатериной II. Историко-литературное исследование [М]. СПб. , 1913.

[98] СЕРМАН И З. Русская литература XVIII века и перевод [С] // Мастерство перевода. 1962. М. , 1963.

[99] СМИРНОВ А А, АЛЕКСЕЕВ М П. Перевод [С] // Литературная энциклопедия. Т. VIII. М. , 1934.

[100] СОБОЛЕВСКИЙ А И. Западное влияние на литературу Московской Руси XV-XVII веков [М]. СПб. , 1899.

[101] СОБОЛЕВСКИЙ А И. История русского литературного языка [М]. Л. , 1980.

[102] СОБОЛЕВСКИЙ А И. Переводная литература Московской Руси XIV-XVII веков: Библиографические материалы [М]. СПб. , 1903.

[103] СОЛОВЬЕВ С М. Избранные труды. Записки [М]. М. , 1983.

[104] СОЛОВЬЕВ С М. Чтение и рассказы по истории России [М]. М. , 1989.

[105] ТАРКОВСКИЙ Р Б. О системе пословного перевода в России XVII в. [С] // Труды отдела древней русской литературы. Т. 29. М. , 1974.

[106] ТОМАШЕВСКИЙ Б В. Пушкин и Франция [М]. Л. , 1960.

[107] ТОПЕР П М. Традиции реализма (русские писатели XIX о

художественном переводе) ［С］ // Вопросы художественного перевода. М. , 1955.

［108］УСПЕНСКИЙ Б А. Краткий очерк истории русского литературного языка (XI-XIX вв.) ［М］. М. , 1994.

［109］УЭЛЛС Г. Собр. соч. : В 15 т. Т. 15 ［М］. М. , 1954.

［110］ФЕДОРОВ А В. Искусство перевода и жизнь литературы ［М］. Л. , 1983.

［111］ФЕДОРОВ А В. Лермонтов и литература его времени ［М］. Л. , 1967.

［112］ФЕДОРОВ А В. О художественном переводе ［М］. Л. , 1941.

［113］ФЕДОРОВ А В. Основы общей теории перевода ［М］. М. , 1983.

［114］ФЕДОРОВ А В. Приемы и задачи художественного перевода ［С］ // Искусство перевода. Л. , 1930.

［115］ФИНКЕЛЬ А М. О некоторых вопросах теории перевода ［С］ // Научные записки Харьковского государственного педагогического института иностранных языков. Т. I. Харьков. 1939.

［116］ФИТЕРМАН А. Взгляды Жуковского на перевод ［С］ // Ученые записки Первого Московского педагогического института иностранных языков. Т. XIII. М. , 1958.

［117］ФИТЕРМАН А. К вопросу об истории перевода в России в XVIII в. ［С］ // Ученые записки Первого Московского педагогического института иностранных языков. Т. XIII. М. , 1958.

［118］ФИТЕРМАН А. Сумароков-переводчик и современная ему литература ［С］ // Тетради переводчика. М. , 1963.

［119］ХОЛМСКАЯ О. Пушкин о переводе ［С］ // Ученые записки Первого Московского государственного педагогического института иностранных языков. Т. XIII. М. , 1958.

［120］ХОЛМСКАЯ О. Пушкин и переводческие дискуссии пушкинской поры ［С］ // Мастерство перевода. М. , 1959.

［121］ХУХУНИ Г Т. Русская и западноевропейская переводческая мысль (основные тенденции развития до начала XX в.) ［М］. Тбилиси, 1990.

［122］ЧАЙКОВСКИЙ Г Р. Поэтический перевод в зеркале мнений ［М］. Магадан, 1997.

［123］ЧАЙКОВСКИЙ Р Р. Реальности поэтического перевода ［М］. Магадан, 1997.

［124］ЧЕШИХИН В. Жуковский как переводчик Шиллера ［М］. Рига, 1895.

［125］ЧУКОВСКИЙ К И. Высокое искусство ［М］. М. , 1968.

［126］ЧУКОВСКИЙ К И. Искусство перевода ［М］. М. ；Л. , 1936.

［127］ЧУКОВСКИЙ К И. Собр. соч. ：В 6 т. Т. 3 ［М］. М. , 1966.

［128］ШАЛЯ И В. К вопросу о языковых средствах переводчиков XVIII столетия （Тредиаковский как переводчик） ［С］ // Труды Кубанского педагогического института. Т. 2–3. Краснодар, 1929.

［129］ШВЕЙЦЕР А Д. Перевод и лингвистика ［М］. М. , 1973.

［130］ШВЕЙЦЕР А Д. Теория перевода. Статус, проблемы, аспекты ［М］. М. , 1988.

［131］ШКЛОВСКИЙ В Б. Собр. соч. ：В 3 т. Т. 1 ［М］. М. , 1973.

［132］ШИРЯЕВ А Ф. Синхронный перевод ［М］. М. , 1979.

［133］ШОР В. Как писать историю перевода ［С］ // Мастерство перевода. Сб. 9. М. , 1973.

［134］ЭСХИЛ. Трагедии：В переводе Вячеслава Иванова ［М］. М. , 1989.

［135］ЯКИМОВИЧ Ю К. Деятели русской культуры и словарное дело ［М］. М. , 1985.

《代替结论》参考文献

［1］БАРХУДАРОВ Л С. Язык и перевод. Вопросы общей и частной теории перевода ［М］. М. , 1975.

［2］БАРХУДАРОВ Л С, Рецкер Я И. Курс лекций по теории перевода ［М］. М. , 1968.

［3］ГАК В Г. Семантическая структура слова как компонент семантической структуры высказывания ［С］ // Семантическая структура слова.

М. ，1971.

[4]ГАК В Г, ГРИГОРЬЕВ Б Б. Теория и практика перевода. Французский язык ［М］. М. ，1997.

[5]ГАК В Г, ЛЬВИН Ю И. Курс перевода. Французский язык. Общественно-политическая лексика ［М］. М. ，1970.

[6]ГИРИВЕНКО А Н. Из истории русского художественного перевода первой половины XIX века. Эпоха романтизма ［М］. М. ，2002.

[7]ГИРИВЕНКО А Н. Русский поэтический перевод в культурном контексте эпохи романтизма ［М］. М. ，2000.

[8]ДУДНИК Л В. Теория перевода. Курс лекций. Английский язык ［ М］. М. ，1985.

[9]КОМИССАРОВ В Н. Общая теория перевода. Проблемы переводоведения в освещении зарубежных ученых ［М］. М. ，1999.

[10]КОМИССАРОВ В Н. Общая теория перевода. Проблемы переводоведения в освещении зарубежных ученых ［М］. М. ，1999.

[11]КОМИССАРОВ В Н. Слово о переводе (очерк лингвистического учения о переводе) ［М］. М. ，1973.

[12]КОТОВ Р Г, МАРЧУК Ю Н, НЕЛЮБИН Л Л. Машинный перевод в начале 80-х годов ［J］// Вопросы языкознания. № 1. 1983.

[13]КРЮКОВ А Н. Теория перевода. Курс лекций ［М］. М. ，1979.

[14]ЛЬВОВСКАЯ З Д. Теоретические проблемы перевода ［М］. М. ，1985.

[15]ЛЬВОВСКАЯ З Д. Теория перевода. Курс лекций. Испанский язык ［М］. М. ，1981.

[16]МАРЧУК Ю Н. Основы компьютерной лингвистики ［М］. М. ，1999.

[17]МИНЬЯР-БЕЛОРУЧЕВ Р К. Военный перевод ［С］// Общая теория перевода и устный перевод. М. ，1980.

[18]МИНЬЯР-БЕЛОРУЧЕВ Р К. Общая теория перевода и устный перевод ［М］. М. ，1980.

[19]МИНЬЯР-БЕЛОРУЧЕВ Р К. Последовательный перевод. Теория и методы обучения ［М］. М. ，1969.

[20]МИНЬЯР-БЕЛОРУЧЕВ Р К. Учебное пособие по теории перевода ［М］.

М. , 1976.

[21]МИРАМ Г Э. Профессия: переводчик [М]. Киев, 1999.

[22]НЕЛЮБИН Л Л. Промышленные системы машинного перевода. Обзорная информация [М]. М. , 1991.

[23]НЕЛЮБИН Л Л. Военный перевод и его особенности [С] // Л. Л. Нелюбин, А. А. Дормидонтов, А. А. Васильченко. Учебник военного перевода. Английский язык. Общий курс. М. , 1981.

[24]НЕЛЮБИН Л Л. Компьютерная лингвистика и машинный перевод [М]. М. , 1991.

[25]НЕЛЮБИН Л Л. Машинный перевод в ретроспективе [С] // Сб. научных трудов. № 4. Ч. I. М. , 2001.

[26]НЕЛЮБИН Л Л. Перевод и прикладная лингвистика [М]. М. , 1983.

[27]НЕЛЮБИН Л Л. Толковый переводоведческий словарь [М]. М. , 2001.

[28]НЕЛЮБИН Л Л. У истоков машинного перевода [С] // Теория перевода и методика подготовки переводчиков. М. , 1999.

[29]НЕЛЮБИН Л Л, ХУХУНИ Г Т. Из истории переводов (Древняя Русь) [С] // Теоретические и практические проблемы переводоведения. М. , 2002.

[30]НЕЛЮБИН Л Л, ХУХУНИ Г Т. Средневековая христианская культура и проблемы перевода [С] // Сб. научных трудов. № 4. Ч. I. М. , 2001.

[31]РЕЦКЕР Я И. О градации трудностей в курсе перевода на родной язык [С] // Ученые записки Военного института иностранных языков. № 6. М. , 1948.

[32]СТРЕЛКОВСКИЙ Г М. Теория и практика военного перевода [М]. М. , 1979.

[33]ФИНКЕЛЬБЕРГ Н Д. Арабский язык. Курс теории перевода [М]. М. , 2004.

[34]ШИРЯЕВ А Ф. Теория перевода. Курс лекций. Французский язык [М]. М. , 1981.

[35]MIRAM G. Translation Algorithms [М]. Kyiv, 1998.

人名详名对照表

一、本对照表仅限于汉语和俄语两种文字的译名对照,按照汉译名首字拼音声母音序排列,收录书中主要的人名。俄语名为原著中给出的,缩写部分略去不译,个别除外。汉语译名参照《辞海》(第七版)彩图本(陈至立主编,上海辞书出版社,2020),《中国大百科全书》(第二版)(《中国大百科全书》总编委会编,中国大百科全书出版社,2009),《俄语姓名译名手册》(辛华编,商务印书馆,1982)。

二、人名一般使用姓氏,帝王使用名字,均不使用全称。习惯上人名与称号相连的,如亚历山大大帝、阿尔弗烈德大王等,仍然照旧。

阿·托尔斯泰	А. К. Толстой
阿波罗尼奥斯	Аполлония
阿伯丁	Д. Абердин
阿多杜罗夫	В. Е. Адодуров
阿尔茨鲁尼	Г. Арцруни
阿尔弗烈德大王	Альфред Великий
阿尔凯奥斯	Алкей
阿尔秋什科夫	А. Артюшков
阿方尼	Петр Альфонс
阿方索十世	Альфонсо X
阿赫玛托娃	Анна Ахматова
阿克里特	Дигенис Акрит
阿奎那	Фома Аквинский
阿拉梅尔	Жан Лерон Д'Аламбер
阿拉托斯	Арат
阿里奥斯托	Ариосто

阿里乌斯	Арий
阿列克谢	Алексий
阿列克谢耶夫	М. П. Алексеев
阿列克谢耶夫	В. М. Алексеев
阿米欧	Жак Амио
阿那克里翁	Анакреонт
阿纳斯塔修斯	Анастасий Библиотекарь
阿诺德	Мэтью Арнольд
阿普列尤斯	Апулей
阿让松	Ж. -Б. д'Аржанс
阿瑟尔	Ассер
阿索斯的科兹马	Козма Афоноиверский
阿塔基努斯	Варрон Атацинский
阿提库斯	Аттик
阿韦林采夫	С. С. Аверинцев
阿维安努斯	Авиан
埃里金纳	Иоанн Скотт Эриугена
埃申巴赫的沃尔夫拉姆	Вольфрам фон Эшенбах
埃斯基涅斯	Эсхин
艾布	Альбрехт фон Эйб
艾尔弗里克	Эльфрик
艾肯	Г. Эйкен
爱伦·坡	Эдгар По
安布罗吉尼	Анджело Амброзини
安德里亚诺夫	В. В. Андриянов
安德烈耶夫	Н. Д. Андреев
安德罗尼库斯	Ливий Андроник
安格勒里亚	Педро Мартир де Англериа
安克胡姆斯	Анхурмес
安年斯基	И. Ф. Анненский
奥登堡	С. Ф. Ольденбург

奥尔德里奇	Олдридж
奥尔登斯基	Б. И. Ордынский
奥尔洛夫	А. С. Орлов
奥古斯丁	Августин
奥坚斯基	З. Отенский
奥里斯姆	Н. Оресм
奥罗修斯	Орозий
奥皮茨	М. Опиц
奥索尼乌斯	Д. М. Авсоний
奥特芬的瓦莱里安	Валериан Отфинский
奥维德	Овидий
奥西波夫	Н. Осипов
巴布里乌斯	Бабрий
巴尔胡达罗夫	Л. С. Бархударов
巴尔克利	Дж. Баркли
巴尔蒙特	К. Д. Бальмонт
巴甫洛夫	В. А. Павлов
巴丘什科夫	Ф. Д. Батюшков
巴特	К. Бардт
柏拉图	Платон
拜伦	Байрон
班扬	Дж. Беньян
薄伽丘	Боккаччо
贝尔纳	Дж. Бернал
贝弗利	Констанс де Беверли
贝格	Н. Берг
贝朗热	Беранже
贝罗索斯	Берос
贝洛	Шарль Перро
本特利	Ричард Бентли
比勒	К. Бюлер

彼得罗夫	Дмитрий Константинович Петров
彼得罗夫斯基–西特尼亚诺维奇	С. Е. Петровский-Ситнианович
彼拉多	Леонтий Пилат
彼特拉克	Франческо Петрарка
毕尔格	Г. Бюргер
别尔斯基	Мартин Бельский
别尔斯卡娅	И. К. Бельская
别克塔耶夫	К. Б. Бектаев
别利亚耶娃	А. Н. Беляева
别林斯基	В. Г. Белинский
别洛勃茨基	Андрей Белобоцкий
别斯图热夫	А. А. Бестужев
波德莱尔	Шарль Бодлер
波德希瓦洛夫	В. С. Подшивалов
波菲利	Порфирий
波格丹诺夫	Богданов
波格丹诺维奇	И. Ф. Богданович
波捷布尼亚	А. А. Потебня
波里奥	Асиний Поллион
波利卡尔波夫	Феодор Поликарпов
波列伏依	Н. А. Полевой
波洛茨基	Симеон Полоцкий
波皮耶夫	Попиев
波斯盖特	Дж. П. Постгейт
波伊提乌	Боэций
伯恩斯	Роберт Бернс
伯努瓦	Бенуа де Сент-Мор
勃朗宁	Роберт Браунинг
勃留索夫	В. Я. Брюсов
勃洛克	А. А. Блок
博格莫尔金	А. Богомолкин

博洛托夫	А. Т. Болотов
博特金	Боткин
博韦的文森特	Винцент де Бове
卜列东	Георгий Гемист Плифон
布拉宁	Д. М. Буланин
布拉斯	Ф. Бласс
布莱	Роберт Блай
布赖廷格	Йозеф Брейтингер
布里格斯	Р. Бриггс
布鲁尼	Леонардо Бруни
布伦塔诺	К. Брентано
布伦兹维克	Брунцвик
布宁	Бунин
布仁斯基	Гавриил Бужинский
布斯	Э. Бут
布瓦洛	Н. Буало
查理五世	Карл V
柴可夫斯基	Р. Р. Чайковский
忏悔者马克西姆斯	Максим Исповедник
车尔尼雪夫斯基	Н. Г. Чернышевский
楚科夫斯基(科尔内丘科夫)	К. И. Чуковский (Н. В. Корнейчуков)
楚泽	К. Цузе
达什科娃	Е. Р. Дашкова
达西埃	Анна Дасье
大马士革的约翰	Иоанн Дамаскин
大卫	Давид
丹蒂	Данте Габриэль Россетти
丹尼尔	Даниил
但丁	Данте Алигьери
德国人诺特克	Ноткер Немецкий
德莱顿	Джон Драйден

德鲁日宁	Н. М. Дружинин
德鲁日宁	А. В. Дружинин
德米特里耶夫	Мануил Дмитриев
德谟斯提尼	Демосфен
德纳姆	Джон Денем
狄奥多里克	Теодорих
狄奥尼修斯	Дионисий Ареопагит
狄德罗	Дидро
狄更斯	Ч. Диккенс
迪克提斯	Диктис
蒂克	Л. Тик
蒂普托夫特	Джон Гиптроф
杜贝莱	Жоашен дю Белле
杜勃罗留波夫	Н. А. Добролюбов
杜博斯	Жан Батист Дюбо
杜兰杜斯	Вильгельм Дурандус
多布雷尼亚	Добрыня
多雷	Этьен Доле
多罗费耶夫	Гавриил Дорофеев
多马什涅夫	С. Г. Домашнев
多纳图斯	Донат
多斯特	Л. Дорстерт
恩纽斯	Квинт Энний
法哈多	Диего де Сааведра Фахардо
法奇奥	Бартоломео Фацио
菲茨杰拉德	Эдвард Фицджеральд
菲尔丁	Филдинг
菲尔多西	Фирдоуси
菲沙尔特	Й. Фишарт
费德鲁斯	Федр
费多罗夫	А. В. Федоров

费奈隆	Ф. Фенелон
费奇诺	Марсилио Фичино
费申格	Фишингер
费特	Афанасий Афанасьевич Фет(Шеншин)
芬克尔	А. М. Финкель
丰特奈尔	Б. Фонтенель
冯维辛	Д. И. Фонвизин
弗拉霍夫	Сергей Влахов
弗拉基米尔斯基	Г. Д. Владимирский
弗拉库斯	Валерий Флакк
弗莱明	Пауль Флеминг
弗朗蒂	Фронтин
弗里施林	Н. Фришлин
弗龙琴科	Михаил Павлович Вронченко
弗洛里安	Флориан
弗洛林	Сидер Флорин
伏尔泰	Вольтер
福尔斯	Джон Ферс
福楼拜	Флобер
伽姆扎托夫	Расул Гамзатов
伽赛特	Хосе Ортега-и-Гассет
盖勒特	Геллерт
盖马尔	Жоффрей Гаймар
高尔基	А. М. Горький
高尔斯华绥	Голсуорси
戈蒂埃	Теофиль Готье
戈利岑	Борис Владимирович Голицын
戈兹文斯基	Федор Гозвинский
哥尔多尼	Гольдони
哥伦布	Христофор Колумб
歌德	Иоганн Вольфганг Гёте

格贝尔	Николай Васильевич Гербель
格拉斯哥夫	С. Грасгоф
格拉西莫夫	Дмитрий Герасимов
格劳秀斯	Г. Гроций
格雷	Томас Грей
格里博耶多夫	А. С. Грибоедов
格里高利一世	Григорий I
格里戈里耶夫	Григорьев
格里姆博德	Гримбольд
格里诺	Баттиста Гверино
格列布涅夫	Н. Гребнев
格列高利	Иоанн Грегори
格列柯	Арсений Грек
格列克	Максим Грек
格罗斯泰斯特	Роберт Гроссетест
格涅季奇	Николай Иванович Гнедич
根纳季	Геннадий
贡斯当	Бенжамен Констан
古别尔	Э. И. Губер
古丹斯基	Иван Гуданский
古科夫斯基	Г. А. Гуковский
古米廖夫	Н. С. Гумилев
果戈理	Н. В. Гоголь
哈登堡	Фридрих фон Гарденберг
哈菲兹	Хафиз
哈特曼	Мориц Гартман
哈图西利斯	Хаттусилис
海姆	Р. Гайм
海涅	Гейне
海亚姆	Омар Хайям
汉诺	Ганон

汉森	A. B. Ганзен
荷尔德林	Фридрик Гельдерлин
荷马	Гомер
贺拉斯	Гораций
赫尔德	Иоганн Готфрид Гердер
赫沃罗斯季宁	И. А. Хворостинин
洪堡	Вильгельм фон Гумбольдт
胡登	Ульрих фон Гуттен
胡胡尼	Г. Т. Хухуни
霍尔姆斯卡娅	О. П. Холмская
霍洛德诺夫斯基	Н. А. Холодновский
霍姆斯	Дж. Холмс
霍努菲斯	Хонуфис
基尔	П. Киль
基托夫拉斯	Китоврас
吉本	Эдуард Гиббон
加克	В. Г. Гак
加里宁娜	Е. Ф. Калинина
加林	Гален
加切奇拉泽	Г. Р. Гачечиладзе
加斯帕罗夫	М. Л. Гаспаров
结巴诺特克	Ноткер Губастый
金兹堡	Л. Гинзбург
君士坦丁的康斯坦丁	Константин Констенчский
喀提林	Катилина
卡德	Отто Каде
卡德蒙	Кэдмон
卡尔德隆	Кальдерон
卡夫卡	Кафка
卡捷宁	П. А. Катенин
卡克斯顿	Уильям Кэкстон

卡拉姆津	Н. М. Карамзин
卡里	Эдмон Кари
卡里翁·伊斯托明	Карион Истомин
卡利达萨	Калидаса
卡利马科斯	Каллимах
卡佩拉	Марциан Капелла
卡皮托	Капитон
卡申斯基	Петр Кашинский
卡什金	И. А. Кашкин
卡特福德	Джон Кэтфорд
卡图卢斯	Гай Валерий Катулл
卡西奥多鲁斯	Магн Аврелий Кассиодор
卡耶	Пьер Франсуа Кайе
凯尔迪什	М. В. Келдыш
凯勒	Ю. Келлер
坎贝尔	Дж. Кемпбелл
康捷米尔	Антиох Дмитриевич Кантемир
康拉德	Н. И. Конрад
康托尔	Г. Кантор
康沃尔	Барри-Корнуэлл
考尔	П. Кауер
考利	Абрахам Каули
柯勒尼(柯伦纳)	Гвидо делле Колонне (де Колумна)
科尔内耶	Корнель
科哈诺夫斯基	Симон Кохановский
科哈诺夫斯基	Ян Кохановский
科济茨基	Григорий Васильевич Козицкий
科罗连科	Короленко
科罗廖夫	Л. Н. Королев
科罗列维奇	Б. Королевич
科米萨罗夫	В. Н. Комиссаров

科兹洛夫斯基	Я. Козловский
克莱普夫	Рихард Клепфер
克雷洛夫	И. А. Крылов
克雷维尔	Ж. Б. Кревье
克里索洛拉斯	Мануил Хрисолор
克列斯岑齐	Петр Кресценций
克留科夫	А. Н. Крюков
克柳金	А. Н. Клюкин
克罗波特金	Кропоткин
克洛卜施托克	Фридрих Готлиб Клопшток
克尼多斯的欧多克斯	Евдоксий Книдский
克尼亚吉宁	Е. Княгинин
肯皮斯	Фома Кемпийский
库尔布斯基	Андрей Михайлович Курбский
库尔利亚捷夫	Нил Курлятев
库尔奇茨基	Григорий Кульчицкий
库尔提乌斯	Квинт Курций
库拉金娜	О. С. Кулагина
库雷拉	Альфред Курелла
库罗奇金	В. С. Курочкин
库兹明	Михаил Кузьмин
昆体良	Марк Фабий Квинтилиан
拉伯雷	Франсуа Рабле
拉蒂尼	Брунетто Латини
拉斐尔	Б. Раффел
拉夫连季耶夫	М. А. Лаврентьев
拉夫烈茨基	Семен Лаврецкий
拉吉舍夫	А. Н. Радищев
拉林	Б. А. Ларин
拉美西斯二世	Рамсес II
拉莫特	Антуан Удар де ла Мотт

拉莫特-富凯	Ламот-Фуке
拉努维努斯	Луций Ланувин
拉辛	Ж. П. Расин
拉亚蒙	Лайамон
拉祖尔斯基	В. Ф. Лазурский
拉祖莫夫斯基	С. Н. Разумовский
莱布尼茨	Г. В. Лейбниц
莱尔	Леконт де Лиль
莱蒙托夫	Лермонтов
莱斯	Катарина Райсс
莱温	Ю. Д. Левин
莱辛	Готхольд Эфраим Лессинг
兰恩(洛兹曼)	Евгений Львович Ланн (Лозман)
朗费罗	Лонгфелло
勒图尔诺	П. Летурнер
雷茨克尔	Я. И. Рецкер
雷夫马茨基	А. А. Реформатский
雷列耶夫	К. Ф. Рылеев
理查逊	С. Ричардсон
利德盖特	Джон Лидгейт
利科	Пол Рико
利洛娃	Анна Лилова
利普修斯	Юст Липсий
利维乌斯	Тит Ливий
利沃夫斯卡娅	З. Д. Львовская
列别杰夫	С. А. Лебедев
列斐伏尔	А. Лефевр
列夫·托尔斯泰	Л. Н. Толстой
列夫津	И. И. Ревзин
列维	Иржи Левый
卢金	Владимир Игнатьевич Лукин

卢康	Лукан
卢奇安	Лукиан
卢梭	Ж. -Ж. Руссо
鲁米	Руми
鲁斯蒂谦	Рустичелло
鲁斯塔维里	Шота Руставели
鹿特丹的伊拉斯谟	Эразм Роттердамский
罗德岛的阿波罗尼乌斯	Аполлоний Родосский
罗蒙诺索夫	М. В. Ломоносов
罗森茨威格	В. Ю. Розенцвейг
罗斯康芒	Роскоммон
罗伊希林	Иоганн Рейхлин
罗扎林	Н. М. Рожалин
洛津斯基	М. Л. Лозинский
洛克	Джон Локк
洛斯基	Антонио Лоски
吕克特	Ф. Рюккерт
马尔	Н. Я. Марр
马尔丘克	Ю. Н. Марчук
马尔沙克	С. Я. Маршак
马基雅弗利	Никколо Макиавелли
马可·波罗	Марко Поло
马拉美	Стефан Малларме
马蒙泰尔	Ж. Ф. Мармонтель
马奈蒂	Джаноццо Манетти
马塔提亚	Иосиф Бен Матафий
马特豪泽洛娃	С. Матхаузерова
马特松	Маттисон
马特维耶夫	Андрей Матвеев
玛蒂尔达	Матильда
玛特乌德洛娃	Светла Матхаудерова

迈蒙尼德	Моисей бен Маймонид
麦哲伦	Магеллан
曼涅托	Манефон
梅伯利	Мабли
梅德韦杰夫	Сильвестр Медведев
梅尔丘克	И. А. Мельчук
梅里美	Проспер Мериме
梅塔夫拉斯特	Симеон Метафраст
梅伊	А. К. Мей
蒙茅斯的杰弗里	Гальфрид Монмутский
蒙森	Тихо Момзен
蒙田	Мишель Монтень
孟德斯鸠	Монтескье
弥尔顿	Джон Мильтон
米恩	Дмитрий Егорович Мин
米尔恩	Милн
米哈洛夫斯基	Д. Л. Михаловский
米哈伊洛夫	М. Л. Михайлов
米库舍维奇	В. М. Микушевич
米拉姆	Г. Э. Мирам
米南德	Менандр
米尼亚尔-别洛鲁切夫	Р. К. Миньяр-Белоручев
密茨凯维奇	Адам Мицкевич
摩尔	Мур
莫泊桑	Мопассан
莫尔	Томас Мор
莫里斯	Уильям Моррис
莫诺特罗普	Филипп Монотроп
莫奇利	Дж. Мочли
莫托林	Ю. А. Моторин
穆尔贝克的威廉	Вильем из Мербеке

穆拉维约夫	Михаил Никитич Муравьев
穆勒	Г. Ф. Миллер
穆南	Жорж Мунен
穆欣	И. С. Мухин
纳博科夫	Набоков
纳吉奥尔克	Т. Нагеорг
奈波斯	Корнелий Непот
奈达	Юджин Найда
奈瓦尔	Жерар де Нерваль
奈维乌斯	Гней Невий
尼采	Фридрих Ницше
尼古拉耶夫	Е. Николаев
尼古拉耶娃	Т. М. Николаева
尼科马霍斯	Никомах
尼禄	Нерон
尼萨的格里高利	Григорий Нисский
尼西亚的维沙翁	Виссарион Никейский
尼扎米	Низами
涅柳宾	Л. Л. Нелюбин
纽曼	Джордж Ньюмен
诺瓦利斯	Новалис
诺维科夫	Николай Иванович Новиков
诺依曼	Дж. Нейман
欧几里得	Евклид
欧里庇得斯	Еврипид
欧特罗庇厄斯	Евтропий
帕杜切娃	Е. В. Падучева
帕尔尼	Парни
帕诺夫	Д. Ю. Панов
帕普罗茨基	Бартош Патроцкий
帕斯基	Этьен Паскье

帕斯捷尔纳克	Б. Л. Пастернак
培根	Роджер Бэкон
佩安尼	Пеаний
佩卡尔斯基	П. П. Пекарский
佩拉蒂埃	Жак Пелетье дю Ман
佩列贝诺斯	В. И. Перебейнос
皮奥特罗夫斯基	Р. Г. Пиотровский
皮提亚的阿波罗	Пифийский Аполлон
蒲柏	Александр Поп
普芬多夫	С. Пуфендорф
普拉努德斯	Максим Плануд
普莱尔	Рауль де Прель
普劳图斯	Тит Макций Плавт
普里西安	Присциан
普列格蒙德	Плеглмунд
普列谢耶夫	М. И. Плещеев
普鲁斯特	Пруст
普鲁塔克	Плутарх
普罗科波维奇	Феофан Прокопович
普罗克洛	Прокл
普罗塔索夫	А. П. Протасов
普罗提诺斯	Плотин
普塞洛斯	Михаил Пселл
普希金	Пушкин
齐德勒	Иоганн Зидерер
奇扎科夫斯基	В. А. Чижаковский
乔姆斯基	Н. Хомский
乔叟	Джеффри Чосер
乔伊斯	Джойс
切希欣	В. Е. Чешихин
丘特切夫	Тютчев

屈谢尔贝克尔	В. К. Кюхельбеккер
任金	Н. И. Жинкин
日尔科夫	Л. И. Жирков
日尔蒙斯基	В. М. Жирмунский
茹科夫斯基	В. А. Жуковский
萨巴什尼科夫	М. В. Сабашников
萨迪	Саади
萨福	Сапфо
萨克雷	У. Теккерей
萨卢斯特	Саллюстий
萨卢塔蒂	Колюччо Саллютати
萨瓦	Савва
萨维德拉	Мигель де Сервантес Сааведра
萨沃里	Т. Сейвори
萨沃纳罗拉	Савонарола
塞德利茨	К. К. Зейдлиц
塞孔都柿	Гай Плиний Цецилий Секунд
塞涅卡	Сенека
塞浦路斯	Киприан
塞普提米乌斯	Луций Септимий
塞瑟尔	Клод де Сейссель
色诺芬	Ксенофонт
森科夫斯基	О. И. Сенковский
商博良	Ф. Шампольон
什克洛夫斯基	В. Б. Шкловский
什梅廖娃	А. Шмелева
什韦策	А. Д. Швейцер
神学家格里高利	Григорий Богослов
圣瓦西里	Василий Великий
施莱尔马赫	Фридрих Дениэль Шлейермахер
施莱格尔	Август Вильгельм Шлегель

施莱格尔	Фридрих Шлегель
施泰因霍维尔	Генрих Штейнхевель
施托尔贝格	Ф.-Л. Штольберг
舒瓦洛夫	Андрей Петрович Шувалов
司各特	Вальтер Скотт
斯顿	В. Сдун
斯捷克洛夫	В. А. Стеклов
斯拉维涅茨基	Епифаний Славинецкий
斯洛瓦茨基	Словацкий
斯米尔诺夫	А. А. Смирнов
斯米尔诺夫–特罗扬斯基	П. П. Смирнов-Троянский
斯皮里顿	Спиридон
斯皮钦斯基	И. Спичинский
斯塔提乌斯	Цецилий Стаций
斯特恩	Л. Стерн
斯特列科夫斯基	Г. М. Стрелковский
斯特林堡	Стриндберг
斯特鲁戈夫什科夫	А. Н. Струговщиков
斯托里格	Ханс Штериг
斯威夫特	Свифт
斯温伯恩	Элджернон Чарльз Суинбери
苏马罗科夫	А. П. Сумароков
所罗门	Соломон
索博列夫斯基	А. И. Соболевский
索弗罗尼·利胡德	Софроний Лихуд
索福克勒斯	Софокл
索洛维约夫	С. М. Соловьев
索莫夫	О. М. Сомов
塔尔曼	П. Тальман
塔索	Тассо
塔提安	Татиан

苔丝狄蒙娜	Дездемона
泰奥弗拉斯托斯	Феофраст
泰伦提乌斯	Публий Теренций Афр
泰特勒	Александр Ф. Тайтлер
汤姆森	Томсон
特拉扬	Траян
特兰西瓦努斯	Максимилиан Трансильван
特里斯墨吉斯忒斯	Гермес Трисмегист
特里沃利斯	Михаил Триволис
特列季亚科夫斯基	В. К. Тредиаковский
特鲁瓦	Кретьен де Труа
特洛古斯	Помпей Трог
提布卢斯	Тибулл
秃头查理	Карл Лысый
屠格涅夫	И. С. Тургенев
托马舍夫斯基	Б. В. Томашевский
瓦赫涅尔	А. Вахнер
瓦拉	Лоренцо Валла
瓦伦斯	Валент
瓦斯	Вас
瓦休京斯基	Иван Васютинский
威尔斯	Герберт Уэллс
威尔逊	Дж. Вильсон
威廉	Вильгельм
威滕霍夫	Р. Виттенхоу
韦弗	У. Уивер
韦列萨耶夫	В. В. Вересаев
维尔	Никлас фон Виле
维尔茨堡的布鲁农	Брунон Вюрцбургский
维尔哈伦	Эмиль Верхарн
维吉尔	Вергилий

维加	Лопе де Вег
维金斯基	Иринарх Иванович Введенский
维拉莫维茨–默伦多夫	Ульрих фон Виламовиц-Мёлендорф
维纳	Н. Винер
维尼	Альфред да Виньи
维谢洛夫斯基	А. Н. Веселовский
维亚泽姆斯基	П. А. Вяземский
维庸	Франсуа Вийон
伪奥古斯丁	Псевдо-Августин
伪狄奥尼修斯	Псевдо-Дионисий Ареопагит
伪卡利斯提尼	Псевдо-Калисфен
伪亚历山大的阿法纳西	Псевдо-Афанасий Александрийский
温伯格	П. И. Вейнберг
温克尔曼	И. Винкельман
沃尔顿	Джон Уолтон
沃尔夫斯坦	Верфурт
沃斯	Г. Фосс
乌尔班五世	Урбан V
伍斯特	Уорчестерский
西尔瓦诺斯	Сильван
西卢安	Силуан
西塞罗	Марк Туллий Цицерон
希勒尔	И. Бар-Хиллел
希里亚耶夫	А. Ф. Ширяев
希罗多德	Геродот
希米尔科	Гимимкон
希什科夫	А. С. Шишков
席勒	Шиллер
夏多布里昂	Франсуа Рене Шатобриан
香农	К. Шеннон
肖茨	К. Шольц

小普林尼	Плиний Младший
谢尔比宁	В. И. Щербинин
谢甫琴柯	Т. Шевченко
谢里登	П. Шеридан
谢尼埃	Шенье
辛加列娃	Е. А. Шингарева
修昔底德	Фукидид
雪莱	Перси Биши Шелли
雅各布森	Роман Осипович Якобсон
亚里士多德	Аристотель
亚历山大大帝	Александр Македонский
亚姆布里库斯	Ямвлих
杨格	Э. Юнг
耶罗尼穆斯	Иероним
叶夫菲米	Евфимий Чудовский
叶古诺夫	А. Н. Егунов
叶拉金	И. П. Елагин
伊格纳坚科	М. Н. Игнатенко
伊卡洛斯	Икар
伊丽莎白一世	Елизавета I
伊萨奇安	Исаакян
伊万诺夫	В. И. Иванов
伊西多尔	Исидор
易卜生	Ибсен
印第科普洛夫	Косьма Индикоплов
尤斯丁	Юстин
于埃	Пьер Даниэль Юэ
约阿希姆	Иоаким
约安尼克·利胡德	Иоанникий Лихуд
约翰·金口	Иоанн Златоуст
约翰逊	Семюэл Джонс

约瑟夫斯	Иосиф Флавий
泽林斯基	Ф. Ф. Зелинский
扎博洛茨基	Н. Заболоцкий
詹博尼	Боно Джамбони
智者雅罗斯拉夫	Ярослав Мудрый
朱可夫	Д. А. Жуков
祖博夫	А. В. Зубов
佐根弗里	В. А. Зоргенфрей